交通行业高职高专规划教材

Gangkou Zhuangxie Gongzuo Zuzhi
港口装卸工作组织

主　编　王　峰
副主编　李风雷　李君楠

人民交通出版社股份有限公司
China Communications Press Co.,Ltd.

内 容 提 要

本书以介绍港口业务管理专业岗位所需的理论知识和业务技能为主,对港口船、车装卸组织进行了较详细、较全面的描述。内容包括港口装卸工作组织基础、件杂货码头装卸工作组织、集装箱码头装卸工作组织、干散货码头装卸工作组织、液体散货码头装卸工作组织等。

本书可作为港口各级管理人员、各层次调度管理人员、理货人员等岗位的培训教材,也可作为高等职业院校港航相关专业的教材和教学参考书,还可供从事港口业务管理的业务、技术人员参考。

图书在版编目(CIP)数据

港口装卸工作组织 / 王峰主编.—北京：人民交通出版社股份有限公司,2015.1
交通行业高职高专规划教材
ISBN 978-7-114-12067-1

Ⅰ.①港… Ⅱ.①王… Ⅲ.①港口装卸-高等职业教育-教材 Ⅳ.①U691

中国版本图书馆 CIP 数据核字(2015)第 032175 号

交通行业高职高专规划教材

书 名：	港口装卸工作组织
著 作 者：	王　峰
责任编辑：	赵瑞琴
出版发行：	人民交通出版社股份有限公司
地　　址：	(100011)北京市朝阳区安定门外外馆斜街 3 号
网　　址：	http://www.ccpcl.com.cn
销售电话：	(010)59757973
总 经 销：	人民交通出版社股份有限公司发行部
经　　销：	各地新华书店
印　　刷：	北京市密东印刷有限公司
开　　本：	787×1092　1/16
印　　张：	12.5
字　　数：	280 千
版　　次：	2015 年 3 月　第 1 版
印　　次：	2024 年 1 月　第 4 次印刷
书　　号：	ISBN 978-7-114-12067-1
定　　价：	32.00 元

(有印刷、装订质量问题的图书由本公司负责调换)

交通行业高职高专规划教材
编 委 会

主　　　任　　宋士福

副 主 任　　杨巨广

委　　　员　　（以姓氏笔画为序）

仇桂玲　刘水国　刘俊泉　刘祥柏　苏本知
张来祥　周灌中

编写组成员　　（以姓氏笔画为序）

王　峰　井延波　孙莉莉　李凤雷　李永刚
李君楠　吴广河　吴　文　佟黎明　张　阳
范素英　郑　渊　赵鲁克　郝　红　徐先弘
徐奎照　郭梅忠　谭　政

前　言

交通运输是国民经济中基础性、先导性、战略性产业和重要的服务性行业。党的十九大报告提出建设交通强国，党的二十大报告强调加快建设交通强国。港口是水路运输中的重要节点，在贸易运输中占有重要地位。随着经济全球化和国际贸易的发展，现代港口的功能逐步拓展，已从传统的装卸生产服务型向全面综合物流服务型转变。港口的装卸设备和工艺及工作组织上大同小异，并各有各的特色，对带动地方经济的发展发挥了巨大的作用。

港口的装卸生产主要是由船舶装卸、火车装卸和汽车装卸作业组成，安全、优质、高效、环保、低成本完成这些作业直接影响着港口效益和社会效益，而港口装卸生产组织是港口实现和完成装卸生产任务的最重要方面，而完成装卸生产任务最终要落实到单船、单车的作业组织上。它是港口生产的细胞和基本单元，组织好单船、单车的作业是组织好整个码头生产的保障，也保障了物流市场的顺利发展。港口发展需要大量的高技能、高素质的业务、技术管理人员和操作人员。因此我们组织编写本书，以满足我国港口发展的人才需要。

本书以项目形式编写，以港口业务和技术管理专业岗位所需的理论知识和业务技能为主，对港口船、车装卸组织进行了较详细、较全面的描述。内容包括：港口装卸工作组织基础、件杂货码头装卸工作组织、集装箱码头装卸工作组织、干散货码头装卸工作组织、液体散货码头装卸工作组织等。本书可作为港口各级管理人员、各层次调度管理人员、理货人员、机械设备管理和操作人员等岗位的培训教材，也可作为高等职业院校港航相关专业的教材和教学参考书，还可供从事港口业务管理的业务、技术人员参考。

本书在编写过程中得到了港口有关专家的大力支持，在此表示衷心的感谢。本书还参考引用了许多国内外专家、学者发表的有关港口类的文献，部分港口工作组织的资料及相关文献，在此谨向有关专家及学者致以衷心的感谢。

鉴于编者技术水平及实践经验的局限性，对各种问题的分析和处理不免有偏颇不足之处，敬请读者谅解。我们真诚地期待着广大读者和同行多提宝贵意见，以便本书今后修订和完善。

编者
2015 年 1 月

目 录

项目一 港口装卸工作组织基础 …………………………………………………………… 1
　【知识要点】 …………………………………………………………………………… 1
　【项目任务】 …………………………………………………………………………… 1
　【相关理论知识】 ……………………………………………………………………… 1
　　一、港口装卸生产的构成 …………………………………………………………… 1
　　二、港口装卸工艺 …………………………………………………………………… 5
　　三、港口通用装卸工艺规程 ………………………………………………………… 9
　　四、港口装卸工作组织 ……………………………………………………………… 12
　【复习思考题】 ………………………………………………………………………… 20

项目二 件杂货码头装卸工作组织 ………………………………………………………… 22
　【知识要点】 …………………………………………………………………………… 22
　【项目任务】 …………………………………………………………………………… 22
　【项目准备】 …………………………………………………………………………… 22
　【相关理论知识】 ……………………………………………………………………… 22
　　一、件杂货港口装卸机械 …………………………………………………………… 22
　　二、件杂货装卸工艺及装卸工属具 ………………………………………………… 28
　　三、袋装类货物装卸工艺与操作 …………………………………………………… 41
　　四、箱装类货物装卸工艺与操作 …………………………………………………… 47
　　五、桶装类货物装卸工艺与操作 …………………………………………………… 52
　　六、捆扎类货物装卸工艺与操作 …………………………………………………… 56
　　七、设备重大件货物装卸工艺与操作 ……………………………………………… 73
　　八、件杂货港口装卸工作组织 ……………………………………………………… 80
　【项目实施】 …………………………………………………………………………… 87
　　任务一 件杂货船舶现场作业组织 ………………………………………………… 87
　　任务二 船舶装卸过程中常见问题的处理 ………………………………………… 90
　【复习思考题】 ………………………………………………………………………… 92

项目三 集装箱码头装卸工作组织 ………………………………………………………… 94
　【知识要点】 …………………………………………………………………………… 94
　【项目任务】 …………………………………………………………………………… 94
　【项目准备】 …………………………………………………………………………… 94
　【相关理论知识】 ……………………………………………………………………… 94
　　一、集装箱码头装卸机械与工艺 …………………………………………………… 94
　　二、集装箱的系固 …………………………………………………………………… 108

三、集装箱货物的装箱与拆箱作业 ……………………………………………………… 113
　【项目实施】 …………………………………………………………………………………… 120
　　任务一　集装箱船舶装卸作业控制 …………………………………………………… 120
　【复习思考题】 ………………………………………………………………………………… 122
项目四　干散货码头装卸工作组织 …………………………………………………………… 123
　【知识要点】 …………………………………………………………………………………… 123
　【项目任务】 …………………………………………………………………………………… 123
　【项目准备】 …………………………………………………………………………………… 123
　【相关理论知识】 ……………………………………………………………………………… 123
　　一、煤炭、矿石运输概述 ……………………………………………………………… 123
　　二、煤炭、矿石出口装卸工艺系统 …………………………………………………… 125
　　三、煤炭、矿石进口装卸工艺系统 …………………………………………………… 136
　　四、煤炭、矿石作业计量及粉尘防治 ………………………………………………… 145
　　五、散粮装卸工艺及工作组织 ………………………………………………………… 147
　【项目实施】 …………………………………………………………………………………… 161
　　任务一　干散货卸船作业现场组织 …………………………………………………… 161
　　任务二　干散货装船作业现场组织 …………………………………………………… 162
　【复习思考题】 ………………………………………………………………………………… 164
项目五　液体散货码头装卸工作组织 ………………………………………………………… 165
　【知识要点】 …………………………………………………………………………………… 165
　【项目任务】 …………………………………………………………………………………… 165
　【相关理论知识】 ……………………………………………………………………………… 165
　　一、概述 ………………………………………………………………………………… 165
　　二、石油(油品)码头一般布局与设备设施 …………………………………………… 168
　　三、石油(油品)码头装卸作业 ………………………………………………………… 174
　　四、油库的防火防爆措施 ……………………………………………………………… 179
　【复习思考题】 ………………………………………………………………………………… 181
附录 A　港口各类大型机械安全操作规程 …………………………………………………… 182
附录 B　港口常见钢丝绳的安全负荷及报废标准 …………………………………………… 186
参考文献 ………………………………………………………………………………………… 189

项目一 港口装卸工作组织基础

知识要点

1. 港口换装作业、操作过程的概念。
2. 装卸工艺的概念及内容。
3. 港口通用装卸工艺规程。
4. 港口装卸工作组织的基本流程、组织方式、组织方法。

项目任务

1. 了解港口装卸生产的内容。
2. 熟悉装卸工艺的内容。
3. 熟悉港口通用装卸工艺规程。
4. 熟悉港口装卸工作组织的流程、组织方式、组织方法,对港口装卸生产情况有基本认识。

相关理论知识

一、港口装卸生产的构成

1. 港口及港口生产的特点

1) 港口

港口是各种运输方式的汇合点。现代海港是水路运输、铁路运输、公路运输、管道运输以及航空运输的枢纽。在整个运输系统中,港口占有十分重要的地位。它的生产活动主要包括:实现各种运输方式之间的衔接;货物、旅客的集散及其在不同运输方式之间的换装、转乘;货物的临时存储以及为车、船、客、货等提供技术服务活动。港口不仅是交通运输网的枢纽,而且是经济网络上的重要环节。

海港,既是铁路、公路、管道运输的终点或起点,往往也是内河运输、海上运输的起点或终点,所以,现代化的海港是一个拥有庞大的水陆工程建筑的综合体,是一个具有多种功能的复杂的工程系统。

1992年联合国贸易与发展会议在《港口的发展和改善港口的现代化管理和组织原则》研究报告中,把港口的发展划分成三代。

第一代港口主要是指1950年以前的港口,其功能为海运货物的转运、临时存储以及货物的收发等。

第二代港口主要是指20世纪50~80年代的港口,其功能除具有第一代港口的功能外,又增加了使货物增值的工业、商业活动,港口成为装卸和服务的中心。

第三代港口主要产生在20世纪80年代以后，其功能除了第一、二代港口的功能以外，更加强了与所在城市以及用户的联系，使港口的服务超出了原先港口的界限，增添了运输、贸易的数据收集和处理等综合服务，使港口成为贸易的物流中心。

第四代港口是在兼容第三代港口功能的基础上，作为港口供应链中的一个环节，强调港口之间互动以及港口相关物流活动之间的互动，满足运输市场对港口差异化服务的需求，提供精细的作业和敏捷的柔性服务，促使与港口相关的供应链各环节之间的无缝连接。第四代港口概念的提出，将对世界港口布局和港口体系的建设和调整产生深远的影响。

第五代港口是指未来智慧港口的形成和发展，体现绿色、低碳、智能、效率等特点，侧重于港口生态功能和港口的可持续性发展。

2）港口生产的特点

（1）产品的特殊性

港口装卸作为交通运输业的一个组成部分，属于物质生产部门，但是其产品有别于一般的工业企业。它并不提供实物形态的产品，而只提供完成货物空间位置的转移，使货物从一种运输工具转移到另一种运输工具或者在运输工具与库场之间转移，这种特殊"产品"在其生产过程中即被消费。

（2）生产的不平衡性

由于港口生产活动受自然、社会、经济以及技术等各种因素的影响，因而在不同时期港口生产任务都有可能发生变化，导致不平衡。除此之外，由于港口一般总是和若干个装卸点联系的，因此，即使对某个装卸点来说，某种货物发运是平衡的，而几个装卸点合在一起会引起对方港口生产任务不平衡。也就是说，对于一个港口而言，装载货物的船舶和其他运输工具到港的密度和类型，到港货物的数量、品种和流向等是具有随机性的，这种随机性产生于在港口活动的各环节之间的相互独立性，而且各种活动本身的规律性受多种因素影响。因此，各种活动的随机性导致了港口装卸企业的生产任务具有不平衡性。

港口生产的不平衡性是经常的、绝对的。港口装卸工作中出现的这种不平衡性必然会涉及港口一系列重要问题的决定，如港口设备的数量、装卸工人的编制、港口基本建设的规模等。对不平衡性估计不足、港口缺少必要的贮备是造成港口压船、压货，影响社会效益的主要原因之一。然而，对港口生产不平衡性影响估计过高又会使港口设备、人力和财力造成严重浪费，提高装卸成本。港口生产管理者的任务之一就在于充分而正确地估计不平衡性，在经常的生产活动中，采取一切有效的措施，减少各种因素对港口生产活动不平衡性所引起的影响，充分利用港口的设备、人力和财力。

（3）生产活动的复杂性

港口生产是一种多工种、多环节联合作业生产。港口的生产目的就是为了满足千家万户的运输需要。因此，经过港口换装、堆存的货物的种类、品种、包装、性质多种多样，各不相同，运输这些货物的车辆、船舶等运输工具在种类、构造、尺度等各方面也不尽一致。这就给港口的装卸工艺与生产组织造成了很大的困难。例如，除大宗货物专业化泊位外，港口装卸工艺的规范化和定额的准确性都因此而受到很大影响。又由于港口具有多工种、多环节联合作业、联系面广的特点，因此要完成港口的生产任务，不仅要把企业内部各个环节的生产活动有效地组织起来，而且要把生产活动外部，甚至港口外部的与车、船、货作业有关的活动,如引水、船舶物料供应、联检、车船接运等很好地衔接起来。显然,环节越多,联系面越广,严密地组织活动也越困难。

(4)生产的连续性

港口装卸生产通常采用昼夜24h连续作业方式。一方面,要对车船及时装卸,减少车船在港停留时间,提高运输工具的运力利用率,以增加社会总运力;另一方面,通过港口的货物,其目的不是滞留港内,而是尽快地转运,进行货物的生产加工或投入市场,所以从社会的宏观效益考虑,港口应对随时来港的船舶、车辆及时装卸且连续作业,以减少车、船、货在港口的停留时间。

(5)装卸组织的协作性

由于港口是多种运输方式的汇聚点,有许多企业和管理机构在其中运作,从港口企业的外部来看,既要和集疏运部门、船东、货主密切联系,又要和海关、商检、检疫、引航、船舶供应、海事等部门相协调;从港口企业的内部来看,要协调装卸队、库场、理货等部门各工种的作业,使其形成一个有机的整体。所以,港口生产是多部门、多环节、多工种内外协作的过程,具有明显的协作性。

(6)生产调度的层次性

目前我国港口生产调度方式普遍采用两层管理模式,即港口集团调度控制中心和下属装卸公司调度控制中心。集团调度控制中心掌控、协调整个港口的船舶靠离和装卸生产,各装卸分公司调度控制中心组织、控制、协调本港区的装卸生产。不同层次上的生产调度职能有较明确的分工,这种模式有利于整个港口资源的合理调配。

2.港口装卸生产资源

港口装卸生产资源包括锚地、码头、泊位、码头前沿场地、后方场地、机械设备、工属具、人力等资源。

(1)锚地。是指专供船舶(船队)在水上停泊及进行各种作业的水域。如装卸锚地、停泊锚地、避风锚地、引水锚地及检疫锚地等。

船舶在锚地停泊的方式有两种,即浮筒系泊和抛锚停泊。浮筒系泊又有单浮筒系泊和双浮筒系泊两种。抛锚停泊也有单锚停泊和多锚停泊等多种。船舶在锚地采用何种方式停泊取决于锚地设备条件、底质、风和水流的方向而定。

(2)码头。供船舶停靠、装卸货物用。码头是港口的主要水工建筑物。它由主体结构和码头设备两部分组成。主体结构的上部有胸墙、梁、靠船构件等;下部有墙身、基础或板桩、桩基等。码头设备主要是系船柱、护木、系网环、管沟、铁路轨道,以及路面等。目前广泛采用的是直立式码头,它便于船舶停靠和装卸机械直接开到码头前沿,以提高装卸效率。

(3)泊位。供船舶安全停泊的位置。一个泊位即可供一艘船舶停泊。由于不同的船型其长度是不一样的,所以泊位的长度依船型的大小而有差异,同时还要留出两船之间的距离,以便于船舶系解绳缆。一个码头往往同时要停泊几艘船,即要有几个泊位,因此码头线长度是由泊位数和每个泊位的长度来决定的。码头前沿的水深一定要满足船舶吃水,并应考虑到船舶装卸和潮汐变化的影响,留有足够富余的水深。

(4)码头前沿场地。用来供船舶装卸作业的区域,是港口的黄金场地,离岸边大约40m的距离,主要用于机械通行、货物周转。

（5）后方场地。主要用来堆码、保管货物。是港口陆域中面积最大的设施，港口作为海运中的中转站，库场发挥"蓄水池"的作用，用来短期堆存、保管货物。

（6）机械设备。包括装卸机械设备、运输机械设备等。

（7）工属具。用于装卸货物用的工具。

（8）人力资源。包括管理人员、装卸司机、装卸工人等。

3. 港口装卸生产的构成

港口装卸生产主要由船舶装卸作业、火车装卸作业、汽车装卸作业等组成。

1）船舶装卸作业

货物吞吐量是指经由水运运进、运出港区范围，并经过装卸的货物数量。它反映了港口规模的大小，一般来说，船舶装卸作业量越大，吞吐量越大，港口效益越好。单船作业是港口生产的基本单元，是港口装卸生产作业的基础，其他作业最终要围绕船舶的装卸作业开展。

船舶从进港至离港的全部作业包括：联检、进港、装卸作业、技术作业、辅助作业、离港等项内容。

（1）联检即联合检查，通常称为"一关三检"。"一关"即海关，"三检"分别为检验、检查和检疫。检验主要是指进出口商品检验，检查包括海事检查、边防检查等，检疫包括口岸卫生检疫、动植物检疫等。

（2）进港，包括办理入港手续、引水、租用拖轮、船舶靠泊等。

（3）装卸作业，是单船作业的主要内容，是船舶在港作业时间最长的一个环节，因此应按装卸作业计划的要求合理配置装卸作业线能力和组织平行作业，抓好过程控制和各环节的衔接，努力提高船舶装卸效率，减少船舶在港停留时间。

（4）船舶技术作业，包括引水，靠离泊位，补充淡水和燃料、船用备品、船员食品以及各项技术供应等。

（5）辅助作业包括开关舱、洗舱、熏舱、排放压载水、办理货运文件、装卸作业的准备与结束后的整理工作等。

（6）离港，包括办理出港手续等。

2）火车装卸作业

火车运输是港口货物集疏运的重要途径。港口一般都拥有自己的铁路专用线，在铁路专用线进行火车作业包括火车取送车作业、装车作业和卸车作业。

（1）火车取送车作业

取送车是取车和送车的总称，是指铁路方将需要装卸或装卸结束的车厢，用机车拉出或推进铁路装卸作业线路的过程。

①火车送车作业。港口根据铁路部门下达的送车指令，提前清理预送车的铁路线和沿线区域，并对各路口安排专人监控，确保过往行人车辆的安全，铁路调车员按照港口火车调度员的要求将火车送到指定的位置。

②火车取车作业。验车完毕，港口组织作业人员按铁路部门规定的标准封车并对车体线路进行清扫、检查、整理，确认无误后通知铁路挂车。铁路部门接到通知后，安排取车。

（2）火车装卸车作业

港口根据铁路部门的货运计划及港口的火车作业计划，安排机械、人力进行装卸作业，火车一般都有准确的发车点,也就是说有时间上的要求,并且火车疏运也是港口重要的疏运方式。因此,港口非常重视火车作业,有时在机械、人力紧张的情况下,宁可停船保车,也就是说将船舶作业的机械、人力投入到火车作业中,以此确保按照铁路规定的时间完成作业。

3)汽车装卸作业

汽车运输是港口货物集疏运的另一重要途径,它具有灵活、便捷、快速的特点,是近距离运输的主要方式。港口的汽车装卸作业也称为市提市入作业。

二、港口装卸工艺

1.装卸工艺概念

所谓工艺,是指社会生产中改变劳动对象所采取的方法。机械制造工艺就是机械加工的方法。在港口企业中,装卸工艺是指在港口实现货物从一种运载工具(或库场)转移到另一种运载工具(或库场)的空间位移的方法和程序。具体来说,装卸工艺是指按照一定的劳动组织形式,运用装卸机械及其配套工具等物质手段,遵照规定的技术标准和规范,完成货物在不同运输方式之间换装作业的方法和程序。

2.装卸工艺过程及内容

1)换装作业

换装作业是港口最主要的生产作业形式,它是指货物从进港到离港在港口所进行的全部作业的综合,它是由一个或者一个以上的操作过程所组成的。而操作过程是指根据一定的装卸工艺完成一次完整的搬运作业的过程,它是港口基本的装卸搬运活动。

港口换装作业一般有两种形式。一种形式是货物先从船上卸入库场经过短期堆存,再由库场装上车辆(或船舶),或者按相反程序。这种形式一般简称为间接换装方案。另一种形式是货物由船上卸下直接装上车辆(或船舶),不再进入库场,或者按相反程序。这种形式简称为直接换装方案,或称直取作业。

在后一种形式下,货物在港口的换装作业是由一个操作过程组成的。而在前一种形式下,货物在港口的换装作业是由两个操作过程组成的。

采用直接换装,可以减少操作次数,简化作业环节,减少货物换装所耗费的人力和物力,缩短货物在港滞留时间,并且可以减少对库场的占用。从这些方面看,应尽量减少货物入库的数量,增加直取比重。但是,采用直取作业时,由于运载工具到港密度和时间的不平衡,往往造成车船在港停留时间的延长。而且由于受码头前沿场地的限制,即使车船作业能够衔接,装卸效率往往也难以提高。

采用间接换装,由于有库场作为换装作业的缓冲,由此可以弥补各装卸作业环节生产的不平衡。因此,究竟采取间接换装方案还是直接换装方案要根据具体情况确定。但从目前趋势看,大型专业化码头的生产99%以上的货物采用间接换装作业方式,以减少车船在港停留时间,提高作业效率。当然,增加直取作业量,以此降低作业成本,也是港口努力追求的目标。

装卸工艺过程指货物从进港到出港所进行的全部作业的综合,它由一个或一个以上的操作过程组成。直接换装由一个操作过程就可完成,如:车→船;船→船。而间接换装需要两个或者两个以上操作过程完成,如:车→库(场)→船;船→驳→库(场)→车;车→库(后方)→库(前方)→船。

2) 装卸工艺的内容

(1) 货物

货物是港口装卸工艺过程的作业对象。货物的包装、特性会影响工艺的选择,作业前要提前了解。

(2) 工艺设备

港口装卸工艺设备包括装卸机械及其配套的工具,这些设备按照装卸工艺流程有机地组合与配套,构成完整的机械化系统。

(3) 工艺流程

工艺流程是指在一个操作过程中,货物的搬运按照一定的顺序,通过各种机械有机的衔接完成一次完整的搬运的过程。例如,船→场的工艺流程之一:船→门机→拖车→吊车→堆场。

(4) 工艺操作规程(工作标准)

工艺操作规程是各港口根据所装卸的货种和使用的机械设备,结合生产实际情况在船舶、火车、汽车装卸作业中,规定了生产作业线各作业环节的作业人员在操作中,应遵循的操作方法和应按照一定的技术标准和规范进行操作,如货物的堆码方法和标准、装车方法和标准、码舱方法和标准、机械运用规范、工具的使用标准、船舱的配载规范等。虽然港口各货种的工艺操作规程不一,但是在港口装卸作业中,它们具有共同的操作规程,也就是港口生产通用装卸工艺操作规程,具体内容见本节。

(5) 生产控制

生产控制是港口生产控制(调度)部门对装卸机械化系统进行操纵、控制、调整和对人力资源的科学利用的总称。控制的目的是保证系统安全、优质、正常运转,保证系统按照要求的最佳技术、经济指标运行。它是维护工艺实施的保障,它要求确定出各作业环节的配工人数、配机台数、工具的种类和数量等,以保证作业环节之间的衔接和生产效率的一致性。

3. 装卸工艺设计的一般原则

国内外港口生产经验表明,合理的装卸工艺总是符合一些基本的原则。揭示这些原则将有助于人们去理解为什么这样的工艺要比那样的工艺合理。原则的存在无疑将激励人们对现行的生产方法进行不间断的深入分析、思考,其结果终将促成设备和人力的更好利用。研究和制订装卸工艺一般应遵循以下一些原则:

1) 系统协调原则

港口装卸工艺是由很多个环节组成的,各环节之间只有相互协调,才能使整条作业线产生预期效果。如在装卸工艺设计中,在作业线机械配备、各种辅助作业环节的安排上,都一定要达到同步协调,否则整条作业线的生产率就会下降到最薄弱环节的生产率的水平。这就是一般所说的"短板原理",即一个木桶的蓄水量,取决于组成木桶的所有木板中最短的一块。工艺设计应该把注意力集中在最薄弱环节生产率的提高上,否则即使将非薄弱环节的生产率提高了,但由于薄弱环节的存在,整条作业线的生产率仍无法提高。再如,为了保证各工序生产率能相互协调,必须按工艺规范进行配工,那种不顾作业线实际配工要求,而将劳动力任意分散,以争取多开作业线的所谓"遍地开花"的生产组织方法,以及盲目集中劳动力于一个舱口或一条船,所谓"集中兵力打歼灭战"的生产组织方法,都是不符合科学管理原理的。这样的生产组织方法必然导致劳动生产率下降,影响港口通过能力的正常发挥。

2) 安全质量原则

尽管人人都认为安全是必要的,但很多人在生产中并不能始终保持安全意识。港口货物装卸,特别是船舶作业,潜伏着很大的不安全因素。管理人员和工人必须坚决贯彻"安全质量第一"的方针,认真执行有关的安全质量操作规定。

确保装卸生产的安全质量,要从装卸工艺的设计就开始入手。工艺设计要注意采用的设备、工具和操作方法是否符合安全质量的要求。例如,对易碎货物用滑板进行作业,怕挤压的货物用软性的吊货工具装卸,就容易导致货损事故,在装卸工艺设计中,就应避免。再如,流动机械在不平的道路上运行时,所载货物可能要震落损坏,因而需要捆绑等,在装卸工艺中应作出规定。同时,从全面质量管理的要求出发,上道工序应满足下道工序的需要,装货港要考虑卸货港的要求等,均应体现在装卸工艺的设计上。

质量是企业信誉的所在,必须高度重视。当然在强调质量的同时也应指出,任何质量都是和费用的支出联系在一起的。装卸和堆存质量标准的确定要实事求是,防止形式主义,不能一种倾向掩盖另一种倾向。在强调提高质量的同时,也应避免质量过剩,要注意防止质量过剩也是企业提高劳动生产率、降低生产成本的重要措施之一。港口装卸工作当然不能例外。

3) 尽量减少作业环节和装卸过程中的作业中断时间原则

按一定的操作过程完成货物的装卸搬运,往往要完成许多作业。例如,工人在船舱内组成货吊、摘挂钩、起重机吊到岸上、岸上工人摘挂钩、叉式装卸车叉货、搬运、在货场码垛等。除了主要作业外,还有许多如捆绑、分票等辅助作业。一般来说,若作业少,则所消耗的人力就少,几个环节的配合也容易紧密。作业最少的装卸是最好的装卸。操作即产生费用,因此要力求用自动的或半自动的吊货工属具(如以抓斗代替网络,自动摘钩代替一般的钩头等),以及进行成组装卸等方法减少作业数。但减少作业数必须慎重,在有的情况下,增加作业数能提高货物装卸质量,或能缩短车船停留时间,因此必须全面考虑。例如,在车、船装卸效率相当的情况下,如组织车船直接换装作业,能减少一项操作,无疑是合理的;但在卸船效率很高、装车效率较低的情况下,"船→车"直接换装的效率就会大大低于"船→库"的作业效率,因此往往高效率的散货进口码头,为提高卸船效率,宁愿采用两次操作的工艺方案。

在装卸作业过程中,作业中断的原因很多,有的是组织工作不良造成的,如等车、等船、等货;有的则是工艺安排上的问题造成的。在分析装卸工艺时,要力求采取相应的措施,以减少工艺中断。若为缩短船期,应尽量控制重点舱的作业时间,减少重点舱的工艺中断,为其提供较好的工作条件,可以为重点舱配备较大吨位的车辆和驳船等。

4) 环境保护原则

港口在装卸货物时因货物的性质会产生各种污染。例如:装卸煤、粮食等散货会产生粉尘、污水、噪声等污染,装卸油时会产生油污染,装卸危险品时会产生毒污染,对环境和人员造成伤害,因此在港口装卸作业各个环节,从设计装卸工艺开始,就应分析找出产生污染的

原因,采取相应措施,使装卸作业环境符合环境保护的有关规定。如在散粮的装卸过程中可采用吸尘、喷水等方法;油船装卸时周围用围油栏拦住,以免油污扩散,水面上的油污用集油器收集起来;有些装卸危险品的码头在港池底部设置压缩空气管道,在发生事故、危险品散落水面时,打开空气阀,压缩空气就从管道小孔中溢出,形成空气帷幕,将散落在水面上的危险品限制在一定的范围内,然后采取相应措施消除污染。有些散货码头设置沉淀池澄清污水,吸粮机上安装消声器等设备消除噪声危害等,这些都是遵循环境保护原则所采取的积极有效措施。

5) 机械化高效作业原则

港口件杂货装卸作业,劳动强度大。装卸工作机械化不仅是减轻体力劳动繁重程度的根本途径,同时也是保持作业安全、提高劳动生产率的重要手段,还是港口现代化的重要标志,其对推动港口生产走向文明,促进港口繁荣具有特别重要的意义。我国沿海有的港口使用机器人代替人力从事装卸作业,取得了很好的效果,这是港口发展的终极目标。

机械的生产能力并不是在任何营运条件下都能充分发挥出来的。即便在相同的客观营运条件下,作业组织不同、操作方式不同,同1台机械的生产率也会有很大的不同。任何装卸搬运机械都有充分发挥生产能力的问题,应从装卸工艺设计开始,就采取措施充分发挥装卸机械的生产能力。

6) 充分利用工属具,提高装卸机械对货物的适应性原则

港口使用的机械难以经常变化,而吊货工属具可以随货种的不同而随时变换适应。实践表明,吊货工属具选用得当,以及它的有效改进,往往会对整条作业线效率的提高起到显著效果。因此,应特别注意吊货工属具的选择。对吊货工属具的选用和改进应以保证安全质量,充分利用机械的起重量,工作操作方便,利于成组装卸,延长吊货工属具使用寿命等要求全面考虑。

在吊货工属具方面,我国港口工人或技术人员有许多创造和发展,这些工属具在确保安全质量、改善劳动条件、提高装卸效率方面发挥了重要的作用。但也存在着落后的方面,如大多数港口钢板专用工具自重太重、工人操作不便,电磁铁较长时间使用即易发热,叉式装卸车的专用工属具品种太少等。由于缺少大容量的抓斗,致使大起重量的起重机不能充分发挥作用,叉式装卸车由于缺乏成组装卸工具和专用的工属具而被用作搬运工具,堆拆垛性能得不到充分利用,由于缺少挂车(平车),牵引车被用来固定拖带而不能充分发挥效用,像这一类的不合理使用情况都亟待改进。

适应性原则对港口装卸设备来说,具有重要意义。因为港口装卸的货种杂、变化多,采用适应性大的设备便于应付各种各样的变化情况,但这条原则又不能滥用,因为这条原则是和专业化原则相对立的。

7) 装卸工艺管理的规范性原则

所谓装卸工艺管理的规范性,通常包括三方面要求:一是装卸企业必须有专门部门或专人管理装卸工艺,负责制订和修改装卸工艺,负责装卸工艺的日常管理;二是装卸工艺必须形成文件,建立工艺卡或工艺手册;三是应建立工艺纪律,装卸作业必须按装卸工艺组织,布置生产要布置装卸工艺,检查生产要检查装卸工艺,违反工艺组织生产要追究违反者的责任,发生事故要总结不按装卸工艺作业的教训。

目前在港口不遵守装卸工艺规范性原则的现象比较普遍,一些企业装卸工艺流于"经验化",生产管理人员按经验组织装卸作业,没有任何工艺文件,没有专人管理。有的虽然有工艺文件,也流于形式,经常违反工艺组织生产。往往生产一忙就忘了装卸工艺,一抓船期、吞吐量就违反装卸工艺,组织野蛮生产,导致人身、货损、机损、船损事故发生。这是绝不允许的。

三、港口通用装卸工艺规程

港口通用装卸工艺操作规程规定了港口各类货物装卸作业的通用操作方法及要求,遵循优质、低耗、安全、高效、可靠的原则,对作业前、作业中、作业结束三个过程的作业标准作了具体的规定,目的是保证各类货物装卸作业的安全与质量。

1. 规程中的术语和定义

1)嵌里

是指船舱舱口向四周延伸的舱容部分。

2)吊头

也称提头,是指将货物的一端提升到能够操作的高度。

3)顶杆(顶栈)

是指为满足舱容积载,在欠里将货物装载到限定高度的作业。

4)偏杆

船舶左右倾斜。

5)指挥手(上杆)

是指操作纹车(船舶起货机)的车手和指挥车手操作的指挥手、配合岸机司机完成船舱内货物起落舱作业人员的统称。

6)岸边(桥板头)

是指在码头上用于装卸船作业起落钩的作业地点。

7)四标六清

四标:标准舱、标准车、标准垛、标准钩(标准关)。

六清:舱底清、甲板清、岸壁清、机具清、道路清、库场清。

2. 通用操作方法和标准

1)作业前

(1)作业前各有关部门按照调度布置的装卸工艺要求、步骤和方法,做好库场、机械、工具的准备工作。

(2)作业人员应根据货物的性质穿戴好劳动防护用品,提前到达现场参加船、车前会。由装卸指导员向作业人员详细介绍货物特性、装卸工艺,布置安全质量措施及应注意的事项。

(3)作业人员应根据各自的职责范围,认真做好接班工作,并认真检查设备、机械、工具等的安全技术状况。

(4)装卸班组应根据货物的特性和工艺要求领用装卸工属具,使用的工属具必须安全可靠,完好无损。大型工属具由工具部门送到作业现场。

(5)作业人员应明确掌握货物的性质、件重及机械工具的负荷量。

(6)作业前应清除各作业面(作业场所)及工具内的障碍物、杂物等。

2)作业中

(1)船舶装卸作业

①船舶作业应先根据钩行路线及货种情况拉好安全网;

②卸货时,舱内装有危险品或可能引起缺氧的货物(粮食、原木、鱼粉、化肥、五金、矿石等),作业前应先开舱通风,并应经有关部门检查测试。确认无误后,人员方可下舱作业。

③自动与半自动开关的舱盖由船方负责。开关时,人员应远离舱口四周。作业前应检查打开的舱盖是否锁紧或卡牢。

④揭、盖舱盖篷布时应根据船方要求进行。如遇特殊船型,应采用相应的安全措施。

⑤装货时应先装嵌里后装舱口,卸货时应先卸舱口后卸嵌里。舱内货物应平衡装卸,防止偏杆。

⑥大舱口装卸大票货作业时,首舱装货应先装后头,卸货应先卸前头;尾舱装货应先装前头,卸货应先卸后头。

⑦箱装、袋装货物成组,应执行"三定"要求,做到定钩、定型、定量,堆码整齐牢固。件货捆钩,应平衡牢固。

⑧货物装卸船应按票装卸,隔票清楚,分清工残、原残。易碎物品应轻搬轻放,防止破损。残损货物不允许装舱。

⑨舱内货物应堆码整齐,顶杆整齐完好,不亏舱容,或按船方配载的要求装货。

⑩舱内起钩、落钩时,人员应与上杆密切配合,闪开钩底和钩行路线,必要时指定专人指挥。当作业的舱口长度小于10m,装卸超长设备、长形木材、钢材等货物及舱内前后头货物平面高度相差2m以上时,在同一舱内不允许开两条作业线。

另外,在同一舱内前后货物平面高度差超过2m,在高处作业时,低处要拴好安全网;卸货时悬挂、黏附在舱壁上的货物应及时清除。

(2)货物起重作业(上杆、门机、吊车)

①起重机司机(门机司机、吊车司机、桥吊司机、龙门吊司机、绞车手均统称为起重机司机)、指挥手必须是经过技术培训合格,持有操作证者,方可指挥和操作。

②作业前起重机司机应认真检查起重设备各部件是否处于良好的技术状态,并应按规定进行空、重载试车,经试车确认技术性能可靠后方可作业。

③指挥手应按统一指挥手势指挥,做到手势准确。指挥手应站在视线良好的安全位置上指挥,如遇特殊情况,需在舱盖或舱口沿上指挥时,应拴挂好安全带,安全带应拴挂妥当牢靠;指挥手应在明确舱内和岸边人员的所处位置,并确认钩行路线无人或障碍物后,方可指挥吊运。

④指挥手应随钩指挥,指挥手未到舱口边,起重机司机不得向舱内松钩,指挥手未到船舷边,绞车手不得向桥板头松钩。

⑤指挥手应在下列情况下招呼"闪开人",并确认人员闪开后,方可指挥操作:重钩起钩前、重钩进出舱口前、重钩出船舷前、看到有人走近钩底前、其他危险情况下。

⑥指挥手、起重机司机与摘、挂钩人员应密切配合。吊头、起钩时应待吊索抻直,人员闪开后再慢慢起吊。

⑦起重机司机在操作时,应精力集中,按指挥手势操作,做到起钩、落钩、吊头慢,运行稳,落钩准。吊钩经过舱口、船舷时,应高出0.5m以上;双吊杆纹车吊钩经过舱口沿、船舷时,应尽量降低高度,但不允许碰撞。

⑧起吊时应做到不拖钩,不游钩,不碰撞;双吊杆吊运时两吊索夹角不得大于120°,否则应采取措施。

⑨作业中,指挥手、起重机司机应随时注意检查起重设备上的钢丝绳、滑轮、卸扣等有无异常现象,一经发现应及时采取措施。

⑩严格执行"五不吊"的规定,即超负荷不吊;口号、手势不清不吊;钩底闪不开人不吊;货物捆装不牢(夹、带、破、漏)不吊;挤压、挂住和不明件重的货物不吊。

另外,起重机司机正常操作时,不允许使用快速起动和紧急刹车,作业中止或结束应及时关车。操作中发现异声或异常现象应立即停机,经检修正常后再操作。双吊杆的起落由船方负责,起落吊杆时作业人员应离开吊杆的变幅范围。指挥手负责调整大网、清扫甲板和联系船方安放、撤换照明灯及起落吊杆。

(3)岸边作业

①岸边作业人员应按照工艺要求及装卸货种,负责领取装卸工具。严格检查工具的安全状况,不允许代用,并做好工具的交接工作。

②作业前应清除岸边影响作业的障碍物,备用工具应按要求摆放整齐,并根据作业的需要,拴挂好船边安全网。安全网应随钩行路线及潮汐涨落及时调整,网系应拴牢。

③挂钩应挂牢、挂齐;货物起吊时,人员应闪开;货物起钩、落钩时,应闪开钩底和钩行路线。

④重钩落至离作业面0.5m左右停稳钩后,作业人员方可近前扶钩。钢材、木材等长件货物,应使用刨钩扶钩。

⑤岸边作业人员应与机械配合好,并指挥机械停在适当的位置。

⑥卸易挂住或重心较高的货物时,钢丝绳扣或钢丝绳钩应用人力抽出,以防将货物掀倒。

⑦易滚动的货物摘钩时应注意闪开手、脚,以防挤压伤。

⑧装车应整齐牢固,不偏车。易滚动、滑动的货物应掩好掩木,或采取加固措施。

⑨上、下拖车应走车梯。

(4)流动机械作业

①司机参加作业前,应做好接班工作,认真检查机械及部件,使其处于良好的安全技术状态。并应明确货物特性、工属具性能、现场情况及作业要求。

②司机操作时应注意力集中,谨慎驾驶,运行平稳,机械在起动、转弯、过铁路、进出库和通过垛挡时应鸣笛、减速,注意观察,确保安全。

③装车时,司机应进行监装,保证拖盘上所装的货物整齐牢固,不存在偏重、积重现象和掉件隐患,必要时应采取加固措施。

④作业过程中,应及时清扫机械上残留的货物及杂物。

（5）库场作业

①作业前,理货人员应向作业人员讲明垛位、货物情况及安全质量要求。

②货物堆码应下松上紧、整齐牢固、数字准确;圆形易滚动的货物应用掩木塞牢;残损和地脚货应单独存放;装卸易损、易碎货物应轻拿轻放;堆码时,应重不压轻,木箱不压纸箱,箭头向上,标志向外。

③上下3m以上的货垛,应使用梯子;在2m以上拴挂条件允许的货垛上作业时,应使用安全带,安全带应拴挂妥当、牢靠。

④露天堆放的怕湿货物应妥当铺垫,盖好篷、封好盖垛网。

⑤封、揭货垛时,应拉篷布边,不允许倒退走,大风天气拉篷布,应防止刮起篷布带下人。

⑥不允许倒拆垛、抽拆垛,分段拆垛应成梯形。

⑦堆码的货物不允许超过场地的额定负荷。

⑧在铁路两侧码垛应离道轨1.5m以外。

⑨在垛、车上与吊车配合作业时,作业人员应与机械密切配合,事先闪开钩底和钩行路线。

⑩在铁路两侧作业,听到取送车信号后,应停止作业,并检查清理轨道两侧1.5m内的障碍物。

（6）车辆装卸作业

①车辆未停稳不得上车作业。

②卸车开启车门时,人应站在车门两侧;向上拉车门时,应使用拉门绳;打开的车门应用两个卡子卡牢或用挂钩挂牢。

③棚车开关车门时,人应站在车门两侧,以防车门脱落伤人。

④装车前应首先检查车厢是否完好,车门是否关牢。怕污染的货物装车,应先清扫车厢,并根据要求进行铺垫。

⑤货物装车不允许超限、超载、亏车、偏重、积重,堆码应整齐牢固,怕湿货物应起好脊,盖好封好车。

⑥装卸车时,计量、计数应准确,分清残损。

⑦车厢内使用照明设备时,应放在安全位置。

⑧作业完毕后,应清理作业现场、车底、碰钩、轨道槽及轨道两侧1.5m以内的杂物。

（7）作业结束

①应及时清扫各作业区域及机械、工具上的杂物,达到"六清"标准。

②清扫的底脚货物,应按照理货员的要求单独存放。

③将使用的工具、备品整理好,集中堆放、回交、回收或进行交班。

④作业人员应做好对口交班。

⑤作业结束后,装卸机械应按照港口的有关规定进行停放。

集装箱、矿石、石油专用码头遵照各专用码头的工艺规程执行。

四、港口装卸工作组织

1.船舶装卸作业组织

船舶装卸作业组织可分为大宗货、件杂货、集装箱装卸作业组织三类。

大宗货物装卸时由于货种单一,操作工艺变化不大,装卸机械化水平比较高,所以组织装卸作业比较容易。例如,煤炭的装卸作业组织,只要解决各舱的平衡装货,及时组织平舱作业就可以避免因平舱作业延长船舶在港停时等问题。集装箱船舶装卸作业组织的计算机化大大提高了管理的效率和质量,也是集装箱码头管理现代化的关键。一般而言,集装箱码头管理系统包括船舶计划、船舶配载、堆场管理、检查口、作业监控、拆装箱库、作业受理、电子数据交换接口查询等。随着集装箱码头管理系统的不断完善,集装箱船舶在港停时不断减少,效率大大提高。件杂货船舶装卸作业组织则大不相同。例如,在一艘件杂货船上由于货种、包装及性质各异、批量小、票数多、船型不同,因此要求也各不相同。作业过程中往往还包括许多其他作业(如分票)。为了适应货种的变化,可能要用许多不同的设备或不同的吊货工属具,参加作业的工人比大宗货要多得多,而且还有其他工种的作业人员、管理人员(如理货员、仓库员等)参加。件杂货装卸作业涉及港内、港外许多部门,对组织内外协作的要求也高得多。此外,件杂货受气象因素的影响也较大。因此,组织好件杂货作业的难度要大得多。

1)船舶装卸作业组织的主要任务

一条船舶的装卸作业是由若干条装卸作业线组成的。一条装卸作业线又由若干个作业工序组成。因此,如果其中有一个工序发生故障或配合不好,就会使整条作业线中断或效率降低。所以组织好每个作业工序的生产是组织好一条装卸作业线的基础,组织好装卸作业线与装卸作业线之间的协调又是组织好船舶装卸作业的重要内容。

船舶装卸作业组织的主要任务是:在确保人身安全、船舶与装卸机械不受损坏以及货物数量正确与完整无损的条件下,组织好每条作业线,充分发挥作业线的生产能力,并在此基础上平衡各舱口的装卸作业时间,最大限度地缩短船舶在港停泊时间。组织船舶装卸作业的主要依据是船舶的配积载计划(或配积载图)。

2)船舶装卸作业组织应注意事项

(1)作业前的准备工作

①根据货物操作过程,掌握货物动态。装船时,如按直接换装方案,要了解货物能否按计划运到船边;如按间接换装方案,则要了解货物是否已全部运抵港内,货物在库场内的堆放位置,是否与积载计划顺序协调。同时,还应了解在装船过程中,积载计划有无调整等,万一衔接不上须有应变措施;如按间接换装方案,则应了解所准备的库场容量是否足够,条件是否正常等。

②对外贸货要了解其所有有关手续是否办妥,避免因手续未办妥或手续不全而引起装卸工作中断。

③了解货物特征、装卸作业条件,分析可能发生的潜在事故,针对其特点,采取预防措施,以保证在装卸过程中的作业安全与质量。

④熟悉货物对装卸过程的要求、进行的时间及责任者,以便搞好协调工作。

⑤通过分析,确定重点舱,拟定出缩短重点舱装卸时间的具体措施。重点舱是指装卸最困难、作业时间最长的舱,它的作业时间决定了船舶的完船时间。

⑥根据货种、配载及库场位置确定装卸工艺及装卸时间的具体安排。包括使用的装卸机械和吊货工具、工人的配备及机械运行路线的安排等。

(2)作业过程中应注意的问题

①密切注意重点舱装卸进度,采取措施,缩短装卸时间。如在装船时,重点舱的货物还未运到,征求船方同意后,可以调整配载计划;卸船时,接运工具还未到达时,可以将货物先行入库;在辅助机械不足或劳动力不足的情况下,应首先满足重点舱作业线需要。同时也应注意非重点舱作业进度的控制,避免非重点舱转化为重点舱,导致船舶在港装卸时间的延长。

②严密监督主导环节装卸机械的运行。主导环节装卸机械效率,决定了作业线装卸效率,要采取有效措施加以提高;应避免用主导环节装卸机械做辅助作业。

③尽量减少作业中断时间。如驳船的调档、车辆和起重机的调动、吊货工具的更换等,尽量安排在工人吃饭或交接班时进行,以减少作业中断时间。

④尽量减少作业环节。减少作业环节就意味着减少作业中断的可能性;减少作业环节也意味着减少作业线工人数,使作业组织工作更简单些。

3)船舶快速装卸作业组织原理

在一定的设备、劳力、装卸机械、库场和泊位能力的条件下,通过科学合理的组织船舶装卸作业就可以充分发挥港口设备能力和劳动力的效能,并在尽可能短的时间内完成船舶装卸任务。这是组织船舶快速作业的基本思想。

(1)合理安排船舶作业顺序的原理

作业顺序的安排,是任何企业生产过程时间组织的重要内容。在港口泊位、机械设备、其他设备以及人力资源等一定的情况下,如何安排生产作业顺序,才能尽可能多地完成装卸任务,尽可能使船舶平均在港作业及停留时间最短,尽可能使船舶在港运力损失最少。

(2)集中力量组织装卸作业原理

在港口装卸作业中要完成既定的生产任务有两种组织船舶装卸作业的方法:一种是集中港口设备和人力去装卸一艘船或少数几艘船;另一种是用同等有限设备和人力同时去装卸所有或大多数船舶。采用不同作业组织方法将产生不同生产效果。而长期的生产实践证明,在一般情况下,如果条件允许,采用第一种方法可以使船舶总的停泊时间缩短。

(3)船舶装卸作业平衡原理

船舶装卸作业的平衡是指各舱口装卸延续时间的平衡。在进行作业组织时,应力求各舱在大致相同的时间内完成装卸,或者使重点舱的装卸作业时间缩短,这是作业平衡的主要内容。

全船的装卸结束时间取决于重点舱的装卸作业时间。而在装卸作业过程中,重点舱有可能发生变化和转移,因此,如何平衡各作业舱口的装卸延续时间,并尽可能把它压缩到最低限度,就成为缩短船舶在港停时的重要问题。

我国港口在缩短重点舱装卸作业时间方面主要采取以下几项措施:

①在船舶配积载时,根据各货舱特点、货物特性和效率高低,在同一舱室内配备不同的货物,以便平衡各舱的作业时间。

②在组织船舶装卸作业时,对重点舱配备经验丰富的工组、司机和数量足够、性能良好的装卸机械。

③给重点舱装备较好的接运工具和库场条件。

④组织重点舱工人、司机调班吃饭,做到人停作业不停。
⑤若重点舱有相通的邻舱,用邻舱装卸机械帮助装卸部分重点舱货物。
⑥在条件允许的情况下,适当给重点舱多开作业线。

此外,还应注意:各舱装卸作业时间是根据货种、定额计算的,在实际作业过程中,诸如装卸作业效率、舱时的利用等诸多因素会发生变化,有可能非重点舱转化为重点舱。要求现场生产组织者,要时刻掌握进度,防止非重点舱转为重点舱,引起船舶在港停时延长。

2.火车装卸作业组织

火车运输是港口货物集疏运的重要途径。港口一般都拥有自己的铁路专用线,在铁路专用线进行火车作业的货运程序有火车装车作业的货运程序和火车卸车作业的货运程序两种。

1)火车装车要点

(1)了解铁路转运流向和港口火车作业计划。
(2)开好车前会,布置装车作业措施。
(3)根据当班装车作业计划,确定各作业线劳力机械到位。
(4)检查所装货物情况和装货车辆的车号,并与装车计划内容相符。
(5)检查火车车厢清扫和车底铺垫情况,使其具备保证装车货物质量的要求。
(6)指导作业人员按规范和标准进行装车作业。敞车装怕湿货物应在车内堆码成屋脊形,并苫盖良好,捆绑牢固。使用棚车装载货物时,对于装在车门口的货物,应与车门保持适当距离,以防挤住车门或湿损货物。
(7)对散装货物的装车,确定装车数量,确保不偏载,不积重,不超重。
(8)每车装货完毕,组织人员按规定标准封车并对车体线路进行清扫,确认无误后通知铁路挂车。

2)火车卸车要点

(1)接收作业委托人货物铁路集港计划和每批集港货物的通知(包括铁路集港货物的货名、票类、规格、包装、数量和所载货物的车号、作业委托人自备物品和加固材料等)。
(2)根据货物情况确定货物的堆码库场。
(3)确定货物堆码的垛型。
(4)提出卸车的质量和相关要求。
(5)根据当班卸车作业计划,确认各作业线车辆对应的卸货场地。
(6)卸车过程中,要认真检查货物情况。如发现原残货物,及时通知铁路货运部门查验并做好货运记录。作业过程中发生工残,做好事故报告。
(7)指导作业人员按规范和标准卸车。
(8)卸货结束,按规定清理现场,认真填写作业票。

3.港口疏运作业组织

1)港口疏运的含义

港口疏运,即通常所说的"疏港"。其包括两种含义:一种是指港口采取一定的运输手段,将积压在港口的货物,在短时间内,迅速组织将货物运出港,以缓解港口库场的压力或解决港口的堵塞;另一种是指将进港(包括水运进港和陆运进港)的货物通过陆运或水运及时组织出港。疏运是港口正常生产的一种组织形式。港口的正常疏运工作必须根据港口统一部署,由业务部门协调好外部运输单位,组织本港劳力、机械,完成运输任务。

2)港口疏运的组织形式及其特点

港口疏运按组织运输方式的不同,有以下几种组织形式。

(1)公路运输

公路运输具有灵活、迅速的特点,受环境因素影响较小,可以减少港口搬捣等作业环节。但单车运力较小,车辆组织工作难度较大,要有专人负责,确保车辆有组织地参入港口疏运工作。

(2)铁路运输

铁路运输是港口疏运工作的重点。铁路运输具有运量大、受自然环境因素影响小的特点。但铁路运输受铁路运输能力的限制较大,港口要突击疏运,必须提前与铁路部门协商与沟通,征得铁路部门的密切配合与协作。

(3)管道运输

管道运输运量大、占地少、建设周期短、费用低。管道运输安全可靠、连续性强、耗能少、成本低、效益好。灵活性差:管道运输不如其他运输方式(如汽车运输)灵活,除承运的货物比较单一外,它也不容随便扩展管线,难以实现"门到门"的运输服务。对一般用户来说,管道运输常常要与铁路运输或汽车运输、水路运输配合才能完成全程输送。此外由于运输量明显不足时,运输成本会显著地增大。

(4)水路运输

水路运输是利用船舶、排筏和其他浮运工具,在江、河、湖泊、人工水道以及海洋上运送旅客和货物的一种运输方式。水路运输是我国综合运输体系中的重要组成部分,并且正日益显示出它的巨大作用。

水路运输按其航行的区域,大体上可划分为远洋运输、沿海运输和内河运输三种形式。远洋运输通常是指除沿海运输以外所有的海上运输。沿海运输是指利用船舶在我国沿海区域各地之间的运输。内河运输是指利用船舶、排筏和其他浮运工具,在江、河、湖泊、水库及人工水道上从事的运输。

港口疏运是综合利用各种运输方式的一项活动,对某种货种可以根据货物的特性,货物的流量、流向及货主的需要,采用多种运输方式联合疏运的组织形式。

举例说明:诸城外贸公司,外贸进口豆粕 5 万 t,在青岛港某码头卸船,其货物分配情况为诸城 35000t,南通 8000t,济南 7000t。

合理的疏运方式为:

诸城 35000t,组织公路运输;

南通 8000t,组织水路运输;

济南 7000t,组织铁路运输。

4.船舶抢吃水作业组织

抢吃水作业是为了利用潮汐落差,使在港船舶始终保持安全吃水状态的一种作业方式。由于港口的码头水深与船舶实际吃水有较大差距,为保证船舶停泊安全,港口安排船舶在高潮期及时抢装、抢卸,在低潮到来之前,装完开航或卸货至船舶吃水小于码头水深,使船舶处于安全状态。这项作业称为抢吃水作业。

船舶厘米吃水吨(TPC),是使船舶吃水改变1cm应装卸的货物重量,叫船舶厘米吃水吨数,是在抢吃水作业中必须用到的数据。抢吃水作业需要得到有关部门的大力配合,港口生产组织部门必须提前协调好外部有关各方关系。在船舶抵锚地后,"一关三检"能在锚地开展工作,为港口抢吃水作业获得较长的装卸时间。能在抢吃水作业结束前办理的业务提前办理,为船舶的抢装获得时间。同样,还要协调引航部门,根据潮汐变化引领船舶靠离泊位。

抢吃水作业是在港作业的重点船舶,最能体现生产组织的重要性和装卸作业的综合性。同时也能体现装卸公司生产渠道是否畅通,生产管理人员、装卸工人、装卸司机的业务技术水平,能充分地体现整个装卸公司的整体素质。

抢吃水作业分为抢装作业、抢卸作业两种。开展抢吃水作业必须制定严密可靠的方案,即抢吃水作业计划,并且包括抢吃水作业失败后的计划方案(事先预案)。

1)抢装作业计划

(1)掌握该船的完船吃水,该船的TPC值、计算出抢装吨位。

(2)掌握潮汐变化时间及潮差,计算出抢装时间。

(3)根据作业船舶,港方投入的装货能力,确定抢装计划(次数)。

(4)一次性抢装成功的,做好开航工作。需二次抢装的,根据第一次抢装的结果,再收集二次抢装的信息,制定二次抢装方案(计划)。

举例说明:设在抢装时间,第二次低潮时的潮差大于第一次低潮时的潮差,装船泊位水深小于航道水深。

某泊位抢装一艘20万t级船舶,码头水深−13.5m,该轮完货吃水17m,TPC值为120,装船作业进入抢装阶段时间是第一次高潮时04:00潮高400cm,第一次低潮时10:40,潮高200cm,第二次高潮时17:40,潮高420cm,第二次低潮潮时23:40,潮高210cm。

抢吃水作业计划与步骤:

①先将船舶吃水装到13.5m+2m,即15.5m,满足第一个低潮需要,待回潮后开装,这时距全船结束需装:(17m−15.5m=1.5m=150cm)×120t/cm=18000t。

②低潮过后,开装18000t货物约需6h,恰好可装完,时间约在17:00。查17:00潮高380cm,根据港口能力泊位水深约13.5m+3.8m=17.3m,完船吃水17m整,满足船舶对吃水的要求。

③抢装船舶在港完毕后,停留时间极短,甚至没有一点时间,有关手续能在装货期间办理的尽量办,办不完的必须到锚地办理。

2)抢卸作业计划

(1)掌握泊位水深及潮汐变化。

(2)掌握作业船舶的进度及TPC,计算卸到安全泊位的吨位。

(3)根据卸货种类及抢卸时间,投入参加作业的数量及效率。

(4)一次抢卸不成功的,制订二次抢卸方案。

举例说明:

设码头水深小于航道水深。第二次低潮潮差大于第一次潮差,某泊位卸散装硫黄,使用门机抓斗作业方式。泊位水深 -11m,船舶抵港吃水 -14m,TPC 值为 100。第一次高潮时 1 月 1 日 04:00 潮高 400cm,低潮潮时 11:00,潮高 160cm,第二次高潮潮时 18:00,潮高 440cm,第二次低潮潮时 1 月 2 日 00:00 潮高 140cm。

①1 月 1 日 04:00 开工计算到 11:00 低潮时,应抢卸货物的吨位应是:

$$[1400-(160+1100)]×100t=14000t$$

②若进行一次性抢卸,抢吃水时间只有 7h,每小时必须抢卸 2000t,而港方最大能力为每小时 1500t,7h 只能抢卸 1 万 t,这个方案行不通,需要实行二次抢卸方案。

实行二次抢卸方案,增加第一次抢卸的辅助作业时间,纯抢卸作业时间只有 5h,在第一次抢卸过程中只能抢卸下约 8000t 货物,使船舶上浮 80cm。

③第二次靠泊后船舶的实际吃水是 13.2m,第二次抢卸的吨位应是:[1320-(1100+140)]×100=8000t,第二次抢卸的作业时间有 6h,需抢卸 8000t 货物,港口投入的能力每小时为 1500t,实际需要 5.3h 即可完成抢卸任务。第二次抢卸能满足船舶对泊位吃水的要求。外贸进口散装货物,在第一次抢卸作业前必须作完商检检尺工作,很有必要在锚地进行,为港方增加抢卸时间。另外,抢卸吃水作业,还有其他技巧性的操作,如让船方配合进行压舱水的调整,这些工作都有利于港口生产。

5.昼夜生产作业计划

1)昼夜生产作业计划的作用和内容

港口昼夜生产计划规定了下昼夜港口生产作业内容,它不仅规定该昼夜内每一班的工作量与工作性质,还规定了一定的组织方法,以及港口各种机械设备与劳动力的合理使用方法。它是港口各级生产调度部门进行生产组织和指挥的主要依据,是对港区昼夜 24h 连续不间断生产的具体安排。在该作业计划中,不仅对船舶的装卸顺序、作业地点、机械人力的配备、操作方法等都做了明确规定,而且对每艘船的作业方法、使用的机械设备以及人力的配备等都做了合理安排。昼夜生产计划包括船舶作业计划、火车作业计划、市提市入作业计划等。由港口计划员编制。

(1)船舶昼夜作业计划

船舶作业计划是港口最重要的作业计划,它包括在港船舶和下昼夜预计抵港船舶的作业计划。它的主要内容有:

①船舶靠离泊计划,指船舶从进港至离港的各项生产活动的时间计划安排,它包括抵港时间、靠泊时间、开工时间、移泊时间、完工时间、离港时间。

②船舶规范,包括舱口数、船代名称、船长、船宽、载货吃水、船机负荷等。

③配机、配工计划。

④按照定额计算分舱分班作业量。

⑤船舶辅助作业及时间的安排。

⑥车—船、船—船直取作业计划安排。

⑦重点船舶的计划安排。

⑧安全质量及工艺使用的注意事项。

(2)火车昼夜作业计划

火车作业计划是港口根据铁路货运计划和港口生产的实际情况编制的下昼夜作业计

划。它的主要内容有：
①货主、货物名称、送车时间、送车车数。
②货物流向和到站名称。
③配机、配工计划。
④其他事项。
(3)市提市入昼夜作业计划

市提市入作业计划是港口货运部门根据货物公路运输的流向编制的下昼夜作业计划。它的主要内容有：
①进口货物的流向。
②出口货物的集港计划。
③配机、配工计划。
④其他事项。

2)编制昼夜生产作业计划的基本原则

(1)保证作业的连续性。重点舱不应有中断，且整船的装卸时间应与重点舱装卸时间能够基本一致。

(2)重点作业的合理性。对于重点船和重点作业的确定，要做到合理、正确。重点的确定，关系到生产作业的全局，也关系到港、船、货三方的利益。

(3)计划编制的灵活性。港口的作业条件多变，昼夜作业计划要有一定的灵活性。当情况发生变化时，就可以主动改变部署，避免因某一环节脱节而使港口处于被动局面。

下一昼夜的作业计划须在当日的15:00前编制完毕，编制时一定要预计本昼夜计划完成情况。

昼夜生产计划由企业自主编制和执行，但涉及企业与外单位的协作以及船舶在港内的移动，重点船舶的确定等问题时，还需要做好相应的协调工作。

3)编制昼夜生产计划的步骤和要点

(1)深入现场，收集资料，了解情况。主要是了解在泊船舶实际装卸货物的情况，预计装卸完工时间，并于上昼夜计划核对，以便从中分析变化情况和变化的原因。同时，还应掌握作业进度及存在问题，了解各舱所余货类和吨数；掌握港区的机械、劳力、库场能力及其他设备能力情况；联系铁路、货运等部门，了解下昼夜车、货动态，以便纳入计划。

(2)车、船、货的综合平衡和合理安排。对于在本昼夜不能完工而必须跨昼夜、跨班作业者，优先编入下昼夜生产计划，以保证作业不中断，前后计划衔接并减少船舶非生产性停泊时间。对于待装卸的在港船舶和计划内将要到港的待装卸船舶，可根据港口实际情况，纳入计划或不纳入计划，并安排对其作业顺序。

(3)对于已纳入下昼夜生产计划的船舶，则需确定：
①船舶作业的舱口数和作业舱开工顺序、时间、工艺操作方案。
②分舱口配备的机械及其数量和劳动力人数。
③分舱口的工班作业量。
④确定装卸货物的名称、数量以及作业的起讫时间，预计完成的作业量。

船舶水尺标志

船舶吃水是指船舶进入水中的深度,其入水深度随货物装载重量的大小而变化,一般海船在首、尾的左右两舷对称的绘有吃水标志,水尺标志(图1-1)是以数字(公制一般以阿拉伯数字、英制以罗马数字)表示船舶吃水大小的一种记号,公制每个数字高10cm,英制每字高6in❶,看水尺的精确读数均以字体的底缘为准。

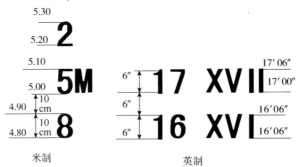

图1-1 船舶水尺标志

复习思考题

1. 港口生产的特点有哪些?
2. 港口有哪些装卸生产资源?
3. 港口装卸生产包括哪些内容?
4. 船舶从进港到离港包括哪些作业?
5. 什么是换装作业? 什么是间接换装? 什么是直取作业?
6. 装卸工艺的概念? 装卸工艺的内容?
7. 什么是操作过程?
8. 什么是工艺流程?
9. 什么是生产控制?
10. 港口通用装卸工艺规程的内容?
11. 如何组织好船舶装卸作业?
12. 船舶装卸作业组织作业前应做好哪些准备工作?
13. 船舶装卸作业组织作业过程中应注意哪些问题?
14. 什么是重点舱? 缩短重点舱作业时间有哪些措施?
15. 港口疏运按组织运输方式的不同分哪几种组织形式?

---

❶ 1in = 0.0254m

16. 港口抢吃水作业计划中抢卸计划包括哪些内容?
17. 港口抢吃水作业计划中抢装计划包括哪些内容?
18. 船舶作业计划的主要内容有哪些?
19. 编制昼夜生产计划的基本原则有哪些?

项目二 件杂货码头装卸工作组织

知识要点

1. 常见件杂货的包装及特点。
2. 件杂货装卸常用工属具及机械。
3. 件杂货码头各类货物常用的装卸工属具。
4. 件杂货码头各类货物的装卸工艺及操作要点。
5. 件杂货码头各生产部门的构成、各岗位的职责。
6. 调度员的工作任务、内容。

项目任务

1. 了解各类货物的包装特点。
2. 掌握不同工属具的使用方法和要点。
3. 掌握各类货物的装卸工艺和操作要点。
4. 掌握调度员的现场组织工作的内容及常见问题的处理。

项目准备

1. 场地、工具准备：货物模型、码头模拟沙盘、机械、工属具等模型、计划表、会议记录、联系电话、调度安排等。
2. 人员安排：学生按调度、理货、机械队、装卸队等班组分组，安排船舶计划员1~2人，值班主任、值班队长各1人，每班设值班调度员1~2人、调度员8~10、理货员8~10人，机械司机若干、装卸工人若干。

相关理论知识

件杂货运输和装卸是一种起始最早的传统运输装卸工艺，随着近代集装箱运输方式的发展，件杂货运输受到了很大的冲击，传统的件杂货运输量也日渐减少，但这并不意味件杂货运输和港口装卸已经走到了历史的尽头。件杂货码头相对于大宗散货、集装箱码头而言，吞吐量较小，但是它有不可替代的运输优势，许多钢材类货物、不适箱货物等较适合件杂货运输。另外，随着港口对货运质量的不断提高，件杂货运输的货损货差率大幅度降低，进一步赢得了货主的青睐。因此，未来的件杂货运输将持续稳定。

一、件杂货港口装卸机械

港口装卸机械是在港口用于完成船舶与车辆的装卸，库场货物的堆码、拆垛与转运，以及舱内、车内、库内装卸作业的机械设备,主要可分为垂直起重运输机械和水平搬运机械两类。港口装卸机械通常用于垂直提升货物或在较短距离内沿着一定的路线水平搬运货物,因而和汽车、火车、轮船等运输工具有所区别。

合理地运用港口装卸机械,对于搞好装卸工作有着巨大的作用:首先,使用装卸机械可以提高劳动生产率、节省劳动力,可减轻体力劳动强度。其次,使用装卸机械可以提高装卸作业效率,缩短船舶在港停泊时间,因而节约运力,加速货物运输,提高港口通过能力。第三,使用装卸机械可降低装卸成本,减少压船压货的损失,提高港口装卸企业的经济效益。第四,使用装卸机械可采用先进的装卸工艺减少货损货差,提高货运质量,可为成组运输、集装箱运输以及为建立程序化、自动化的装卸作业线创造条件。

港口装卸机械的种类很多,要使之发挥上述作用,必须合理地选择、配置和管理使用。在同样的条件下进行装卸作业可以采用不同类别的装卸机械,应该根据具体情况选择最经济、合理、先进的技术设备。对于现有码头的机械设备也应合理地安排使用,使其尽可能按最佳的技术状态工作。以下对我国常用的一些件杂货装卸机械做基本介绍。

1.件杂货港口主要起重机械

1)门座起重机

门座起重机是装在沿地面轨道行走的门形底座上的全旋转臂架起重机(图2-1),是码头前沿的通用起重机械之一。其门架下面可通行铁路车辆或其他无轨运输工具(如汽车)等。

门座起重机的金属结构包括臂架系统、人字架、转柱、机房平台以及门架等。为了保证汽车、火车或其他机械在门架下顺利通过,门架下面的净空高度和跨度须根据不同的要求来设定。目前,门座起重机的主要的金属结构多采用钢板焊接的箱形结构。有时,臂架也可采用各种型钢焊制的桁架结构。在一般情况下,桁架单位长度的质量较轻,用料较省,迎风面积较小,但制造和保养较麻烦。

图2-1 门座起重机

门座起重机的工作机构包括起升、旋转、变幅、运行四大机构。由于门座起重机是电力驱动的,各工作机构均由电动机分别驱动。对于吊钩、抓斗两用的起升机构可分别采用两套起升绞车,使得整体结构简单、操作方便。门座起重机的变幅机构是工作性的,它在码头上进行大型船舶的装卸作业时,一般每个工作循环都需带载变幅。如卸船时,吊货出舱后,需要先将臂架收进来,以免起重机旋转时与船舶上层结构(驾驶台、桅杆等)相碰。装船时,当在码头吊起货物后,也需要在小幅度情况下将起重机转向船舶一方,再将臂架伸出,装货到舱内适当的地点。因此,门座起重机采用平衡式臂架变幅系统。

由于门座起重机结构庞大,工作往往又很繁忙,安全装置就显得特别重要。门座起重机各工作机构均分别设有制动器,其中起升机构、变幅机构和运行机构的制动器应是常闭式的,而旋转机构的制动器可以采用常开式的。因为门座起重机旋转部分的质量大、转速高、转动惯性很大,故常采用脚踏式的液压制动器,以避免制动过猛,从而达到准确停车的目的。

为了防止旋转机构的过载,旋转机构常安装有极限力矩联轴器。此外,在门座起重机上还安装了一系列的行程限制器和安全装置,如起升高度限位器、起重量限制器、变幅机构的缓冲器、门腿上的夹轨器、避碰器和有关的电气保护装置等。

门座起重机的工作特点是:

①起升高度大。门座起重机的起升高度大(轨上20~25m、轨下15m),对水位的适应性好,在海港的固定式码头上安装的门座起重机可适应在泊位前沿水位变化的情况下装卸作业。装卸作业时门座起重机臂架运行的轨迹与码头上车辆运行的路线成立体交叉,减少了码头前沿车辆和起重机的拥挤程度,有利于装卸作业现场的生产组织管理。由于门座起重机的起升高度大,所以便于装卸长大件货,一吊双关、多关货组作业也较其他机械方便。

②臂幅大、工作区域大。门座起重机的定位工作的区域是由最小臂幅和最大臂幅为半径的圆环形,其中陆域的区域大于$700m^2$,因而便于件杂货在港口的直接换装作业。需要时,还可以同时装卸几辆车辆,使装卸过程中的工艺中断时间大大减少。对于长大五金钢材、机械设备等货物装卸,门座起重机可将它们直接吊放在其后轨幅度范围内的一线堆场上,并将这些货物再装船或装车,减少了流动机械的搬运作业。

③使用灵活、定位性好。门座起重机可以带货变幅、旋转、运行,所以可将货组吊放到任一指定装卸货位。在装卸车辆时,门座起重机的定位性好,车辆在受载时可以不经常移动,提高了货物装卸效率。门座起重机还便于多台机联合作业,从而减少重点舱装卸时间。

④起重量大。现在,件杂货码头的门座起重机的起重量通常有5t、10t、16t、25t、32t、40t,便于进行重大件货物的联机装卸作业,也有利于开展成组运输,提高装卸效率。和轮胎起重机的起重特性不同,门座起重机因要带载变幅,起重特性往往设计成起重量不随取物位置而变,即在它的安全工作幅度范围内,均能达到最大起重能力。

⑤通用性好。门座起重机配合各种吊具,可对各种不同货物进行装卸作业,同时还可用来装卸没有船用装卸机械设备的船舶。

2)轮胎起重机

轮胎起重机是装在专用的轮胎底盘上的全旋转臂架起重机。它有起升、旋转、变幅和运行四个工作机构,分别完成提升和水平运移货物、调整臂架伸距及变换工作地点的动作。轮胎起重机(见图2-2)的起重臂、司机室、动力装置、配重及起升、变幅、旋转机构等都布置在转台上。运行底盘设有四个可收放的支腿,以便增大轮胎起重机的起重能力和稳定性。

轮胎式起重机是港口常用于装卸驳船的流动式起重机。轮胎式起重机具有机动性好、适用性强的特点,使用时不受轨道的限制,灵活机动,服务区域相对较大,既可用于码头前沿,又可作堆场机械使用,一机多用,机械利用率得到充分发挥。

轮胎式起重机的起重量要随着臂幅的增大而

图2-2 轮胎式起重机

变小,通常称呼的轮胎起重机的最大起重量是指其臂幅最小时的起重量。在装卸作业时,由于使用的臂幅较大,所以实际使用的起重量比标明的最大起重量小。一般来说,轮胎起重机的装卸效率较门座起重机低,当同时使用多台轮胎起重机装卸船作业时,码头前沿就显得很拥挤。

3) 浮式起重机

浮式起重机是装在专用平底船上的臂架起重机,也称起重船。它广泛用于海河港口,可单独完成船→岸间或船→船间的装卸作业,也可配合岸上的起重设备加速船舶装卸。此外,还常用于建港、建桥、水利工程以及船舶修造、水上打捞、救险等的起重作业。

浮式起重机的优点是:能在水上(锚地)进行装卸,自重不受码头地面堆载能力的限制,可从一个码头移到另一个码头,使利用率提高,配合浮码头工作不受水位差影响,因而它适用于码头布置比较分散,货物吞吐量不大以及重大件设备的装卸工作,对水位变化大的内河港口则更适宜。浮式起重机的缺点是造价较高,需要的管理人员较多。

目前,我国各港的浮式起重机形式很多,根据交通部港口浮式起重机基本参数系列标准的规定,新设计的港口浮式起重机主钩起重量系列为3t、5t、10t、32t、63t、100t、200t。目前,我国最大的浮式起重机的起重量已达7000t。

4) 船舶装卸设备

船舶装卸设备是指装在船舶甲板上、为本船装卸货物所用的船上专用设备。件杂货船舶较多配备船舶装卸设备,用船舶装卸设备装卸货物,有利于减少港口设备投资,降低港口装卸前沿装卸成本。有些情况下,还可能加快船舶装卸速度,减轻工人劳动强度。

件杂货船舶装卸设备主要有起重双杆、起重单杆和甲板起重机三种类型。

(1) 起重双杆

船舶起重双杆(图2-3)是使用历史最久的船舶装卸设备,现在仍得到广泛应用。船舶起重双杆由两根生根于船舶甲板或桅杆的吊杆和两个船舶起货机组成。

双杆操作时,两根吊杆位置固定,一根在舱口上方(俗称大关),另一根伸出舷外(俗称小关)。卸货时,大关从舱内提起货物至适当高度(这时小关吊货索保持不紧不松),然后由小关把货物拉向舷外(这时大关配合放松吊货索),拉到卸货位置上方时,大小关同时放松吊货索,将货物放到码头上或外档驳船上。卸货后,大小关吊索配合调整松紧,使空钩回到舱内进行下一循环操作。

图 2-3　船舶起重双杆

起重双杆作业时,通过两根吊索,使吊钩在一个平面中运动,结构非常简单,其主要特点是装卸速度快,货物运动平稳。但因吊钩只能在一个平面内进行直线运动,工作面较窄,所以会增加舱内工人作业的劳动强度。在装卸过程中,需多次调整吊杆(主要是大关)的位置,使吊杆作业的平面在船舱的纵向逐渐移动,逐步装完(或卸完)船舶内的全部货物。

图 2-4　船舶起重单杆

（2）起重单杆

船舶起重单杆（图 2-4）由一根生根于船舶桅杆的吊杆和两个船舶起货机组成，起重单杆的负荷通常大于起重双杆。由于通过两个卷扬机作业，起重单杆具有类似甲板起重机的变幅、旋转功能，是一种较起重双杆更为灵活的船舶起重设备。起重单杆的工作面比起重双杆大得多，在船舶里、外档轮流作业时，工人不必停工调整吊杆位置及整理稳索，劳动强度较小，在舱内吊钩也能到达各个位置。但起重单杆吊货时容易晃动，作业人员必须具有较高的操作熟练程度。

（3）甲板起重机

甲板起重机（图 2-5）安装在船舶甲板上，外形类似普通起重机，是干货船配置的较先进的起货设备。甲板起重机有固定式与移动式两种形式。移动式起重机在甲板上有轨道，可从一个舱口移到另一舱口，作业覆盖面更大，其性能与陆用桥式起重机类似，但起重量较大，一旦出现故障，会影响整条船的船期，所以使用不多。

固定式甲板起重机，俗称"克令吊"，可以在 360°范围内旋转，可以变幅，而且其起升、旋转、变幅作业可同时进行，操纵比较灵活，工作面而大，但其速度相对较慢，操纵也比较复杂，对作业工人的要求较高。

（4）使用船舶装卸设备注意事项。

①船舶起重单杆在操作时，吊杆的仰角应控制在不少于 30°。船舶起重双杆在操作时，舱口吊杆（大关）应控制在舱口长度 1/3~2/3，仰角不少于 30°，不大于 75°。舷外吊杆（小关）仰角控制在约 40°。若超过 75°，可能产生吊杆后倾。舷外吊杆与船舶中央线的夹角以 65°左右为宜。舷外跨度不宜过大，万吨船跨距一般以 5.5m 为限。

图 2-5　甲板起重机

②调整吊杆及其属具应由船上人员执行，港口装卸人员不得擅动。

③使用前，应检查船舶起货设备制动是否灵敏，起货机卷筒上钢丝绳排列是否正常。

④船吊作业时，不得超过规定的负荷量。

⑤操纵应平稳，避免急刹车和突然换向。

⑥作业中不准"摔关"和"游关"，不准"拖关"。

⑦起重双杆操作时，货关不能吊升太高，两根吊杆货索之间夹角不能大于 120°。

⑧当船横倾达 5°或刮大风达 6 级以上时，使用甲板起重机不可在最大幅度上旋转。

⑨操作中应严格遵守有关安全操作规程。

2.件杂货港口主要水平搬运机械

港口使用的水平搬运机械主要是牵引车挂车、汽车、蓄电池搬运车等。港口使用的水平搬运机械的转弯半径要小,载重量应与码头前沿垂直装卸机械的起重量相适应。采用哪种水平搬运机械合适,要根据各港的具体条件而定。其中尤以运输距离因素影响最大。一般认为,100m 水平运输距离内,使用蓄电池叉式装卸车较合适;100~200m 水平运输距离,使用内燃机叉式装卸车较合适;200~500m 水平运输距离,使用牵引车挂车较合适;500m 以上水平运输距离,使用汽车较合适。

1) 拖车

拖车由牵引车和挂车组成,牵引车最好采用内燃机驱动的。1 台牵引车配备 3 组挂车,每组根据牵引车的牵引力,挂车的载重量,以及现场作业条件,由若干辆挂车组成。我国港口,1 台牵引车通常拖带 3 辆挂车,1 台牵引车配合 1 台码头前沿垂直装卸起重机作业。国外有的港口 1 台牵引车拖带 4~6 辆挂车,与 2~3 台码头前沿垂直装卸起重机配合作业。1 台牵引车应配备 3 组挂车进行循环拖带:一组在码头前沿装(卸)船;一组在库、场拆(码)垛,另一组在运行。当码头前沿垂直装卸机械为船吊时,码头边应设置电动绞车,因为船吊作业点固定在一个平面内,在作业过程中需要依次移动挂车。

合理使用牵引车的方法:一是循环拖带,1 台牵引车应配备 3 组挂车进行循环拖带,尽可能减少牵引车因装卸货而停止运行的时间,保证码头前沿垂直装卸机械的作业效率能得到充分发挥;二是充分利用牵引车的牵引能力,在同样生产率条件下,增加每次牵引的货物数量,就可以相应减少运行次数,从而减少燃料消耗,节约成本。

2) 卡车

卡车(卡车)有的港口用载重量为 2t 左右的轻吨位小型汽车作为搬运工具。与牵引车挂车比较,轻吨位小型汽车的缺点是:装卸货物时汽车发动机不能用于运行,一次载货量小,对货物的适应性较差,长钢材等货物不适合载运。它优点是:灵活,在狭窄的码头作业比较方便,在仓库内作业停车位置能紧靠货垛,爬坡性能较好,较能适应浮式码头作业。

在库场远离码头时,通常使用载重量较大的汽车作为搬运工具。随着公路运输的发展,货主和运输公司的汽车往往直接行驶到件杂货码头前沿,进行船舶与汽车之间的直接换装。可以有效提高作业效率。

3) 叉车

叉车,又称铲车、万能装卸机,是装卸搬运机械中应用最广泛的一种。它由自行的轮胎底盘和能垂直升降、前后倾斜的货叉、门架等组成,主要用于件杂货的装卸搬运,在配备其他取物装置以后,还能用于散货和多种规格品种货物的装卸作业。叉车最早出现于 20 世纪初,第二次世界大战后,发展迅速,并已走向系列化、标准化的生产。

叉车除了和港口的其他起重运输机械一样,能够减轻装卸工人繁重的体力劳动、提高装卸效率、缩短船舶与车辆在港停留时间、降低装卸成本以外,本身还具有一些特点与作用:

①机械化程度高。在使用各种自动的取物装置或在货叉与货板配合使用的情况下可以实现装卸工作完全机械化,不需要工人的辅助体力劳动。

②机动灵活适应性强。叉车外形尺寸小、重量轻,能在作业区域内任意调动,适应货物

数量及货流方向的改变,可机动地与其他起重运输机械配合工作,提高机械的使用率。

③可以"一机多用"。在配备与使用各种取货装置,如货叉、铲斗、臂架、串杆、货夹抓取器等的条件下,可以适应各种品种、形状和大小货物的装卸作业。

④堆存面积利用率高。在单位堆存面积上可堆存更多货物,能提高仓库容积的利用率,堆码高度达到4~5m。

⑤有利于作业标准化。叉车可直接与托盘配合作业,可以进行集装箱内的装卸作业,有利于开展托盘成组运输和集装箱运输。

⑥经济效益好。与大型起重机械比较,叉车的成本低、投资少、用途广泛,能获得较好的经济效果。

二、件杂货装卸工艺及装卸工属具

1.两种常见件杂货装卸工艺

在我国,件杂货装卸工艺最常见的有两种:

(1)船舶装卸设备→水平搬运机械组成的机械化系统

这种机械系统的优点是:对港口条件、码头泊位要求低,港口建设投资少,经营费用开支可减少。缺点是:必须依赖船舶的装卸设备,对未配备装卸设备的船舶,就无法作业。如船舶装卸设备效率较低,码头的装卸效率就受到很大制约。

(2)岸上装卸设备→水平搬运机械组成的机械化系统

这种机械系统的优点是:能对未配备装卸设备的船舶装卸作业。码头岸机的工作范围通常较大,便于向船舶外档2~3排驳船进行直取作业。便于在码头前沿2~4股铁路线进行直取作业,便于码头前沿堆场上的货物装卸。码头岸机一般能沿轨道移动,能在多泊位上装卸车、船,调动使用。如靠泊作业的船舶本身也配备装卸设备,则岸机能配合船吊,对重点船、重点舱进行装卸等。

2.件杂货港内货物六种操作过程

件杂货港内货物的操作过程通常可以归纳为以下6种:

①船→船;

②船→车;

③船→场;

④场→车;

⑤车→车;

⑥场→场。

不同的工艺流程应配备不同的装卸设备、装卸工具和进行人力安排。装卸船舶主要用船吊、门机;在库内作业时多采用叉车、铲车、电池搬运车、提升机、输送机;在货场作业时则以轮胎式起重机、门式起重机、龙门式起重机等。以一种流向为例,这6种装卸工艺流程分别由下面方框图表示:

1)船→船工艺流程

船→船工艺流程(图2-6)是将货物从一条船(驳船)卸下,再装上另一条船(驳船),具体又可分成两种情况:

①船→船外档过驳作业,即装货的船(一般为驳船)靠在卸货船舶的外档,卸货的船利用船上配备的装卸设备,将货物直接从外档装入驳船。这一作业过程不经过码头的陆缘,不使用码头的设备,通常还可以计算两次吞吐量,效率最高。但这一作业流程对接卸设备的衔接组织要求较高,容易发生由于等接卸船舶所导致的作业中断等情况,有时还会受到外档水域条件的限制。

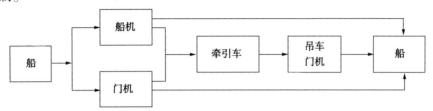

图 2-6 船→船工艺流程

②船→船里档过驳作业,即装货的船停靠在卸货船相邻的泊位,货物使用船吊或岸机卸下,通过码头水平运输机械(牵引车)运到装货船舶停靠的泊位,再通过轮胎式起重机等起重设备,装入装货的船舶(驳船)。这一作业过程货物通过码头前沿,但不进入码头库场,作业的效率也比较高,使用码头设备人力也比较省,通常也可以计算两次吞吐量。但这一作业对接卸设备衔接组织的要求也比较高。

2)船→车工艺流程

船→车工艺流程(图2-7)是将货物从船上卸下,不经过码头库场,直接装入提货的卡车。具体作业流程为:接卸的卡车行驶到码头前沿,停靠在卸货船舶的舱口边,货物通过船吊或门机从舱内吊出,直接装入提货的卡车。这一作业也可以逆向进行,即客户将需要装船运出的货物,通过卡车直接运到码头前沿船舱边,通过船吊或码头门机,直接装入船舱。这样的作业流程操作环节少,作业效率高,劳动力省。

图 2-7 船→车装卸工艺流程

但在实际操作中,由于船吊(或岸机)作业效率高,卡车需要行驶一定的水平距离,效率肯定要低很多,可能导致船吊等车,发生严重的作业中断。如配数量足够多的卡车,能跟上船吊的作业效率,又可能导致道路的堵塞。所以通常采用的方法是对这一工艺流程作变通使用,即同时执行"船→车"和"船→场"两种工艺流程,在接卸卡车到达时,执行"船→车"作业流程,将货物直接装入卡车。当卡车来不及到达时,则将货物装入码头的牵引车挂车,水平运输到库场堆存。船卸完后,卡车继续到码头库场提货出栈。

3)船→场工艺流程

船→场工艺流程(图2-8)是货物通过船吊或门机垂直运输卸下,通过码头牵引车挂车进行水平运输,到达码头库场,在库场通过轮胎式吊车等机械,卸入库场堆垛。

图 2-8　船→场装卸工艺流程

这一作业流程也是可逆的,当进行货物装船作业时,客户先将货物用卡车、火车等送到码头库场堆垛集港。装货船舶到达后,在码头库场用轮胎式吊车等机械拆垛,由牵引车挂车完成水平运输,将货物运到码头前沿,然后用船吊或门机将货物装入船舱。

4)场→车

场→车工艺流程(图 2-9)是码头库场堆存的货物通过卡车或火车运出码头。如为卡车出栈,则货物在码头库场用场地吊车拆垛,直接装入提货卡车出栈。如为火车出栈,则库场货物拆垛后,通常需通过牵引车挂车水平运输到码头的铁路线边,再用轮胎式吊车等将货物装入火车车皮。这一工艺流程有时也可逆向进行,如码头出口货物通过卡车、火车进栈,则先进入码头库场堆垛集港,进行相反的操作流程。

图 2-9　场→车装卸工艺流程

5)车→车工艺流程(图 2-10)

图 2-10　车→车装卸工艺流程

车→车工艺流程大多为货物从火车卸下,装卡车出栈,或以卡车进栈,装火车出栈。见于码头拥有火车轨道的港口。卡车与火车之间,通过叉车或吊车运输货物。

6)场→场工艺流程

场→场工艺流程(图 2-11)主要为货物由于某种需要,在码头不同的库场之间转场,或转出到港外疏运堆场。其基本作业是货物在一个堆场用叉车或吊车拆垛,用牵引车挂车水平运输到另一个堆场,用吊车堆垛。码头的库场是通过性堆场,不是营业性库场,主要是保证

图 2-11　场→场装卸工艺流程

码头的畅通,而不是为了赚取货物的堆存收入。所以,码头的库场通常都有"强制疏运"的规定,即规定货物在港口码头堆存超过一定时间后,港口装卸企业有权在不通知货主的前提下,将货物疏运到港外堆场。"场→场"工艺流程常用于这一作业。

3.件杂货作业工序及各工序的机械、人力配备原则

为了能较正确地反映一个操作过程的具体操作方法和作业标准,将操作过程划分为若干个工序。所谓作业工序,就是指在一个完整的操作过程中,能够独立完成一项具体作业的一个环节,每道工序的正确操作和配合协调作业实现了货物的完整搬运。机械配备是指完成该作业工序需要的机械数量,人力配备是指完成该工序作业需要的机械司机、装卸工人的数量,机械配备和人力配备的原则是要保证作业线的连续性,特别是要保证主导环节的作业效率。件杂货作业可划分为以下工序:

1)舱内作业工序

(1)件杂货舱内作业工序包括装船和卸船时,在舱内的摘挂钩、拆码货组、拆码垛及平舱、清舱等全部作业。这一作业环节是整条件杂货作业线中劳动强度最大、作业最困难、效率最低、最易造成"瓶颈"的工序。传统的件杂货水路运输,多采用货物在舱内单件堆装的方式。因此在卸船时,如为袋装、箱装、桶装货物,就必须在舱内用人力"做关",即将袋装货物等用人力搬到网络、货盘等成组工具中成组,而后吊运出舱;如捆装货物,就必须在舱内用人力"提头"作业,套钢丝成组,再进行吊运。所谓"提头"作业,是指由于货物和货物、货物与运输工具之间没有操作的空隙,工人先用钢丝绳套住货物的一头,用起重机械起升到可操作的高度,再用钢丝绳捆扎作业。这些作业消耗大量人力,劳动强度大,作业效率低,改进比较困难。在组织船舶装卸作业时,应尽量使用简单的工具、机械等设备代替人工劳动,以提高作业线的效率。

近年来件杂货水路运输方式有所改进,如袋装货物包装改进,每单件件杂货的重量从原来的几十公斤增加到数百公斤,甚至拼装成1t以上的集装袋,这样就便于直接使用叉车等设备进行作业,工人的劳动强度大大降低,装卸效率大大提高。目前成组运输和托盘运输的出现,又大幅提高装卸效率,因此成组和托盘运输是改革件杂货装卸工艺的有效途径,也是其运输、装卸的主要方向。

(2)机械配备。舱内是否需要配备机械,由船舱的条件和货物决定的,许多件杂货船的船舱舱口小,甲板下的舱容较大,起落舱作业机械无法将货物直接吊进吊出舱,为了提高舱内作业的效率,国内外一般都采用机械下舱作业。由于船舱结构的特殊性,专用的件杂货船舱内作业的机械要求是外形尺寸小、自重轻、灵活、机动性好的多功能机械,相比之下,舱内叉车是一种较好的舱内作业的专用机械。

使用舱内叉车装船作业时,装卸船舶机械先将货组吊到舱口正下方,再用叉车将货组送到船舱深处堆成货垛。卸船作业顺序与之相反。但使用叉车在舱内作业的关键是要保持货堆的稳定性,并要求在舱内作业过程中,叉车底部要保持水平状态,不允许船舶横倾或纵倾,也不能在货堆上直接放置舱内叉车。一个舱一般配备1~2台叉车作业,以此达到起落舱作业机械的效率。

(3)人力配备。舱内人力配备分为两种情况:

①在舱内只需人力摘挂钩拆码垛作业的情况,一般每个舱内需要配备2~4名作业工

人,如钢材类的货物,工人在舱内码垛、捆钩和摘挂钩作业。

②在舱内需要人力拆码货组作业的情况,一般每个舱内要配备8~10名作业工人。如50kg/袋包装的小袋货物,需要人力网络成组和拆组作业。

2)起落舱作业工序

起落舱作业工序包括装船和卸船时船舱到岸、岸到船舱、船舱到车辆、车辆到船舱以及船舱到船舱的作业。它是船舱装卸作业的主导环节。件杂货装卸中,货物的起落舱作业主要使用船舶装卸设备和岸边的起重机这两种机械。该工序能够直观地反映出船舶装卸作业效率的高低。如果该工序连续不断地运转,说明装卸船的效率是稳定的;如果该工序发生停止运转或者时断时续的运转,说明装卸船作业的某个工序作业发生了问题。因此,其他工序机械、人力的配备都应满足起落舱作业工序连续不断地运转。

(1)机械配备。每个舱口一般需要配备1台起落舱作业的机械。在有重点舱作业的情况下,有时给重点舱配备两台作业机械。

(2)人力配备。工人在这一工序中,承担在船边挂、摘钩作业,大部分货物在装卸船作业时,每个舱要安排2名工人在船边作业。

在起落舱作业时,由于门机司机在高空无法看清舱内作业情况,因此在舱口的甲板上设有专人指挥起落舱的机械进舱作业,这一岗位称为指挥手,是经过专门培训后才能上岗,每个舱口都需设一名指挥手作业。门机司机在没有指挥手指挥的情况下,不能私自将货物吊进吊出舱作业,也就是说门机司机不能进行"自由钩"的操作。

3)水平搬运作业工序

水平搬运作业工序包括货物在码头、库场、车辆间的搬运作业。它是连接码头、库场与车辆之间的中间作业工序,主要由水平运输机械,如牵引车挂车、卡车、叉车等承担。在组织船舶装卸作业时,水平搬运工序和效率应与起落舱作业工序的效率相互协调。

(1)机械配备。在装卸船作业时,每条作业线水平搬运机械的数量是由运输距离的远近决定的,一般200m以外的距离需要配备至少3台卡车,一台在船边,一台在库场内,一台在路上运转,以此保证作业线的不间断性和连续性。

(2)人力配备。水平搬运作业工序不需要配备专人作业。

4)库场作业工序

库场作业工序包括库场内的拆码垛、拆码货组、供喂料、盖油布等作业。库场作业工序对工人劳动的依赖性也比较大。

(1)机械配备。在装卸船作业时,每条作业线的库场作业工序的拆码垛作业至少需要配备1台起重机,当然,为了保证起落舱作业机械的高效运转,有时配备2台起落舱作业机械,库场作业需要配备3台起重机,以此类推,保证高效。

(2)人力配备。库场人力作业大部分是拆码垛作业,因此至少配备4名工人。

5)车内作业工序

车内作业工序包括装卸车辆时的上下搬动,拆做货组及车内的拆码垛作业的总称。在火车的棚车进行装卸袋装货的作业时,基本只能用人力进行,劳动强度也比较大。车辆作业的机械一般要和库场作业的机械结合来考虑,因为库场机械能有效地对某些类型的车辆的货物进行装卸,例如装卸平板车上的货物可以使用铲车或各种起重机。而装卸棚车的机械就不能用铲车,因为棚车车门太小,车底板强度不够,铲车上不去。

除了以上工序以外,件杂货在库场作业需要按唛头区分(即理货分票)。这是装卸过程中不可少的一个工艺,但也是一项十分繁杂、延误时间的工作。实践中人们摸索了许多工艺要求,如舱内分票、按票出舱、按流向卸货等。

4.港口装卸企业装卸工艺管理

1)装卸工艺管理部门及人员

港口装卸企业应设置专门的部门或人员进行装卸工艺管理,专设部门或人员的主要管理职责大致有:

(1)制订装卸工艺

对装卸企业的新货种、新作业流程进行现场调研,确定合适的作业方式和流程,进行合理配机、配工。采用一定的方式进行专家论证和试运转,形成工艺卡。

一项完整的装卸工艺至少应包括以下内容:

①货种、船型(车型)、作业流程。

②作业线所包含装卸作业工序,每一作业工序作业方法。

③作业线每一工序的具体配机、配工,卸货所形成的货物成组形态(货物关型)和堆场的垛形,装货在船、车内规定形成的堆垛形态。

由于装卸作业货种复杂、船型复杂、码头形态各异、作业流程变化又非常多,所以即使是同一货种,同一作业流程,不同的装卸企业,在工艺上也会有很大差别。每个企业应根据自身情况,制订适合自己的装卸工艺,组织实施。

(2)修改装卸工艺

对已实行一定时期的装卸工艺和作业情况发生变化的装卸工艺,组织人员进行调研,根据现场实施情况进行修订,经过论证和试运转后,形成新的工艺卡。

(3)进行装卸工艺的现场管理

配合装卸企业安全管理部门进行现场装卸工艺实施情况的监督,对不按装卸工艺组织生产的违章作业进行制止,维护装卸工艺严肃性和装卸工艺纪律。在装卸企业的相关调度会议上对作业现场装卸工艺的实施情况进行汇报和评估,提出加强装卸工艺管理的意见。

2)装卸工艺管理文件

港口装卸企业应建立相关装卸工艺文件,以加强装卸工艺管理。装卸工艺文件主要有:

(1)装卸工艺标准

装卸工艺标准是最高级别的工艺文件,规定了某一类装卸作业的基本规范。装卸工艺标准的制订一般需要经过长期作业的积累,其规定一般比较原则,但执行强制性的级别也最高。由于装卸企业货种的复杂、作业流程的多变,并不是所有的货种、操作流程都能形成工艺标准,通常只有标准化程度较好的货种(货物形态),才能形成装卸工艺标准。标准分为国际标准、国家标准、行业标准、地区标准、企业标准等级别。标准化程度最好的如国际集装箱运输,有完整的国际标准和国家标准。我国交通部形成过一些装卸工艺的行业标准,有些省、市有某些货种装卸工艺的地区标准。港口装卸企业形成装卸工艺企业标准的,就更多一些。但目前从企业管理的层面上,仍然存在不重视装卸工艺,把装卸工艺管理形式化的现象。尽快形成比较完整的装卸工艺企业标准,是改进港口装卸作业的一个重要工作。

（2）装卸工艺卡和装卸工艺手册

用标准的表格形式对一项装卸工艺进行具体描述，就形成装卸工艺卡。将装卸工艺卡汇总成册，就形成装卸工艺手册。一个企业装卸工艺是否完整，并不在于形式，而在于实质。有完整的装卸工艺，用什么样的形式表现都可以。

一些装卸企业还以表格形式对装卸工艺现场执行情况形成原始记录，以及建立一些分析、评估台账，便于进行装卸工艺的日常管理，这都是一些可取的方法。

5.装卸工属具的分类及设计的基本要求

1）装卸工属具的分类

件杂货通常包装较小，无法使用起重机的吊钩直接进行装卸。提高件杂货装卸效率一般通过扩大装卸单元的方法来实现，在件杂货装卸中选用和设计合适的工属具显得相当重要。通过工属具的使用，不仅可以扩大装卸单元，提高工作效率，减轻工人劳动强度，而且能保证人、货安全。

港口装卸用的工属具品种、类型、规格繁多。根据装卸作业的要求，工属具大致可分为两类：通用工属具和专用工属具。

（1）通用工属具

通用工属具是指适用于装卸多种货物的吊夹具，件杂货码头常用的通用工属具主要有吊钩、吊索与网络、货板。

①吊钩。

吊钩是指挂在起重机吊钩上作业的带钩状的吊具工具，也是在海港里最为普遍使用的工属具。吊钩通常可分为马钩和成组网络钩两大类。

马钩按其质材分有链条马钩[图2-12a)]、钢丝绳马钩[图2-12b)]、钢丝绳链条马钩[图2-12c)]等。链条马钩有绕性好、操作方便、维护费用低等优点；但链条马钩具有自重较大和冷脆性的特点，适用于所需支索长度较短的船舶吊杆。钢丝绳马钩具有自重较轻、安全性好的优点；但钢丝绳易起毛刺，不易挂钩，为工人操作带来不便，所以有的港口在使用的钢丝绳的下端套上套管或用别的方法包扎防护，这样可避免工人操作时伤手。钢丝绳马钩还克服了链条马钩的冷脆性，特别适用于北方冬季作业。钢丝绳链条马钩集中了以上两种马钩的优点，既增加了分支吊索的长度，减轻了吊具的自重，又便于工人操作，特别适用于门座起重机。

实际使用的马钩上的吊钩都做成有突缘的形状，以防止在起吊中马钩挂住舱口围板而造成事故。

a)　　　　　　　b)　　　　　　　c)

图2-12　马钩

属于吊钩的另一类常用吊货工属具是成组网络钩(图2-13)成组网络钩是由4条分支索组成。按具体材料性质分,有棕绳成组网络钩、链条成组网络钩、扁担钩等。棕绳网络钩适用于起吊较轻的成组网络货物。这种工属具的吊索是由白棕绳制成的,它有重量轻、柔软、耐腐蚀、富有弹性和操作方便等优点。链条成组网络钩适用于起吊重量较大的成组网络货物,这种吊具由于分支吊索采用的链条的负荷能力大,作业牢靠、安全。

扁担钩(图2-13)适用于起重量大、货组重量小的情况,为了充分利用起重机的起重量,这种吊具能同时起吊双网络或双货盘的货物,以提高装卸效率。

图2-13 成组网络钩

②吊索和网络。

吊索通常有棕绳、化纤或钢丝绳索等,使用时利用绳索上的钩或环将物件扣成一关,所以也称绳扣。这类吊货工属具的特点是:结构简单、轻巧、使用方便。按用途分,绳扣可分为棕绳扣、活络绳扣、钢丝绳扣和带钩钢丝绳扣等常用的绳扣。

棕绳扣[图2-14a)]是用白棕绳制成的环形吊货绳,主要用来装卸质量较小的箱装、捆装和袋装货物,也可用于成组运输。要注意的是,棕绳扣不得用于装卸钢材。在露天堆放时,要下垫、上盖,防止棕绳扣受潮霉烂。

活络绳扣[图2-14b)]由一个吊环联结两根带钢环的白棕绳(或锦纶绳、钢丝绳)互相对穿而成。适用于箱装、捆装货物的装卸。作业时只要将绳扣放开,套在货物上,抽紧后即可起吊。

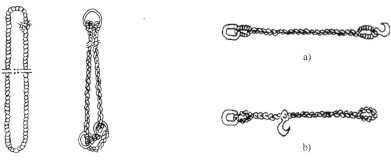

图2-14 棕绳扣及活络绳扣　　　图2-15 带钩钢丝绳

钢丝绳扣(图2-16)是港口用得最频繁的工属具。港口常用的钢丝绳扣是两头带琵琶头和两头带铁环的两种,规格有长2m、4m、6m、8m,直径不一,安全负荷也不同。作业时应提前掌握钢丝绳的安全负荷,严禁超负荷作业,作业中随时检查,达到报废标准应及时更换。

带钩钢丝绳扣,又称单钩绳扣,有两种形式:一种是钩头和吊环分别固定在钢丝绳的两端(图 2-15),另一种是钢丝绳的两头都是琵琶头,或一头是吊环,钢丝绳上穿有能自由活动的钩头(图 2-15)比较起来,后者抽钩方便,不论上述的哪种形式的单钩钢丝绳扣,都在起吊的货组着地后,因钩头不能再紧扣而使货组松散,影响成组的质量。

化纤吊带(图 2-16)主要用于外包装容易挂坏、损坏、帕勒伤的货物作业。

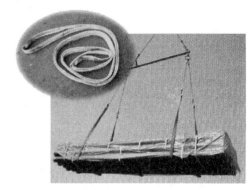

图 2-16　钢丝绳扣及化纤吊带

网络是港口常用的承载工具,也是袋装货物成组装卸的主要工具。袋装网络一般用白棕绳、锦纶绳等材料制成,它的安全负荷 2t(图 2-17)。生铁网络通常用钢丝绳等材料编制而成,某些腐蚀性强的货物,则用橡胶带编织成网络成组装载。

图 2-17　网络

③托盘。

又叫货盘、货板,是我国港口应用最早的成组工具,形式多样,应用广泛。按制造材料分有钢制托盘,木制托盘、塑料托盘和硬纸托盘;按结构分有双面托盘和单面托盘;按叉车装卸货叉插入方向数目分,有两面插入式托盘和四面插入式托盘等。托盘是重要的货物成组工具,在现代物流中使用得越来越多,对件杂货装卸作业的成组化、标准化发挥着很重要的作用,代表了件杂货装卸技术改革的方向(图 2-18)。

木制托盘最为常见,使用最广泛。钢制货板在结构上和木制货板相似。钢制货板比较牢固,但重量大。塑料货板的结构和木货板类似,它的特点是货物与货板之间的黏着力不足,但具有重量轻、高度小的优点。

货板的使用可以将许多单件货物组成一个简易的货物集装单元,可充分发挥起重机的装卸效率。在货物入库储存时,能充分利用仓库的堆存空间,并可减少单件货物重复搬运的次数,使装卸工作省力省时和减少货损。但由于货板本身要占有一定的空间,所以在货板随货同行时,会造成船舶亏舱。

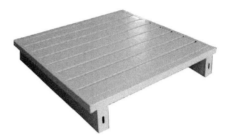

图 2-18　托盘

④卸扣(图 2-19)是港口用来连接钢丝绳扣等工属具的一种常用工具,使用广泛。

图 2-19　卸扣

(2)专用工属具

专用工属具是指只适用于某种货物的吊夹具,这种工属具使用安全方便、省力省时、装卸效率高,但工属具的利用率较低。专用工属具的使用与装卸运输专业化的发展分不开的。常见的专用工属具有油桶夹、卷钢吊具、成捆铝锭吊具、卷筒纸夹具、钢板夹具、集装袋吊具、纸浆吊具和真空吸盘吊具等。

①油桶夹是起吊油桶的专用夹具,分卧桶夹(图 2-20)和立桶夹(图 2-21)两种。卧桶夹是用来装卸起吊卧放桶装货的一种夹具。这种吊具是由一个吊架和装在吊架下的八条铁链组成,每条铁链上穿着一对活络的铁钩。作业时,先将吊具挂在起重机械的吊钩上,然后使每对铁钩钩住桶两端的突起的边缘即可起吊。起吊后在捅装货的重力作业下,链条紧紧地夹住油桶。吊架的作用是使铁链之间的货桶保持一定的距离,避免吊链互相缠绕和货桶相互碰撞而发生事故。立桶夹是用来装卸立放桶装货的工具。这种夹具是在一个圆形钢环的对称位置上,用销轴连接 4 个桶钩,桶钩的柄端在圆环内并与钢丝绳相连。作业时,将圆环外的 4 个钩子钩在货桶凸出的边缘上,起升吊索,钩柄一端向上,另一端通过支点向下往里卡紧货桶,完成起吊作业。

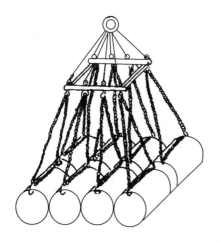
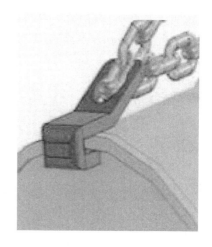

图 2-20 卧桶夹

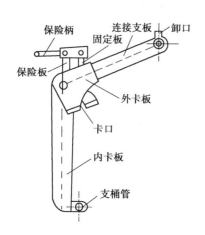

图 2-21 立桶夹

②卷钢装卸分为平放和立放(图 2-22),所使用的工具不一样。"C"形钩和板夹是专门起吊平放或立放卷钢板的夹具。图 2-22 左为平放卷钢夹具,图 2-22 中为"C"形钩装卸平放卷钢作业。图 2-22 右为立放卷钢板夹具。使用立放卷钢板夹具作业时,先吊住外卡板上的吊环,使夹具的外卡板落在卷钢板的外圈壁板上,内卡板落在卷钢板的内圈壁板上,然后摘

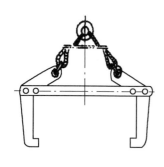

图 2-22 平放和立放卷钢夹具

钩,将起重机吊钩钩住内卡板上的卸扣,便可起吊。

③成捆铝锭吊具(图2-23)是起吊成捆铝锭的专用吊具。这类吊具的吊钩是由琵琶头钢丝绳连接链条,穿过两个夹钩组成。作业时用夹钩钩住成捆铝锭,链条在货物重力的作用下,自行勒紧双钩,保证安全,吊具结构简单、使用方便。

图 2-23　成捆铝锭吊具

④图2-24为卷筒纸夹具,左边为平放式卷筒纸夹具,小图为卷筒纸夹起后的情况。这样作业可以避免使用插棍式卷筒纸吊具时,会产生撕坏商标,甚至损坏纸张质量的情况。右边为立放卷筒纸夹具的作业情况。

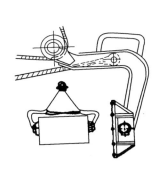

图 2-24　卷筒纸夹具

⑤钢板夹钳(图2-25)是装卸钢板的专用夹具。钢板夹钳上有一活动舌头,钢板起吊时舌头压住钢板,避免钢板滑动,保证操作安全。活动舌头的设计要在起吊受力时能压紧钢板不使脱落,但又要求不损坏钢板,保证钢板不卷边。

钢板专用卡具也是港口钢板作业常用的专用工属具,配合两个和三个吊点的专用撑杆可以装卸长8~12m的钢板,使用时用钢丝绳扣、卸扣连接在一起,如图2-26所示。

⑥集装袋专用吊具(图2-27)是装卸集装袋包装货物的专用工属具。它是在一头带吊环的吊钩上连接一根棕绳扣,棕绳扣一头连接在吊环上。使用时,棕绳扣一头穿过集装袋的两根吊装系,然后挂在吊钩上装卸作业。它的使用可以避免货物外包装的损坏。

图 2-25 钢板夹钳

图 2-26 钢板专用卡具

图 2-27 集装袋专用吊具

⑦纸浆专用吊具（图 2-28）装卸纸浆货物的专用工属具。纸浆吊钩不同于通用吊钩，钩头形状为扁形，前头较薄，易于穿进纸浆包装的铁丝内，带着便于工人操作的把手。安全负荷 2.5t。

⑧真空吸盘吊具（图 2-29）是起吊铁桶的专用吊具。整个装置主要由电动机、真空泵、吸盘、释放阀等部件用空气管道连接组成。它的管状吊梁也就是管道。24 个带链条的吸盘用

图 2-28 纸浆专用吊具

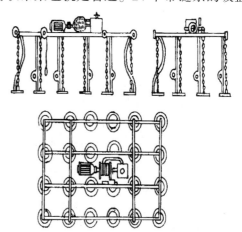

图 2-29 真空吸盘吊具

卸扣等挂在吊梁下边,在空气管道的中心交叉处有4个吊环,用以钩挂起重吊索,提升吊架。吸盘周围压制了一圈橡胶群边。吸盘上装有触发开关,并用软管与主气管道连通。当吸盘放在立放桶顶上时,触发开关被桶面顶上,使空气管道沟通。这时,真空泵在电动机的带动下工作,并将吸盘内腔的空气排出,使之成为真空,吸盘便附在桶面,把桶子紧紧吸住。起升吊索,便能将24个桶吊起。当拉开释放阀,使整个管道与外界大气沟通,吸盘内的真空消除,桶即被释放。在装卸时,如果有的桶面高低不平,吸盘下方突出的顶针就不能很好地与桶面接触。这时,触发开关因没被顶上而保持常闭,避免了这条管道的漏气,保证了其他吸盘的工作。

3) 装卸工属具设计的基本要求

由于件杂货货种复杂,因此在一般情况下,装卸件杂货的机械具有通用性。为了使通用性的机械能适应千差万别的货物装卸,必须应用各式各样的吊货工属具。虽然改造工属具技术不复杂,花钱也不多,但能提高装卸效率,加快车船周转。因此,改进吊货工属具,创造新的工属具、推广先进的工属具是改进装卸工艺的一项主要内容,也是港口挖掘、革新、改造的一个重要方面。

在选用和设计工属具时要注意以下要求:
① 保证货物完整无损。
② 牢固可靠、工作安全。
③ 工人操作方便,能迅速或自动、半自动地取物和卸货。
④ 结构简单、自重轻,并能充分利用起重机的起重量。
⑤ 注意加强工属具的通用性,可避免多次改组货吊。

三、袋装类货物装卸工艺与操作

1. 袋装类货物的种类与特点
1) 袋装类货物一般特点

袋装类货物指粉末、颗粒状的货物,使用纤维织物(或纸)袋包装形成的物流单元,是港口常见包装类型的货物之一。其包装形式和材料日益增多,货种性质也更为复杂。按货物自然特性分类,有粮食、糖、化肥、水泥、某些化工原料和矿产品等。按包装材料分类,有麻袋、布袋、塑料编织袋、纸袋、塑料袋及草袋等。袋装类货物单件重量小至几十千克,大至数吨。1t及以上的大型袋装类货物常被称为集装袋(或吨装袋)货物,大型包装袋备有吊带供装卸使用。

2) 袋装类货物典型成组方式

袋装类货物成组方式主要有网络、托盘、集装袋三种。

(1) 网络成组

网络成组(图2-30)就是将袋装类货物用人力,按一定数量和堆垛方法,放入网络的成组方式,是港口常用的成组方式,在船舶装卸、库场装卸等过程中大量使用。通常在船舶卸货时,在舱内通过人力做关,将袋装货物在网络中成组。货物吊运出舱后不拆组,在库场也成组码垛,一般到货物被提运出栈时才拆组。如与货主有协议的,货物出栈时也可能不拆组,直到运抵目的地才拆组,货主再送回网络等成组工具,这样可大幅降低整个物流过程的劳动强度。用网络成组的袋装货物单件重量大致在 20~50kg。

（2）托盘成组

图 2-30　袋装货物网络成组

托盘成组就是将袋装类货物按一定数量和堆垛方法放上托盘的成组方式。托盘可以是非标准的木制货盘，也可以是标准的木制、塑料制托盘。前者尺寸一般比较大，通常为一次性使用，制造也比较简陋；后者按 ISO 或 GB 标准尺寸制作，尺寸比较小，一般为可重复使用，用户间可互换，制造比较精致，单价也比较高。托盘在集装箱拆装箱、货物进出仓库等换装过程中经常使用。在现代物流供应链中，托盘成组发挥着非常重要的作用。有些标准化程度高的袋装货物，在出厂的时候就以标准托盘成组，在整个物流过程中均不拆组，包括在高架仓库的货架上也以托盘方式堆放，可以一直延续到商品大卖场的货架，仍然以托盘形式陈列，可以大大降低整个物流过程的劳动强度和提高作业效率。用托盘成组的袋装货物单件重量一般不超过 50kg。

（3）集装袋成组

集装袋成组就是将一定数量的货物或者小包装袋装类货物装入大型集装袋的成组方式，集装袋使用强力纤维制作，其作用类似网络，但比网络成组更为可靠。一般在港口或客户库场进行，完成成组后按集装袋方式运输装卸。

2. 袋装类货物常用工属具

袋装类货物常用工属具主要有：绳索、链条钩、网络等。在操作上，网络成组时，要用绳索对角扎牢，防止货物散落。托盘成组时，货物堆垛整齐且不宜过高，防止货物翻落。

3. 小包装袋装货物成组操作要求

小包装袋装货物一般指单件重量在 100kg 以下的袋装货物，目前我国港口作业的袋装货物，大多在 50kg 或以下。

1）小包袋装类货物单网络成组操作要求

(1) 在网络成组时，必须定立、定型、定量，每个成组的载货重量不得超过网络的额定负荷。成组网络的额定负荷通常在 2t 及以下。

网络成组的常见的标准类型有：

① 2×4×5：2 个宽、4 个长，2×4 共 8 包货物为一层，共积载 5 个高，即每一成组货物共 40 包。这类关型比较常见，如 50kg 袋装大米、化肥、元明粉等，通常使用这一类型。

② 2×3×4：2 个宽、3 个长，2×3 共 6 包货物为一层，共积载 4 个高，即每一成组货物共 24 包。这类关型主要适用单件货物体积较大的袋装货物，如木薯干等。

③ 2×3×3：2 个宽、3 个长，2×3 共 6 包为一层，共积载 3 个高，即每一成组货物共 18 包。这类关型主要适用单件重量比较大的货物，如豆粕、100kg 袋装大米、袋盐等，通常使用这一类型。

(2) 袋装货物在网络中积载时，必须确保每件货物包装的袋口朝里，堆码整齐。

(3) 在网络成组积载完毕后，应在包装的袋长方向，对角系紧防滑小绳，以防止网络成组袋装货物在垂直、水平运输作业和库场堆垛作业中散塌。小绳应在成组货物挂钩起吊的过程中,当网络受力收紧时系紧。为便于拆组时解开,要注意系紧时应使用活结。

2) 小包袋装类货物网络作业操作要求

(1) 在挂钩作业前,先要理顺整个吊系,挂钩时必须钩口朝外。

(2) 起吊时,应指挥吊机缓缓起升,使吊索、网络和整个吊系受力,确认没有脱钩现象、关型稳妥、无掉包趋势后,再指挥起重机械继续运行。

(3) 在货物到达码头水平运输机械摘钩后,由于吊系比较复杂,应指挥起重机缓缓起升,同时采取适当措施,防止钩头刮破货物包装。

3) 小包袋装类货物挂、摘钩注意事项

(1) 袋装货物网络成组挂钩时,必须钩口朝外,防止起吊时钩尖划破包装袋。

(2) 摘钩后,应指挥吊机缓缓起升,装卸工手持钩至腰高后,再松开,防止钩头刮破货物包装和伤人。

(3) 货物拆组时,必须以人工解下系紧的小绳,不得用吊机钩头将小绳钩断。

4) 集装袋(或吨装袋)成组操作要求

(1) 集装袋成组作业时,必须根据关重和吊机额定负荷,选择类型。

(2) 集装袋做关前,应先确认集装袋的吊带完好,如发现吊带断损,应及时处置。

(3) 集装袋挂钩起吊时,应指挥吊机缓缓起升,使钢丝绳、钩受力,确认所有吊带均无脱钩现象,再以正常速度运行。

(4) 摘钩时,应确认所有吊带钩已摘掉,且无任何钩挂后,再指挥吊机起吊运行。

4. 袋装类货物装卸工艺与操作

1) 工艺流程

袋装类货物装卸工艺主要由船→堆场(图 2-31)、船→火车(图 2-32)、堆场→火车、汽车(图 2-33)三种工艺流程组成。不同的工艺流程应相应配备不同的装卸设备、装卸工属具和进行不同的人力安排。

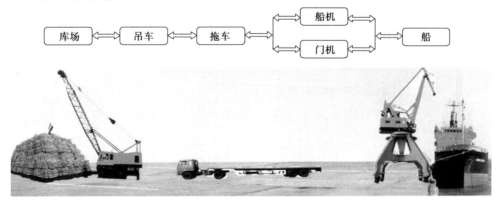

图 2-31 船→堆场工艺流程图

2) 装卸机械配备

袋装货物装卸船作业时,码头前沿作业一般使用船舶装卸设备,或码头岸机(门式起重机、轮胎式起重机等)。水平运输一般使用拖车,配备拖车数量的依据是距离远近。当水平运输距离小于200m时,通常可配两台,当水平运输距离大于200m时,通常配备3台以上。拖车数量配置原则是水平运输能力必须与码头前沿作业能力相适应,即水平运输能力必须大于或等于码头前沿作业的能力。

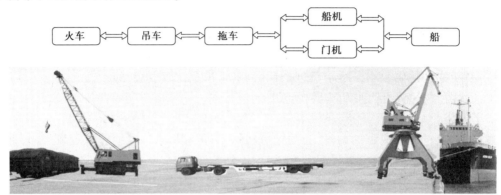

图2-32 船→火车工艺流程图

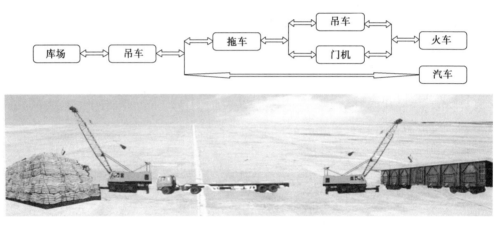

图2-33 库场→火车、汽车工艺流程图

袋装货物库场作业通常使用轮胎式起重机拆、码垛,如仓库内作业,也可以使用叉车(图2-34)。具体机械配备数量见表2-1、表2-2。

图2-34 叉车仓库作业方式

项目二 件杂货码头装卸工作组织

小袋装货物装卸船作业线机械配备 表2-1

机械配备	名称	吊车	拖车	门机或船机	叉车(仓库)
	台数	1	2~3	1	1

集装袋货物装卸船作业线机械配备 表2-2

机械配备	名称	吊车	拖车	门机或船机	叉车(舱内)
	台数	1	2~3	1	1

3）装卸工属具配备

袋装货物装卸的工属具，通常使用网络作为成组工具，配用链条钩和成组吊架作为起吊工具。用于成组工具的网络，应根据货物性质、包装、件重等分别配置。在装卸作业过程中，应经常检查工属具，一经发现工具有超过相关安全规定的磨损、变形等情况，应立即进行更换。工具配备见表2-3、表2-4。

小袋装货物作业线工具配备 表2-3

工具配备	名称	网络	网络成组钩	其他
	数量	若干	4~5	根据需要

集装袋货物作业线工具配备 表2-4

工具配备	名称	集装袋专用吊具	其他
	数量	12	根据需要

4）各工序人员安排

下面以最典型的船→场作业为例，说明作业线配工情况（表2-5、表2-6）。

小袋装货物作业线各工序人员配备 表2-5

人员配备	工序	舱内	指挥手	岸边	库场
	装卸工(人)	6~10	1	2	4

集装袋货物作业线各工序人员配备 表2-6

人员配备	工序	舱内	指挥手	岸边	库场
	装卸工(人)	4	1	2	4

表2-5反映袋装货物卸船作业的配工情况。设定的作业流程为船→场（车），即舱内人力用网络成组，起落舱作业使用码头岸机，水平运输用牵引车挂车，库场码垛用轮胎式起重机，这样形成一条作业线。除机械司机、理货员外，作业线需配备的装卸工如下：

①舱内人力做关，如大船（通常在3000~10000t）每个舱口配8~10人，每两人一组，共4组到5组。如小船（通常在2000t以下），每个舱口配6~8人，也是两人一组，共3~4组。

②甲板配指挥手1人，指挥起重机械作业。

③码头配两人稳关、拆钩和配合牵引车作业。

④如场地码垛，则需配4人，两人配合牵引车挂钩，两人堆码。如进库场拆组码垛，则应根据需要，配较多工人作业。如装火车敞车，根据需要配4~6人，装火车棚车，则车厢内需拆组堆放，根据需要配4~6人。

袋装类货物是港口装卸效率低,装卸成本高的货种之一。特别是小包袋装类货物,需要人工进行堆码、拆垛,劳动力用量大,作业效率低。为提高装卸效率和质量,降低装卸成本,港口在袋装类货物作业过程中,应尽量减少操作环节,采取船—船、船—车直取作业,并运用成组方式进行搬运、堆拆垛。如条件允许可适当提高袋类装货物的单件重量,或采用集装袋方式运输。

5.袋装货物装卸作业操作要点

袋装货物装卸操作的各工序作业是港口企业生产经营工作中的重要环节,它直接关系到船舶航行的安全、货运质量、港口装卸速度、理货质量,以及货源组织等问题。因此,必须予以高度重视。

1)作业前

(1)作业人员应按本教材"通用装卸工艺规程"中作业前要求执行。

(2)根据所装卸货物领取适用的工具及备用袋。

(3)备好包针、缝包线、铁锹等专用工具,以备及时缝好破包及清扫撒漏。

(4)危险品装卸作业前应备齐消防器材。

(5)根据货物性质,作业前应备好铺垫、苫盖物品。

(6)合理配备和使用工属具。

根据货物的种类、规格及装卸工艺合理选用工属具,以确保符合安全、优质、高效的作业要求。

①集装袋专用吊具。使用该吊具时,吊系不允许缠绕,链条不允许别环。

②网络、网络挂钩。网络、网络挂钩是用于小袋装粮食、糖、化肥、硫黄、鱼粉、纯碱、木薯干等成组货作业的专用工具;使用中网络系、挂钩不应交叉、缠绕,钩头开口应向外,防止挂破包。

2)作业中

(1)作业人员应按本教材"通用装卸工艺规程"中的作业中要求执行。

(2)卸船作业时应先卸舱口,后卸欠里;装船作业应先装欠里,后装舱口,前后兼顾,左右平衡。

(3)大舱口分前后段作业时,前后装舱高度不允许相差2m以上。

(4)装舱作业货物的堆码应整齐牢固,成行成线,顶杆完好,不亏舱容。

(5)装卸货时破包不允许上船、上车(包括运输车辆)、上垛。工残、原残应及时分清并单独堆放。发现破包应及时缝好,撒漏货物应及时扫清。

(6)挂钩应牢固;起钩、落钩时,作业人员应事先闪开游钩方向、钩头路线和钩底。

(7)岸边装拖车应牢固,防止车辆运行中掉件。

(8)堆码垛应按照标准垛要求堆码,下松上紧,整齐牢固。

(9)上下3m以上的货垛应使用梯子;揭、盖车或垛拉篷布时,应拉篷布边。

(10)火车装卸作业应注意以下问题:

①根据车辆容量和袋装类货物的大小确定装载数量及方法,并符合铁路安全行车规定。

②尽量做到不偏重、不亏车容、不超限、货物不出车帮,从底层依次向上装车。

③作业中,操作人员不准爬越车厢连接器和钻车厢底,不在车厢下、车辆连接器和提钩

管上休息。铁路车辆进行调车和挂车时,必须立即停止作业。

④篷布苫盖车辆时,应先将篷布抻紧铺好,两块篷布边在接缝处应对齐,贴在一起,共同折叠两次,折叠前应在篷布内裹上两根封车大绳。封车中,需在盖篷前拴加固大绳时,应按铁路方要求执行。盖篷后拴绳应先将四周篷布上的小绳拴紧,然后将车顶的两道纵向大绳与每道横向大绳交叉拉紧并打死结。应注意不遮盖车号、车牌和指示牌,不能妨碍手闸和提钩杆作业。

四、箱装类货物装卸工艺与操作

1. 箱装类货物的种类与特点
(1)箱装类货物一般特点

箱装类货物,是指将一件或一件以上的物品放置于由木材、塑料、纸皮或铁皮等包装材料制成的箱体内,或者用上述包装材料将货物包装成箱体状而组成的一个货物单元。箱装类货物的箱外一般用钢带捆扎,以增加牢固度。箱装是最常用的一种包装形式,密实的箱形能抵抗外界潮气及杂物的污染,各种木箱及金属箱因有足够强度,能防止货物因碰撞挤压、摔跌而遭受损坏。常见的箱装类货物有日用百货、小五金、医疗设备、零配件、啤酒、食品、工艺品、瓷砖、玻璃等。本章所指箱装类货物为箱装件杂货,不包括集装箱。

箱装类货物按外包装物材质划分,主要有普通木箱、框架木箱、纸箱、塑料箱和金属箱等。由于箱装类货物的品种繁杂、内包装形式及规格不一,箱装类货物的单件重量所跨幅度很大,轻的可能十几公斤,重的可几吨甚至十几吨不等。常见箱装类货物的外包装材质及单件重量范围见表2-7。

常见箱装类货物的包装形式及其件重范围　　表2-7

包装形式	普通木箱	框架木箱	纸箱	塑料箱	金属箱
单件质量(kg)	200以内	500~20000	55以内	50以内	可达2000

(2)箱装类货物的典型成组方式

箱装货物成组作业一般有两类操作方法:一是单件形式运输,但成组装卸,就是利用一定的器具,将原来单件搬运的箱装货物集合成一组,实现成组的装卸和堆存,运输时拆组;二是成组运输、成组装卸。就是实现成组运输、成组卸货,以提高作业效率,降低劳动强度。

近年来,大部分尺寸较小,单重较轻的箱装类货物都已实现集装箱运输,但仍有相当部分还是以件杂货箱装类货物的方式进行装卸、运输。针对该类箱装类货物,各港口最常见的装卸工艺是采用港区内成组装卸。典型的成组方式有两种:

①港区内船舱人力打码(每码重2~3t)成组→吊机吊运(每吊1~2码)→水平运输(每车4~8码)→成组堆垛。最后待货主来提货时,才拆垛、拆码,将货物装到货主提运的运输车辆上。

该形式的成组,装卸工具(通常为货盘)跟随箱类货物走,并同时在库场内堆放。因此,要求港口必须配备较多的成组工具。其缺点是港口投入的工具成本较高。优点是可减轻工人的劳动强度,提高装卸效率。

②吊运、水平运输成组。该形式的成组,只有在吊运和水平运输的操作环节时,装卸工具才跟货物一起走。而到库场的操作环节时,则拆码后再堆垛,即装卸工具与货物分离。显然,该形式的成组,对投入的工具成本较低,但却增加了工人拆码操作的劳动强度,装卸效率也就随之降低。

还有一种更彻底的成组方式是把已成组的箱装货物随车、随船运输,经过的所有中间作业环节均不拆组,一直运达目的地(最好是最终消费地)才拆组,这满足了现代物流供应链管理的要求,效率最高、劳动强度最低。但这样的操作要求成组设备有较好的标准化程度,会发生较大的初始投资,同时形成供应链的各物流企业应有标准的合作协议,能实现成组设备(货盘等)的互换。

2.箱装类货物常用工属具及操作要求

1)货盘和撑杆(吊架)

货盘和撑杆(吊架)配合成组,是箱装类货物装卸常见的成组工属具。

(1)货盘

货盘通常与成组吊索配套使用。由于大部分箱装类货物的尺寸较小、单件重量较轻,其所组成的货物单元,无论从安全角度、经济角度或者是箱类货物自身的原因,都不能作为一个单独的作业单元。为减轻工人的劳动强度、提高装卸效率,应将该类箱装货物进行成组装卸及运输。而实现成组装卸和运输的工具就是货盘。

成组箱装货货盘可根据箱装类货物的外形规格、件重等特点及装卸机械的能力,设计成不同的规格和荷载。

(2)撑杆(吊架)

撑杆(吊架)属于箱装货物成组作业的间接工具,是货盘的配套工具。当货物属易碎品、贵重品而不能直接受压时,撑杆(吊架)可以改变吊具的吊挂模式,避免吊索直接与货物外包装接触而挤压箱内货物。

2)吊索及配套相应的撑杆(吊架)

(1)吊索

图2-35 纤维绳吊索吊运胶合板

装卸箱装类货物常用的吊索一般有钢丝绳吊索和纤维绳吊索两类,钢丝绳吊索是传统的常用吊索,比较耐用,价格低廉,但表面比较硬、容易产生毛刺,可能对货物表面产生刮擦。纤维绳吊索是近年来出现的新型吊索,强度好、柔软、重量轻,不会对货物造成刮擦,但价格相对较高。对于货运质量有特殊要求的箱装货物,通常应选用纤维绳吊索。图2-35为使用纤维绳吊索吊运胶合板作业。

对部分规格尺寸较大,单件重量在500kg,或单价体积在$1m^3$以上的箱装类货物,通常由单件箱货物组成一个起重单元。这类箱装货是按箱内所装的物件(如各类大型设备、设施及大型原材料等)的结构、规格尺寸及重量而专门设计制造的包装箱。一般有标识重心位置、起吊点及其他吊运、储存等要求。对于该类属于大件的箱装货物,可按件货装卸方法,只要根据箱物所标识的单重、规格尺寸及其他特殊要求,配备相应规格及负荷的吊索即可进行起吊。

(2)机械属具

机械属具,指配套在装卸机械上,用于对货物的舱内装卸或库场堆、拆垛及短距离水平运输作业。常见的机械属具有叉车属具如叉齿、叉板及箱装玻璃专用叉运架等。

3)各类工属具的操作要求

使用箱装货物常用工属具时,应注意以下问题:

①使用货盘吊架时,要理顺上、下吊索,特别注意钩头卸扣不得扭曲。

②货盘吊架在挂钩时,4只钩必须挂在相应的吊环上,钩头朝外。

③采用货盘吊架打码时,应尽量满负荷组码,码形外围不得超出货盘范围外,货码顶层四周应通常各收半箱组码。货物必须摆放平稳,分布均匀,最高一层要扣好小绳。

④使用吊索作为主吊工具时,必须使各吊索与铅垂线对称,吊索与箱面(水平面)的夹角应不小于60°,受力要均匀。

⑤使用叉车属具协助作业时,叉刀应完全叉入托架底部,并使两叉刀受力均匀。

⑥使用叉车装载箱装玻璃时,应采用玻璃叉运架。叉取木箱玻璃时应开尽叉刀宽度,铁箱玻璃应按箱槽间的宽度调整叉刀,叉取时应缓慢、均匀、不偏重。货物叉离货堆后,门架后倾至极限位置,并将货码上升或下降至离行驶平面约0.3m,捆绑紧固货码后,再作水平运输。

3.箱装类货物装卸工艺与操作

箱装类货物的装卸操作主要分为舱内操作、库场操作和车内操作三大部分。

1)箱装类货物舱内装卸操作

舱内操作,指货物在船舱内(包括舱口围及舱四周)的装卸作业。箱装类货物舱内作业时要注意以下几方面的事项。

(1)作业前准备工作

①作业人员下舱前,应先进行货舱通风换气,排除有害气体,确认安全并达到适工条件后,作业人员才能下舱作业。

②作业前,有关人员应了解、核实货物的净重、规格、积载、舱口长度和船机设备等情况,选用合适工属具,优先选用专用吊具,而对货运质量有特殊要求的货物应选用纤维绳吊索。开始作业时,应先检查货物,分清原残,发现原残货物时,应及时通知有关部门先行处理。

(2)箱装货物舱内装卸作业

①箱装类货物除单件重量或体积较大不宜成组外,凡批量较大,规格相同的货物,一般采用货盘成组装卸。

②箱装货物舱内卸载时,应按票先卸舱口围,后卸舱四周。在船舱四周卸货作业时,一般使用装卸机械,先协助搬移货物到舱口沿,再进行打码成组。

③箱装货物舱内装载时,应按积载图要求,先装舱四周,后装舱口围,并按要求铺垫、隔票及堆放整齐、稳固。

④舱内分段作业时,分段线应按配载要求及作业情况划定,作业过程应逐层或呈阶梯形进行,断面要稳固,必要时对货物断面采取有效的稳固措施。

⑤需叉车下舱协助作业时,需先铺好供叉车行驶的垫舱板,行驶时,应将叉刀向后倾足,并使货物底部离地约0.3m。使用叉车装拆堆作业时,需派专人指挥。

⑥作业过程中,应保持船舶平衡,船体横倾不应大于3°。

⑦舱内人力装卸作业时,要注意轻拿轻放,对易碎品、贵重物品严禁抛摔,打码应定型定量,标志朝外,封口向上。货物打码不应超出货盘四边,打码要整齐,通常每码高度不应超过1.5m,最高一层货物的中间部位应用绳子捆绑,防止货物散落。

⑧人力打码装、卸载,每层高差不超过1.5m。

⑨严禁拖码起吊,如货物不能垂直起吊时,应用相关方法将货码移至吊机吊钩的垂线下方才能起吊。

⑩货码起落舱时,要在离承载平面约0.3m处暂停,待检查确认安全或扶正货码后,才可继续下一动作。

(3)箱装货物舱内作业的一些特殊要求

①对于单件重量500kg或1m³体积以上的箱装类货物,可按件货装卸方法使用吊索进行装卸。

②纸箱包装的货物装船时,舱内货码下落处要用木板衬垫,防止损坏货物。

③货物需用吊索提头打码时,禁止用手直接伸入货物底部抽拉吊索,可用安全钩牵引货物下的吊索。

④装卸箱装玻璃,打码时,要用长度相同的吊索套挂箱装玻璃的起吊点,如无空隙或间隙太小时,可以用撬棍把箱装玻璃撬移。卸载时,套挂好吊索后,才可拆货码的加固,同时将未吊运的货物紧固或用木板钉牢。卸载应顺倾斜面方向逐箱进行卸货。对未吊运的,应做好加固。卸载前,应检查确认箱装玻璃的包装质量符合下列要求:钉箱铁钉无松脱;原箱加固螺丝无松脱;主要受力的木方无破烂或松脱;包装铁皮带无缺少或断裂。

对不符合上述要求的箱装玻璃,应重新加固,或采取加固措施后兜挂箱底吊运。装载时,装下的货码应及时用木板钉牢,待货码堆叠紧固后,再用人力摘钩,做到装一箱加固一箱。图2-36为玻璃舱内加固。

图2-36 玻璃舱内加固

2)箱装类货物库场操作

箱装类货物库场操作,是指货物在仓库或露天堆场内的装卸作业。

(1)箱装类货物库场操作注意事项

①库场作业,应按堆垛标准进行铺垫和堆垛,其垛形标准应符合有关规定。

②拆、堆货垛应数字准确,整齐牢固,一票一清,一码一清。

③货件的堆放应按仓库员的要求和货物的特性、包装及摆放要求进行。货堆与货堆之间,货堆与墙之间应视货种不同,留有合适的通道。

④防水防潮的货物应堆放在高出地面的垫块(木)之上,露天堆场堆垛作业完成后要及时盖好篷布。每堆四边篷布离地距离应不少于0.1m;篷布之间搭头应不少于0.8m。封顶篷

布两头应过堆顶,篷布盖好后要扣牢系紧捆扎绳。

⑤拆垛作业应呈阶梯形落高,并从上到下分层分批进行。换票作业时,应及时通知下一工序。

⑥叉车堆垛作业,在叉取堆放货物时速度要慢,堆放货物应放平、放正,拆垛作业应使垛形稳固。

⑦轮胎吊堆垛、拆垛作业时,应起吊慢,回转稳,落码准、轻,不准吊载行驶。

⑧堆放货物,堆垛高度应符合安全要求。如托架损坏,高低不平的,应用木板或方木垫平。

⑨箱装类货物堆垛时应重不压轻,大不压小,箭头向上,堆垛整齐。

⑩成组箱装货货盘堆垛时,应整齐牢固。

(2)箱装货物堆垛的垛形

①货盘成组箱装货物堆垛的垛形通常为底宽3码,底长3~4码,垛高3~4码,顶层货物应骑缝堆垛。

②大件箱装货堆垛的垛形通常为垛高2~4件,底宽2~3件,底长根据场地情况选择。顶层前后应收半件压缝。

3)箱装类货物车内操作

车内操作,指货物在铁路车辆(棚车、敞车)和汽车(平板车)内的装卸作业。箱装类货物的车内操作的要求如下。

(1)装卸铁路车辆(棚车、敞车)作业

①作业前,应检查车门(棚车)、窗是否完好,并根据装车货类和要求进行铺垫与清扫车厢板。

②装铁路敞车车厢作业时,货物积载与盖、垫应符合铁路部门的要求。

③货物的装载应均衡,不集重、不偏重、不超重。

④铁路车辆作业时,应打开车门板,并指定专人负责指挥。指挥手应站在安全位置,注意避让货码。

⑤箱装货物装载铁路棚车作业时,应先里后外,装严码紧。货物要与车门保持一定距离,防止行驶中货物移动,压死车门。作业完毕应关好车门、车窗。

⑥起重机装、卸车作业时,在其吊杆吊运作业范围内,应确保无其他障碍物,或无其他作业同时进行。进行车—车直装(卸)作业时,要确保接卸车辆停靠位置妥当到位。

⑦货物装车作业时,不应碰擦、砸压车帮。成组货物起降速度要合适,防止急起、急落。

⑧装卸铁路车辆完毕,要将成组工具、铺垫设备分别集中堆放在靠货物一侧,离铁轨外侧至少1.5m以外的地方,防止影响铁路车辆的行驶。

⑨使用叉车装卸铁路棚车,应按需要配用叉车移动平台。叉车叉运货物下坡时,应倒车行驶,防止滑坡。

⑩铁路敞车装车时,货物高出车厢部分不应超过半件高。装载完毕应按要求盖好帆布,并用绳索绑扎牢固。

(2)装卸汽车作业

①箱装货物装汽车时,应轻搬轻放,按层次从车辆行驶方向的前端,依次向后装载。

②货物装汽车时,应按货物的规格装严码紧。
③使用叉车装汽车作业时,应将货物摆正、放平、放稳。
④装载应均衡,不集重,不偏重,不超重。
⑤货件的堆放应按货物的特性、包装及摆放要求进行堆放。对运输途中可能移动、滚动或跌落的货物,应加固。
⑥卸车作业,需使用货盘码放货物时,应避免货物冲砸货盘。
⑦装卸汽车时,车厢两侧不应有人。
⑧平板车装载时,货码之间要留有空隙。
⑨装载货物高出车厢围板部分,不应超过车帮半件高。
⑩装车完毕,应按要求绑扎牢固。

五、桶装类货物装卸工艺与操作

桶装类货物主要是指由木桶、纸桶、铁桶和塑料桶等盛装液体、固体、颗粒、粉状物的货物。这类货物重量通常在几十千克到几百千克不等。外表形状多数为圆桶状,单个桶的高度为几十厘米至一米多。

1. 桶装类货物的分类与成组方式

1) 桶装类货物的一般特点

桶装类货物是港口常见货物之一。按桶内盛装货物的物理特性分类,固体的有松香、沥青、烧碱等,液体的有油漆、生漆、颜料、染料、动植物油、矿物油等。按外表包装材质分类,有木桶、纸桶、铁桶和塑料桶包装等,见图 2-37~图 2-40。

图 2-37　木桶包装

图 2-38　纸桶包装

图 2-39　铁桶包装

图 2-40　塑料桶包装

2) 桶装类货物的典型成组方式

桶装类货物成组方式主要有框架成组和托盘成组方式两种。

（1）框架成组方式

框架成组，就是采用一个矩形吊架，用专用吊具将多个桶装货物均匀分布，悬挂在吊架上的成组方式（图2-41）。框架成组只在桶装货物吊运过程中成组，吊运过程结束，货物就自动拆组。桶装货物在船舱和车厢内运输时，可能以直立形态装载（液体货桶装货物运输通常采用的装载形态），也可能以横卧形态装载（固体货桶装货物运输有时采用的装载形态），一般直立形态装载更多一些。以直立形态装载的桶装货，就可以采用该方式进行成组装卸。

（2）托盘成组

托盘成组，就是采用木材或塑料制成的托盘，将一定数量的桶装货物整齐堆放在托盘上的成组方式，每一成组托盘盛装桶装货物的数量，一般根据桶装货物自身的大小和托盘的大小而定（图2-42）。采用下托方式成组，需要先用人力在托盘上做关（堆码），劳动强度比较大。但托盘成组以后，可以在整个物流过程中均不拆组，大大提高后程作业的效率。而且可以使用吊车、叉车等多种机械，在车、船、集装箱等各种运载工具之间，方便地进行转换装卸作业。

图2-41　框架吊运方式　　　　　　　　图2-42　托盘成组方式

2.桶装类货物装卸工属具及操作要求

桶装类货物常用工属具主要有：卧式桶钩、三爪桶钩、立式桶钩等。

1）卧式桶钩

卧式桶钩（图2-43）适用于装卸在船舱或车厢（载货汽车或铁路敞车车厢）内横卧装载的桶装货物。在操作上，卧式桶钩在挂钩时，必须特别注意先理顺链条，否则容易发生翻钩。

2）三爪桶钩、立式桶钩

三爪桶钩和立式桶钩（图2-44、图2-45）均用于装卸在船舱或车厢（载货汽车或铁路敞车车厢）内直立装载的桶装货物。在使用三爪桶钩和立式桶钩时，必须注意选择好挂钩位置，以防松（滑）脱，如三爪桶钩，必须注意挂在铁桶边沿突出部完好的位置，并在挂钩后上好保险栓。

上述三种桶钩，一般均只适用于以铁桶包装的桶装货物，而铁桶包装的桶装货物，在桶装货物中，占很大的比率。

3.桶装类货物装卸工艺与操作

桶装类货物装卸工艺一般由"船→堆场"、"船→驳船"、"船→汽车"、"堆场→汽车、铁路车辆"、"堆场→堆场"5种工艺流程组成，这些工艺流程都可以双向运作。

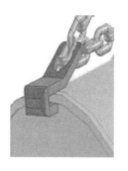  

图 2-43　卧式桶钩　　　　图 2-44　三爪桶钩　　　　图 2-45　立式桶钩

桶装货物不同的装卸工艺流程,应相应配备不同的装卸设备、装卸工具和进行人力安排。其主要配置如下。

(1)垂直起重运输

桶装货物垂直运输,码头前沿可选用门座式起重机、船用起重机、轮胎式起重机等,库场作业和装卸载货汽车、铁路敞车,一般使用轮胎式起重机等。

(2)水平运输

桶装货物在码头前沿到库场的水平运输,可选用港外汽车、港内拖车、叉车等。在堆场作业的叉车,在短距离内,还可以同时进行水平运输和垂直运输,例如:叉车装配堆叠叉,可同时进行桶装货物的水平运输和堆垛作业(图 2-46)。叉车装配堆叠叉,常常用于装载集装箱的作业(图 2-47)。

图 2-46　叉车装配堆叠叉进行堆垛作业　　　　图 2-47　叉车装配堆叠叉装载集装箱

(3)各工序作业人员配备

在配工方面,如为直立装载的桶装货物,用框架吊运方式进行成组装卸作业,则舱内、车内在船舱条件较好的情况下一般只需配 2~4 名工人进行挂钩和拆钩,工人的劳动强度不大,作业效率较高,但对工人操作经验的要求比较高。因为不管是装还是卸,框架成组挂钩的选位相当重要。工人挂钩选位合理,作业效率就高,作业安全程度就好;选位不当,效率可能大大降低,而且容易发生事故。当船舱欠里较深的情况下,工人需将桶滚至舱口,这时需要安排 6 名工人(表 2-8)。

如用托盘成组方式进行成组装卸作业,需先将桶装货物在托盘上做关,则舱内就应根据垂直运输机械的效率,配较多组的工人进行作业。单件桶装货物的重量,有时可达200kg,在托盘上做关劳动强度很大,一般以两个工人为一组进行作业,工人间需要比较好的配合和默契,也要特别注意安全。在配工时,应注意每一组工人中,至少1人经验比较丰富。

桶装类货物作业各工序人员配备表　　　　表2-8

工序	舱内	指挥手	岸边	库场
装卸工(人)	6	1	2	6

4. 桶装类货物装卸操作要点

1）作业前

（1）作业人员应按《通用装卸工艺规程》中作业前要求执行。

（2）作业前穿戴好大头皮鞋、皮手套等。

（3）认真检查卡具、卡环的安全状况,卡具上如沾有异物,应及时清理。

（4）堆码前应先将作业场所和拖车上的杂物清扫干净。

（5）选择和安排平整场地堆垛,如场地不平整应当先采取措施。

（6）合理配备和使用工属具。

根据桶装货物的种类、规格和件重合理选用工属具,以确保符合安全、优质、高效的作业要求。立式大桶卡具、卧式大桶卡具是装卸大桶类货物的专用工具。立式卡具适用于立摆大桶,卧式卡具适用于卧摆大桶。使用时应对正、卡牢,运行中不允许抖、甩、碰撞。卡具吊系不应交叉缠绕,链条不允许别环。

2）作业中

（1）作业人员应按《通用装卸工艺规程》中的作业中要求执行。

（2）装卸车、船或拆、码垛作业应按层进行;装舱、装车或码垛时,应桶口向上靠紧码齐。

（3）放桶时应使用轮胎衬垫,防止损伤桶壁。

（4）卸船时,应将欠里大桶滚到舱口,不允许拖钩;装船时两欠边斜坡处应用木板垫平。

（5）卡桶时,卡子应卡牢,起吊应慢慢抻紧,确认无误,人员闪开后再起吊。吊运过程中运行应稳,不允许碰撞。

（6）在桶上作业和行走时,应注意防止陷入桶与桶的空隙中伤到人。

（7）在斜面上滚桶,滚桶人员应先招呼前方"闪开人"。

（8）两人一起竖桶时,口号应统一,动作应一致。

（9）摘卡子后,卡子应放在桶上面,人员闪开后方能起吊,起吊速度应慢。

（10）拖车运输卧摆的大桶应掩好掩木。

（11）破、漏、渗及包装变形的桶不允许进垛,应单独堆存。

（12）舱里卸货过程中,铺垫物料应及时清理。

（13）装火车时,车上人员应事先闪开钩行路线。

（14）卡桶卡子应避开桶边的凹凸处。

（15）货垛堆码或装车作业,应符合标准垛或标准车的要求。

六、捆扎类货物装卸工艺与操作

1. 捆扎类货物的种类及特点

捆扎类货物,指将一件或一件以上的货物用捆扎包装材料捆扎在一起,组成一个货物单元的件杂货。捆扎类货物按材料种类分,主要有金属制品、木制品、轻工产品及农制品等。按形状分,有长(条)形、板形、卷(筒)形和方形等。按捆扎方式分,有包捆和裸捆等。所谓包捆就是先在包装件表面用包装材料封闭地包装起来,然后再用捆扎材料捆扎起来。包捆可以起到保护货物免受污染的作用。裸捆顾名思义就是在原包装件上,直接用捆扎材料捆扎起来。

捆扎类货物常用的捆扎材料有金属带、钢丝及绳索等,包装材料有铁皮、纸皮、锡纸、纤维布料等。捆扎包装材料可随经济与科技发展而改变。

捆扎类货物品种杂、规格多、件重不一。捆扎类货物的件重随包装的方式而改变,轻的几百公斤,重的有几吨甚至几十吨。

捆扎类货物按形状和材料种类综合起来,常见可分成以下几种。

1) 长(条)形钢材类

长(条)形钢材主要包括钢管类和型钢类。长(条)形钢材有捆扎和散支两种包装形式。对于钢管类,一般外径小于 160mm 的钢管或截面周长小于 500mm 的异型钢管都采取捆扎包装。对于型钢类,凡尺寸小于或等于 30mm 的圆钢、方钢、钢筋、六角钢、八角钢和其他小型型钢;边宽小于 50mm 的等边角钢;边宽小于 63mm×40mm 的不等边角钢;宽度小于 60mm 的扁钢;每米质量不大于 8kg 的其他型钢,都应捆扎包装。

长型钢材捆扎包装所用的材料多为金属带、钢丝。每捆的捆扎道数根据货物的不同长度和不同重量而有所不同,每捆不少于两道。通常情况下长型钢材每捆重量不超过 5000kg,如供需双方另有协议,每捆重量也可另行规定,但最大重量应与我国不同地区公路、水路运输系统装卸能力相适应。

(1) 捆扎钢管

钢管捆扎包装形式一般为裸捆。捆扎钢管规格不一,件重不同。普通钢管每捆重量一般不超过 5000kg。不锈钢管每捆重量一般不超过 2500kg。钢管捆扎包装的主要包装方式如图 2-48 所示。

图 2-48 钢管捆扎包装方式

(2)捆扎型钢

捆扎型钢常见有角钢、工字钢、扁钢、方钢、圆钢、槽钢、螺纹钢、T 型钢、钢轨等。捆扎型钢的规格不一,件重不同。通常情况下每捆重量不超过 5000kg。型钢的捆扎包装形式见图 2-49。

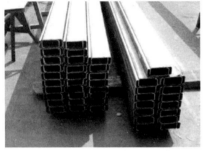

图 2-49　型钢的捆扎包装形式

2)卷形钢材类

卷形钢材类常见有卷钢、带钢(长度远小于直径)、盘圆、钢丝绳等。卷形钢材的捆扎包装有裸捆和包捆两种形式。热轧卷形钢材一般为裸捆包装。而电镀、冷轧及有特殊质量要求的卷形钢材一般采用包捆包装方式。捆扎材料一般为金属带和钢丝。捆扎卷形钢材的规格各不相同,件重不一。捆扎盘圆和带钢每捆重量一般不大于 3000kg,而捆扎卷钢每卷的重量则在几吨到几十吨之间。卷钢、带钢捆扎包装形式如图 2-50 所示。

图 2-50　卷钢、带钢捆扎包装形式

3)板形金属类

板形金属类包括钢板(如钢板、马口铁、铁皮)和铜板、铝板、锌板等。板形金属的捆扎包装有裸捆和包捆两种包装方式。一般热轧钢板和铜板为裸捆包装,而冷轧薄钢板、不锈钢板、酸洗钢板、电镀锡薄钢板及彩色涂层钢板为包捆包装,包捆包装的板形金属一般在底部用垫木托起。捆扎包装的板形金属的规格不一,件重不同。裸捆包装的钢板每捆重量一般不超过 10t,铜板每捆重量不超过 3000kg。包捆包装的板形金属(如马口铁、铁皮、铜板、铝板、锌板等)每捆重量一般不超过 3000kg。捆扎材料为金属带。板形金属的捆扎包装形式如图 2-51 所示。马口铁包装形式如图 2-52 所示。

图 2-51 板形金属捆扎包装

图 2-52 马口铁捆扎包装

4)有色金属锭类

有色金属锭类常见有铝锭、锌锭等。有色金属锭类的捆扎包装一般为方形裸捆包装。捆扎包装的有色金属锭类规格不一,件重不同。捆扎包装的有色金属锭类每捆重量一般不超过 2000kg。捆扎材料为金属带。有色金属锭类的捆扎包装形式如图 2-53 所示。

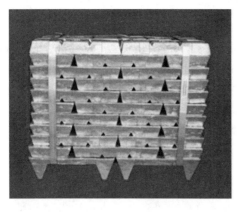

图 2-53 铝锭捆扎包装

5)成形木材类

成型木材简称成材,指经过机械加工成型的木制品。成材的捆扎包装形状主要有板形和长(条)形两种。

(1)捆扎板形成材

常见的有各种夹板、纤维板、刨花板、木板等。板形成材的捆扎包装形式有裸捆和包捆两种包装方式。捆扎板形成材的规格不一,件重不同。捆扎材料为金属带,如图 2-54 所示。

（2）捆扎长（条）形成材

常见的长（条）形成材有木方、板条等。长（条）形成材的捆扎包装方式一般为裸捆包装。捆扎长（条）形成材的规格不一，件重不同。捆扎材料为金属带。长（条）形成材的捆扎包装形式如图 2-55 所示。

图 2-54　板形成材捆扎包装

图 2-55　长（条）形成材捆扎包装

6）轻工产品和农产品类

轻工产品和农产品类货物的捆扎包装形状为方体形，常见的有纸浆及棉花、布匹、烟草等（图 2-56）。该类货物具有易燃、易污染和受潮等特性。捆扎包装形式有包捆和裸捆两种方式，捆扎货物的规格不一，件重不同，一般每捆重量不超过 3000kg。

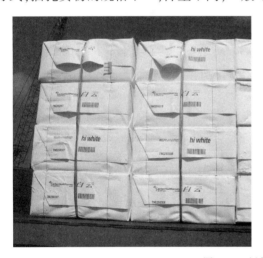

图 2-56　纸浆、棉花包装形式

2. 捆扎类货物常用工属具及操作要求

由于捆扎类货物货种杂、形状多、规格不一，因此捆扎类货物的装卸工属具有很多种，大体上主要工具可分为吊钩、吊索、吊架（杆）等通用工具，以及各种形式的夹、钳、钩等专用工具。

吊钩，是起重作业的取物工具。按作用分有多种形式的吊钩，如对钩、成组钩、自动摘钩、环眼吊钩、自锁钩等。通常与连接吊索配套使用。

吊索，是指在起重机械和货物之间起柔性连接作用的工具。常用的吊索一般有钢丝绳吊索、链条吊索和纤维绳吊索（带）等。吊索通常与吊环、吊钩配套使用。

夹钳类专用吊具,是根据某种货物的形状、结构及包装等特点,利用夹、钳、扣等机械原理专门制成的吊货工具,通常与吊索配套使用。如钢板夹吊具、C形钩卷钢吊具,盘圆钩吊具、纸浆钩吊具等。

吊架(杆),属间接工具,是配合起重机械,用于连接各种吊具,以改变吊具的吊挂模式,避免吊索直接与货物接触、防止货物变形,以及扩大成组货物起重单元的一种工具。按框架形状分有十字形、圆形、方形吊架及一字形吊杆等。

工属具的配置应优先选用夹钳类专用工属具,如:钢管选用钢管钩,工字钢用工字钢钩,卷钢选用C形钩,钢板选用钢板夹等。若货运合同对装卸质量有特殊要求的货物,可以选用纤维绳吊索等。

1)捆扎长(条)形钢材常用的工属具

(1)吊索类

装卸捆扎长(条)形钢材的吊索由于容易磨损,通常只作底络用,故长度一般较短,常与吊钩配套成对使用。

装卸捆扎类长(条)形钢材选用吊索作为工具的打码起吊模式一般采用双索穿(钩)套式。该方式在起吊时吊索可将货物抽紧(图2-57、图2-58)。穿套式打码起吊时,两吊点(吊索捆扎货物形成的点)的位置应把货物分为3∶4∶3的比例,两根吊索间的夹角不应大于90°。

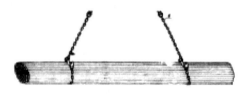

图2-57 吊索钩套式打码

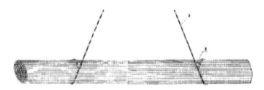

图2-58 吊索穿套式打码

除了以上两种打码方式外,还可采用钢丝绳扣捆兜式打码起吊,两根钢丝绳扣应同时使用,长度相等,两吊点的位置应把货物分为3∶4∶3的比例,并按两吊索夹角不大于60°时使用(图2-59)。

对于长度较长且挠性较大的钢材,可采用撑杆多支点方法起吊。撑杆长度约为货物长度的一半,四条吊绳长度一致,绕扣点分布均匀,并应系扣好稳绳(图2-60)。

同一码货,长短不一的散支长型钢材两端都

图2-59 吊索捆兜式打码

应被穿套吊索套紧,穿套位置应能使货码平衡。

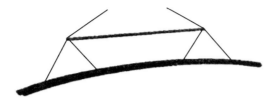

图 2-60　长度较长钢材使用撑杆打码

采用吊索作为起吊工具时,打码前一般先用铁锹(棍)将长(条)形钢材的一头撬开,并再用钢丝绳吊索或专用吊具进行吊头作业。挎篮式吊头,吊头高度不应超过 1m。穿套式吊头,吊头高度不应超过 1.8m。吊头部位距离长(条)形钢材端部不宜少于 0.3m,挠性钢材不宜少于 0.5m。挠性钢材,应使用钢丝绳吊索穿套式吊头。

对参差不齐或长短不一的长(条)钢材吊头,应确保被吊起的一端均在吊头钢丝绳吊索的穿套范围内。打码时,在吊头稳妥后,两名工人分别站在货码两侧,一人将吊索从货码的一侧下方空隙处穿入,另一人从货码另一侧用铁线钩钩出,人体任何部位不应进入被提起的货物下方。

如货码边缘有锋口的型钢,在与吊索接触处,应垫上麻布或木板等衬部,防止割伤吊索。

装卸捆扎长(条)形钢材常见的吊索类工具主要有:

①带钢环钢丝绳吊索,由钢丝绳及其一端的环眼上套上一只钢环组成,与吊钩配套成对使用。带钢环钢丝绳吊索因与货物接触,其环眼应由人工或机械叉制而成,不能用铝套压制。打码时,若边缘有利口的型钢,在与钢丝绳接触处,应垫麻布或木板等衬垫。该吊索适用于装卸捆扎包装或裸装的角钢、工字钢、扁钢、方钢、圆钢、槽钢、螺纹钢、T 形钢、钢轨等长(条)形钢材。

②带滑移钩链条吊索,由链条、吊环和一只能在链条上自由活动的钩头组成,与吊钩配套成对使用。带滑移钩链条适用于装卸捆扎包装或裸装的角钢、工字钢、扁钢、方钢、圆钢、槽钢、螺纹钢、T 形钢、钢轨等长(条)形钢材。

③两头都是琵琶头的钢丝绳扣,是港口常见的吊索,使用频繁,常用于大型长钢材打码作业,一般与吊钩配套使用。

④纤维绳吊索,由合成纤维通过机械编织而成两端带有环眼的起重吊索。它具有轻便及不易损伤货物的特点,因此适用对货运质量有特殊要求的货物,如有电镀层的钢管。采用穿套式起吊时,穿套角度应自然形成,且开始时应尽量将穿套收紧。如起吊货物及其周围环境温度大于 30℃时,其安全工作载荷应降低 20%,但起吊货物及其周围温度不应大于 100℃。打码时,若边缘有利口的型钢,在与吊索接触处,应垫麻布或木板等衬垫。

(2)专用吊具类

根据某类捆扎长(条)形钢材的结构特点而制成的工具,对减轻工人劳动强度,提高装卸效率起着十分重要的作用。由于装卸捆类长(条)形钢材的专用吊具是利用捆扎材料作为间接的工具,故对捆扎包装材料及捆扎质量有较高的要求。使用专用吊具前,需对货物的捆扎材料及捆扎质量进行技术鉴定。如不能满足专用吊具的使用要求的,应先用吊索类工具。

装卸捆扎长(条)形钢材常见的专用工具主要有:

①双齿钢管钩。适用于捆扎小口径钢管($\phi 30mm \sim \phi 100mm$)。双齿钢管钩是成对使用的。打码时,每对钩的两条钩齿钩挂到第三至第四排的两条钢管孔内。每对钩吊一扎(图2-61)。如钢管的长度规格一致时,可配套吊杆进行成组码作业,以提高装卸效率(图2-62)。作业前应对捆扎钢管的捆扎材料及捆扎质量进行技术鉴定。若捆扎质量不能满足双齿钢管钩要求,或对货运质量有特殊要求的捆扎钢管,应选用纤维绳吊索工具。

图2-61 双齿钢管钩

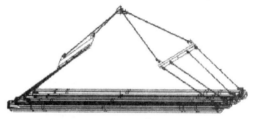

图2-62 双齿钢管钩成组码

②钢管钩(图2-63)。适用于捆扎(或裸装)大口径钢管。大钢管钩是成对使用的,一般三对钩钢管钩连成一副吊具。作业时,每对钩单独钩挂一条钢管。每次吊运时,要根据钢管直径及钢管长度差来决定是否吊运一条、两条或多条。如长度差一致而直径较小时,可一吊多条(图2-63)。如长度差一致而直径较大时,就只能一吊两条,避免起吊时将中间的一条钢管拱起而脱钩。若钢管的长度规格相差较大时,只能每次吊运一条,避免货码不平衡。

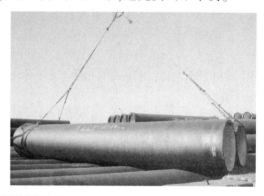

图2-63 钢管钩及打码起吊方式

③工字钢钩。适用于捆扎(或裸装)工字钢。工字钢钩是成对使用的,一般三对工字钢钩连成一副吊具。作业时,若工字钢捆扎成上下错开的形状摆放时,可用三对工字钢钩分别对应钩挂住五条工字钢中的两侧及中间下面的三条,此时一吊五条。若工字钢为裸装成并排形状摆放时,则每对钩只能各钩挂一条,此时一吊三条。若工字钢的规格较大时,每吊只能吊两条,甚至一条,见图2-64。

④钢轨夹具。适用于品字形捆扎(或裸装)钢轨。钢轨夹具是成对使用的,一般两对钢轨夹具组成一副吊具,由于钢轨较长,通常配套吊杆使用。如钢轨成品字形捆扎时(每捆三条),每对钢轨夹具对称地夹在每捆钢轨的上翼板上,并在钢轨的两端各再束上防倾保险绳,每吊两捆(共六条钢轨)(图2-65)。若钢轨为裸装时,则每对夹具只能夹一条,根据钢轨的长度规格,可每吊一至两条。

图 2-64 专用吊具标准码(工字钢钩)

(3) 机械属具

配套在装卸机械上,用于对货物的舱内装卸或库场堆、拆垛及短距离水平运输作业。常见的机械属具有叉车属具(如叉齿、叉板、叉吊臂、叉夹、叉棒)及平板车属具(如卷钢承放架)等。

2) 捆扎卷形钢材常用的工属具

(1) 吊索类

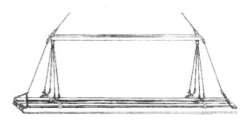

图 2-65 钢轨夹具标准码

装卸捆扎卷形钢材的吊索类吊具一般有卷钢链条吊索、钢丝绳吊索和纤维绳吊索三种。对于货运质量无特殊要求的卷形钢材,如裸捆的热轧卷钢、带钢及普通盘圆等货物,一般选用链条吊索和钢丝绳吊索。而对于货运质量有特殊要求的卷形钢材,如包捆的电镀卷钢和特种盘圆等货物,一般要求选用纤维绳吊索。

选用吊索类作为装卸捆扎卷形钢材的吊具,其吊挂模式通常有三种:第一种吊挂模式是单索挎篮式(即一条吊索从卷形钢材的内孔穿过后,从另一侧用铁线钩将吊索用人力拉出,并挂在吊钩上,缓慢收紧吊索)(见图 2-54~图 2-56)。这种吊挂模式,由于吊索两端对货物两边有挤压的现象,因此适合于对货运质量要求不高的普通卧放卷形钢材的装卸,如厚度 3mm 以上的裸捆热轧卷钢、钢带以及普通盘圆等(图 2-66~图 2-68)。根据吊机负荷或其他实际情况,可一吊两件或以上。盘圆装卸时,为提高效率,一般配套吊架进行成组货作业。装卸带钢,一般使用链条吊索,并根据吊索的负荷确定起吊的件数。

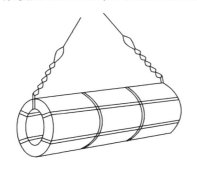

图 2-66 卷钢吊索标准码(单索挎篮式)

若卧放卷钢如接触处有尖角或锋利物时,应垫好衬垫物。打码后,理顺吊索。如一码吊多件货物时,卷形钢材的中心轴要平行,排列整齐。

若使用较大规格的链条或钢丝绳吊索装卸卧放卷形钢材,必要时可用装卸机械抽拉并且解码,但应缓慢进行。

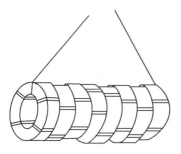
图2-67 带钢吊索标准码

图2-68 盘圆吊索标准码

第二种吊挂模式是单索平行挎篮式(即在单索挎篮式的基础上,增配一条吊杆,吊索从卷形钢材内孔穿过后,吊索两端分别与吊杆两端下的吊钩连接起来,使吊索两端呈平行状态)(图2-69)。这种吊挂模式,吊索两端不会对货物造成挤压,故适合于有特殊货运质量要求的卷钢装卸作业。

第三种吊挂模式是双索挎篮式。该模式适用于带托架的竖放卷钢装卸作业。打码时,两条吊索从卷钢下端的托架中穿过后,对称的套牢托架底座起吊(图2-70)。采用此模式装卸带托架的立式卷钢,一般每码只能吊一件。

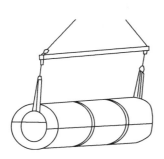
图2-69 卷钢单索平行挎篮式

图2-70 竖放卷钢标准码

(2)专用吊具类

专用吊具,指根据捆扎卷钢钢材的形状特点而设计的专用工具。常见的专用工具有以下几种:

①卷钢双夹具。适用于装卸裸捆热轧卷钢和包捆普通冷轧卷钢。该双夹具是成对使用的。打码时,两只夹具对称的分别从卷钢的两端卷钢孔内,然后靠两只钩嘴将货物钩挂起来(图2-71)。

②立式卷钢夹具。适用于装卸竖放卷钢。该夹具是单只使用的。打码时,将夹具卡进竖放卷钢的上端边缘,然后起吊压杆压紧卷钢,并靠摩擦力吊起货物(图2-72)。

③C形钩卷钢吊具。外形似英文字母"C",用于装卸卷钢的一种专用吊具。C形钩专用吊具适用于装卸裸捆热轧卷钢和包捆普通冷轧卷钢。C形钩吊具是单只使用的,打码时,将

吊具的钩嘴从卷钢的一边插进卷钢孔内,然后靠钩嘴将货物钩挂起来(图2-73)。使用C形钩专用吊具可以大大减轻工人的劳动强度及降低工具成本。但使用C形钩吊具有一定局限性,当卷钢的宽度大于C形钩的适用宽度或在船舱档底作业时,则不能使用C形钩吊具。

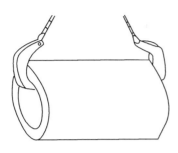

图2-71 卷钢双夹具标准码

图2-72 立式卷钢夹具标准码

④盘圆钩吊具。工作原理类似于C形钩卷钢吊具,由于捆扎盘圆货物的件重较卷钢轻很多,因此,盘圆钩吊具一般为双钩齿,可一吊两件,也可用于件重较小的卷钢作业(图2-74)。

图2-73 专用吊具C形钩标准码

图2-74 专用吊具双齿钩标准码

用C形钩卷钢专用吊具及盘圆钩专用吊具打码时,作业人员应站在被吊卷钢的承载面或再下一层面上,并与钩体同在卷钢的一侧,拉紧钩体的稳绳使钩体稳定,将钩嘴对正货物孔中心后缓慢插入,待钩嘴完全插入卷钢孔,且吊钩垂线对正货物中心后才能指挥起吊。

(3)机械属具

用于对货物的舱内装卸或库场堆、拆垛及短距离水平运输作业。常见的机械属具有叉齿、叉棒等。

①叉棒是装在叉车上的一种专用装卸卷钢的工属具,专用于船舱欠里和库场对卷钢货物进行装、拆堆及短距离水平运输作业(图2-75)。使用该专用属具,操作安全、方便,装卸效率较高。使用叉车配叉棒属具协助作业时,叉棒要对正卷钢中心孔后缓慢地水平插入,待完全插入后缓慢起升。待卷钢被完全升离堆面后,方可向后倾足门架,并缓慢退离堆面。当卷钢被叉离堆面并降至距行驶面约0.3m后,叉车才能行驶,行驶途中不能随意急刹车。叉运特种卷钢时,应使用经包胶处理的卷钢叉棒,不允许用卷钢叉棒挑、顶卷钢。

②使用叉车配双叉齿属具协助作业时,叉运卧放卷钢,双叉齿应合并插入卷钢孔并靠牢叉架。叉运立式托盘卷钢时,双叉齿应按货件托盘的宽度对称插入托盘底并靠牢叉架。

图 2-75 叉车装叉棒作业

3) 捆扎板形金属类常用工属具

(1) 吊索类

装卸捆扎板形金属的吊索通常有钢丝绳吊索和纤维绳吊索两种。对于货运质量无特殊要求的货物,一般选用钢丝绳吊索。而对于货运质量有特殊保护要求的铁皮、马口铁等,一般要求选用纤维绳吊索。使用吊索作为装卸捆扎板形金属的工具,货码的打码起吊模式有双索挎篮式和双索穿套式两种。

①如果底部有垫木的货码或货码长度较短时,一般采用双索挎篮式起吊模式(图 2-76、图 2-77)。

图 2-76 铁皮吊索标准码　　图 2-77 马口铁吊索标准码

采用双索挎篮式打码起吊时,两条长度一致的吊索直接对称地兜套货物底部。如果底部有木枋的货物,吊索的打码位置在货物两端木枋的外侧,并靠近木枋。如果底部无木枋的货物,吊索打码位置距货码长度方向两端为全长的 20%~30%,打码位置应对称,并在吊索与货物锐角处加垫衬垫物。兜套困难时,可用铁锹移货物或用钢丝绳提头移位。如一次吊两件及以上货物时,应叠放整齐。打码困难时,可用铁锹移动货物或用钢丝绳提头移位。

②如果货码较长且底部没有垫木时,为防止吊索滑移而导致货码倾倒,一般采用双索挎过货码底部后,再用两条链条分别穿过两条吊索的环眼而将货码索夹紧起吊,并在货码两侧与吊索接触处加上衬垫(图 2-78)。如果货码挠性过大,通常再在货码两端再各加一只夹(钳)。

(2) 专用吊具类

①装卸板形金属类的专用工具常见有钢板夹(钳)。钢板夹(钳)适用于捆扎或裸装钢板的装卸作业。钢板夹(钳)一般六只为一副,其中四只为主夹(钳),分别对称地夹(钳)在

钢板上长度方向的两边。其余两只为尾夹(钳),分别对称地夹(钳)在钢板宽度方向的两端(图2-79)。若钢板的规格一致时,可一吊多件。

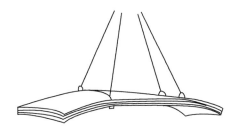

图2-78 钢板吊索标准码

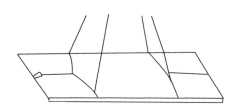

图2-79 钢板专用吊具标准码

用钢板夹(钳)打码时,如有垫木分层,可直接把四只主笠对称钩住钢板的两边,落笠位置离钢板两端距离为钢板全长的25%~30%,然后调整好尾笠绳,使尾笠对称地钩在钢板两端的中间,并应使尾笠绳处于受力状态。每只钢板笠所钩挂钢板的件数应相等,钢板笠根部应紧靠钢板边缘;没有垫木分层的钢板,先用撬棍把钢板撬起,垫上木枋,再使用钢板夹(钳)。也可用钢板夹(钳)吊头,提头时使起重机吊钩钢丝绳中垂线接近起吊点,吊头高度应不超过0.5m,同时作业人员应避让到安全位置。货码下方移动垫木时,当垫木一端在货码外时,移动垫木应手握垫木两侧,不应托底搬移。当垫木在货码下面时,移动垫木应用木棒拨动,不能用手搬移;对宽度不同或堆放不整齐的钢板,应理整齐,宽度大的堆放码底,小的堆放码面,底件钢板六只笠均应钩挂到,上面一件长度必须大于两对主夹之间的纵向距离。钢板尺寸参差不齐的,应减少起吊数量,并使最下面的钢板为最宽的钢板;装卸挠性较大的钢板应在钢板纵向中部增加一对主夹钳。三对主夹钳应均匀布置,并调整好吊系长度,使其均衡受力。

②除了使用钢板夹钳外,钢板装卸作业还可以使用钢板专用卡具配备撑杆(图2-80)。在钢板作业中,长度在4m以上的各种钢板必须使用相对应负荷量的撑杆,装卸挠性较大的钢板须采用三点撑杆。在作业过程中,应注意钢板卡具所卡钢板的位置是否偏重,钢板卡具是否卡在同一层上。起吊后,钢板应保持水平,避免出现中间凹凸、两端翘头或下垂,穿套钢板卡具的钢丝扣不宜过长,以便增加钢板卡具的加紧力。

图2-80 钢板专用卡具配备撑杆标准码

(3)机械属具

机械属具用于对货物的舱内装卸或库场堆、拆垛及短距离水平运输作业。常见的机械属具有叉齿、叉板、叉吊臂等。

使用叉车配双叉齿属具协助作业时,若叉齿的长度小于货物宽度的 2/3 时叉齿上需套上叉齿加长套。

4) 捆扎有色金属锭类常用的工属具

(1) 吊索类

装卸捆扎有色金属锭类货物常用的工属具主要是吊索类的钢丝绳吊索。打码起吊模式一般采用双索挎篮式(图 2-81、图 2-82)。打码时,两条吊索的位置要对称。如每码吊运两捆时,应采取并排同向或立叠吊运。单件裸装锭类,每码不应超三件。叠放应整齐。

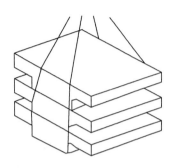
图 2-81　单件裸装锭类标准码

图 2-82　捆扎锭类标准码

(2) 叉车属具

用于对货物的舱内装卸或库场堆、拆垛及短距离水平运输作业。常见的机械属具有叉齿、叉板、叉吊臂等。

5) 捆扎成形木材常用的工属具

(1) 吊索类

装卸捆扎成形木材常用的工属具主要是以吊索类的钢丝绳吊索和纤维绳吊索为主。对货运质量有特殊要求的成材应选用纤维绳吊索,而无特殊要求的货物一般选用钢丝绳吊索。打码起吊模式一般采用双索挎篮式(图 2-83、图 2-84)。

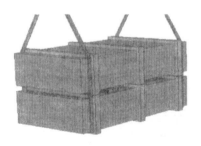
图 2-83　板形成材标准码

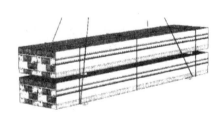
图 2-84　条形成材标准码

打码作业时,两条吊索的打码位置应对称,吊索兜套点应紧贴货物底部木方脚外侧处;无木方脚的货物打码点到两端的距离应为货物长度的 15%~25%。捆扎的夹板、单板、纤维板,每码两捆,并应上下叠放整齐;方木等条型成材可每码四件,上下左右应叠放整齐。货码之间若无空隙或间隙太小时可以用木撬棍撬移货码,以方便打码。为提高效率,一般配套吊架进行成组货装卸作业。

(2)叉车属具

叉车属具用于对货物的舱内装卸或库场堆、拆垛及短距离水平运输作业。常的机械属具有叉齿。

使用叉车配双叉齿属具协助作业时,若叉齿的长度小于货物宽度的2/3时,叉齿上需套上叉齿加长套。

6)捆扎轻工产品及农产品类货物常用工属具

(1)吊索类

常见的吊索类工具有纤维绳、麻绳、钢丝绳等吊索,吊索通常制成活络绳扣和双扣形式。活络绳扣适用于装卸长大件或立放的捆扎轻工产品及农产品类货物(如棉花、人造棉、麻等)。打码时,活络绳扣兜位位置必须在离货码底部20~30cm处,钩头应处在铅垂线上(图2-85)。

(2)网络吊具

装卸小件卧放捆扎轻工产品及农产品货物(如人造棉、棉花等),通常选用网络吊具进行成组码作业方式。打码时,要定型定量,摆放要居中且整齐平稳,按棱角两侧挽上大网络大纲,在易滚动一侧要扣上网络大纲的对角小绳,钩挂时钩头朝外(图2-86)。

(3)货盘吊具

装卸小件立放的捆扎轻工产品及农产品货物(如烟叶、茶叶、兽羽、棉织品等),通常也可选用货盘吊具进行成组码作业方式。打码时,码高为2~3只高,摆放要居中且平稳整齐,最上一层应扣上小绳。钩挂时钩头朝外(图2-87)。

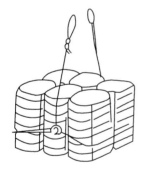
图2-85 棉花标准码(活络绳扣)

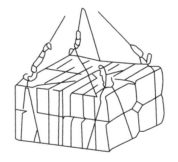
图2-86 棉花标准码(网络吊具)

图2-87 捆扎棉布标准码

(4)专用吊具类

①纸浆钩。一种由合金钢铸造,钩体横断面扁平,背带手柄的用以装卸纸浆货物的专用吊钩。适用于装卸有铁线捆扎包装的纸浆。吊具可单只或成对使用。打码时,将吊钩钩嘴插进纸浆捆扎铁线内,如捆扎的铁线较紧,可利用钩体上的手柄,揪起捆扎铁线,并缓慢地将钩嘴插入,然后靠钩嘴将货码吊起(图2-88)。若货码规格一致、堆放整齐,为提高效率,一般配套吊架进行成组货作业(图2-89)。使用专用纸浆钩打码前,应检查捆扎包装带(铁线)的完好性。如果捆扎包装带断裂、长短不一或散码时,应配吊索落底打码或用网络进行装卸。

②双头麻绳钩(又称老钩或炸笠)。主要用作捆扎棉花、黄麻、人造棉等货物的吊头,供打码用,但不能直接使用麻绳钩吊运货物。打码时必须将货物夹紧夹牢,钩扎位置应在

离货物顶面约 10cm 以下处(图 2-90)。

图 2-88　纸浆标准码(纸浆钩)

图 2-89　纸浆标准码(吊架成组码)

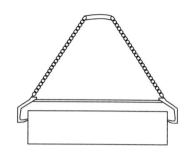
图 2-90　双头麻绳钩吊头

(5)机械属具

用于对货物的舱内装卸或库场堆、拆垛及短距离水平运输作业。常见的机械属具有叉齿、叉板、叉车夹抱器、叉吊臂等。

必要时使用叉车配叉齿、夹具、叉吊臂或铲板协助装卸作业。使用叉车作业时,应安装上防污挡板。使用双叉齿,叉齿直接叉在捆扎纸浆正上方的全部铁线上;使用吊臂,吊臂上的专用纸浆钩应钩挂在捆扎纸浆正上方的全部铁线上。

3.捆扎类货物装卸工艺与操作

捆扎类货物的装卸操作主要分为舱内操作、库场操作和车内操作三大部分。

1)捆扎类货物舱内操作

舱内操作,指货物在船舱内(包括舱口围及舱四周)的装卸作业。货物舱内作业时要注意以下几方面的事项:

(1)舱内作业一般注意事项

①作业人员下舱前,应先进行货舱通风换气,排除有害气体,确认安全并达到适工条件后,作业人员才能下舱作业。

②作业前,有关人员应了解、核实货物的单重、规格、积载、舱口长度和船机设备等情况,选用合适工属具,优先选用专用吊具,而对货运质量有特殊要求的货物应选用纤维绳吊索。检查货物,分清原残,发现原残时应及时通知有关部门处理。

③卸载时按票先卸舱口围,后卸舱四周。装载时则按装载图要求先装舱四周,后装舱口围,并按要求铺垫、隔票及堆放整齐、稳固。船舱四周装卸作业时,一般用装卸机械协助搬移货码。

④舱内分段作业时,分段线应按配载要求及作业情况划定,作业过程应逐层或呈阶梯形进行,断面要稳固,必要时对货物断面采取有效的稳固措施。

⑤需叉车落舱协助作业时,需先铺好供叉车行驶的垫舱板。行驶时,应将叉棒或叉齿向后倾足,并使货物底部离地约 0.3m。使用叉车装拆堆作业时,需派专人指挥。

⑥作业过程中,保持船舶平衡,船体横倾不应大于 3°。

(2)捆扎长(条)形钢材舱内装卸作业注意事项

①打码时,若货物长度大于舱口对角线长度,可用"三七"或"二八"码穿套式打码倾斜起吊出舱。起吊时人员应避开。

②对于如钢管、工字钢和钢轨等货物应尽量选用专用吊具,而对货运质量有特殊要求的货物应选用纤维绳吊索。

③装卸易滚动的货物(如钢管、圆钢等)时,未吊及落码后的货物要及时垫好三角木,防止货物滚动伤人。

(3)捆扎卷形钢材舱内装卸作业注意事项

①打码前,应使用专用铁皮剪,先将卷钢的加固绳拆除,应每拆一件、卸一件。

②装载要按要求留足绑加固绳时所需的行距。每装一层后应按要求绑牢加固绳。底层两侧的货物要与舱壁靠拢,并用加固绳与舱壁连接加固。

③装、卸船舱底层的卷钢、易滚动的带钢时,要边装卸边塞牢楔形木塞,防止货物滚动伤人。舱内作业工人应注意站位,尽量不站在卷钢可能走动的方向。

④人力打码装卸载时,只能每层一件高,机械卸载每层高度,则视机械性能而定。

(4)捆扎板形金属舱内装卸作业注意事项

①装载钢板时,底层及每码之间应按要求放置垫木。垫木长度不应超出货码宽度,数量视货码长度而定,货码长度8m以下时垫2~3排,货码长度8m以上时垫4排。垫木位置应保证货堆稳固,并上下对齐,不妨碍解钩。

②人力打码装卸捆扎板形金属货物时,每层一件高,机械卸载每层高度视机械性能而定。

(5)捆扎有色金属锭舱内装卸作业注意事项

①散件货物可使用货斗、钢丝绳网络打码。使用网络打码时,货物不应超出网络边缘,重量不应超装载工具的负荷。

②不能使用吊钩直接钩挂货物的捆扎包装带吊运。

③人力打码装卸载每层一件高,机械卸载每层高度视机械性能而定。

(6)捆扎成形木材舱内装卸作业注意事项

①不能使用吊钩直接钩挂货码的捆扎包装带起吊。

②长度小于1m的成型木材,通常可采用成组方式打码。

③人力装卸每层不超过一件高,机械装卸每层高度视机械性能而定。

④叉车下舱作业时,应安装上防污挡板及防火罩。

(7)捆扎轻工产品和农产品舱内装卸作业注意事项

①人力打码时,可用撬木把货码撬开,小件的捆扎棉花、人造棉、烟叶、麻等也先可用手钩或双头麻绳钩钩住货码的两端吊头,然后再用活络绳扣吊索、网络或货盘进行打码吊运。禁止使用手钩或双头麻绳钩对棉布进行打码作业。

②如不能用纸浆钩打码时,应用吊索或网络工具装卸。

③人力打码装卸每层一件高,机械装卸每层高度视机械性能而定。

④叉车下舱作业时,应安装上防污挡板及防火罩。

2)捆扎类货物车内操作

车内操作,指货物在铁路车辆(棚车、敞车)和汽车(平板车)内的装卸作业类货物的车内操作要求。

(1)装卸铁路车辆(棚车、敞车)作业一般注意事项

①作业前,应检查车门(棚车)、窗是否完好,并根据装车货类和要求进行铺垫与清扫车厢板。
②装敞车作业,货物积载与盖、垫应符合铁路部门的要求。
③装载应均衡,不集重,不偏重,不超重。
④作业时,应打开车门板,并指定专人负责指挥。指挥手应站在安全位置,注意避让货码。
⑤装棚车作业应先里后外,装严码紧。货物要与车门保持一定距离。作业完毕关好车门、车窗。
⑥起重机装车作业,其吊运范围内应无其他障碍或作业。接卸车辆停靠位置应妥当到位,方可作业。
⑦货物装车作业时,不应碰撞、砸压车帮和货码下降速度过快。
⑧装卸车完毕,要将成组工具、铺垫设备分别集中堆放在靠货物一侧,离铁轨外侧1.5m以外的地方。
⑨使用叉车叉载货物进出棚车时,按需要配用移动平台。叉车叉运下坡时,应倒车行驶。

(2)装卸汽车作业一般注意事项
①轻搬轻放,按层次从前端依次向后装载。
②货物装汽车时,按货物的规格装严码紧。
③使用叉车装汽车作业时,将货物摆正、放平放稳。
④装载均衡,不集重,不偏重,不超重。
⑤货物的堆放按货物的特性、包装及摆放要求进行堆放。对运输途中可能移动、滚动或跌落的货物应加固。
⑥卸车作业,使用货盘码放货物时,避免货物冲砸货盘。
⑦装卸汽车时,车厢两侧不应有人。
⑧平板车装载时,货码之间要留有空隙。

(3)捆扎长(条)形钢材车内作业注意事项
①平板车装载时,应在平板车两边设置插桩,插桩应牢固有效。
②捆装或单支钢管装车时,其超出车厢或护栏的高度不应大于单捆或单支直径1/3。
③装、卸铁路车辆作业,应打开车门板,并指定专人负责指挥。
④吊运钢材进出车厢时,车厢内不应有人。
⑤作业人员使用长杆钩在车厢外稳码;钢材放稳后,作业人员才可进车厢摘钩。

(4)捆扎卷形钢材车内作业注意事项
①装载时,卧放卷钢的圆心轴线应与车厢纵向垂直,盘圆轴线应与车辆纵向一致,并应装在车厢的中轴线上。装载应挫齐、稳固,装车完毕按要求捆绑牢固。
②平板车装载卧放卷钢时,应在平板车上装上卷钢承放架。
③卷形货物高出车厢或护栏的高度不应大于单捆直径的1/3。

(5)捆扎板形金属车内作业注意事项
①按要求垫木枋。

②货码吊至车厢面后要暂停,待作业人员用长杆钩把货码稳定至与车厢平行后再缓慢放入车厢。

③货码放妥后,作业人员才能进入车厢摘钩。

④摘钩人员走出车厢后才能回升吊具。

(6)捆扎有色金属锭车内作业注意事项

①装卸铁路敞车时,先打开车门,车上应指定专人指挥。货码进出车厢,车内人员应避让在车卡的另一端,待货码放稳后,作业人员方能上前扶码、摘钩。

②铁路车辆装卸载运时,车内断面应呈阶梯形。

(7)捆扎成型木材车内作业注意事项

①顶层货物高出车厢围板部分不应超过半件高。

②装载完毕,应盖好帆布及绑牢紧固绳。

(8)捆扎轻工产品和农产品车内作业注意事项

①装载时,顶层货物高出车厢部分不应超过单件货物高度的1/3。

②装载完毕,应盖好帆布及绑牢紧固绳。

七、设备重大件货物装卸工艺与操作

设备重大件货物主要是指各种机器、成套设备、车辆和精密仪器等货物。一般来说,设备重大件货物的定义是重量在 5t 以上,长度超过 10~12m。但是,裸装的型钢、金属板材不属于设备重大件货物范畴。本章将原木也列入设备重大件货物,一并介绍。

1. 设备重大件货物的种类与特点

设备重大件货物是港口常见货物之一。有些超级重件的重量大大超过了普通港口设备起重能力,一些长大件足有一个码头泊位那么长。这些超级重件和长大件货物,一般需要专用设备进行装卸作业。例如,采用船上两台起重机同时进行作业(图 2-91),或采用码头岸边塔式起重机进行作业(图 2-92),或采用浮式起重机进行作业(图 2-93)。

2. 设备重大件货物常用工属具及操作要求

设备重大件货物常用工属具并不多,起重吊索通常是采用纤维编织吊带或起重钢丝绳(图 2-94),起重吊索之间的连接采用的是起重连接卸扣(图 2-95),此外,还有一些辅助装卸作业的起重吊梁和防压碰的护垫等(图 2-96)。

图 2-91 船机吊重大件

图 2-92 岸机吊重大件

图 2-93　浮式起重机吊重大件

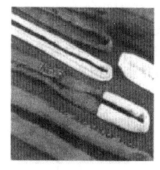

图 2-94　起重纤维编织吊带、起重钢丝绳

高强度直型锁扣　　高强度弓型锁扣

图 2-95　连接卸扣

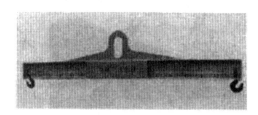

图 2-96　起重吊梁

设备重大件货物起吊作业中使用的工属具，必须选取足够的安全载荷，确保货物在装卸作业中不发生任何生产事故。起重钢丝绳的吊索应按下列计算方法计算后选取。

（1）当设备重大件的重心位置居中时（图2-97），吊索选取应满足下列公式要求：

$$S = \frac{G}{N \cdot \cos\alpha} \leqslant Q \tag{2-1}$$

式中：S——吊索承受拉力，kN；

　　　G——设备重大件自重，kN；

　　　N——吊索分支数，支；

　　　α——吊钩垂直线与吊索的夹角，°；

　　　Q——单根钢丝绳吊索最大工作负荷。

（2）当设备重大件重心位置不居中时（图2-98），吊索承受拉力可按下列公式计算：

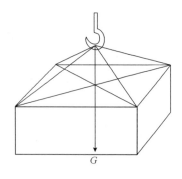 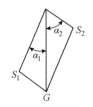

图 2-97　重心居中　　　　　　　图 2-98　重心不居中

$$S_1 = \frac{G \cdot \sin\alpha_1}{\sin(\alpha_1 + \alpha_2)} \quad (2\text{-}2a)$$

$$S_2 = \frac{G \cdot \sin\alpha_2}{\sin(\alpha_1 + \alpha_2)} \quad (2\text{-}2b)$$

式中：G——设备重大件自重，kN；

S_1、S_2——两吊索的受力，kN。

按上述公式计算钢丝绳起重吊索的工作载荷后，可以根据以下钢丝绳起重吊索最大工作负荷表选择适当的吊索规格（表2-9）。

钢丝绳起重吊索最大工作负荷表　　　　　表2-9

直径(mm)	负荷(kN)	直径(mm)	负荷(kN)	直径(mm)	负荷(kN)
9	7	18	30	36	121
10	9	20	37	40	150
11	11	22	45	44	181
12	13	24	54	48	216
13	15	26	63	52	255
14	18	28	73	56	293
16	24	32	96	60	335

选取了钢丝绳起重吊索的工作载荷和直径规格后，对吊索的长度必须满足起吊设备重大件时呈现水平状态，吊索与吊钩垂直线的夹角不大于30°。在一些特殊情况下允许加大夹角，但最大不应大于45°。另外，当吊索长度不足时，可采用相同负荷的吊索和卸扣连接的方法加长。

3.设备重大件货物装卸工艺与操作

1）设备重大件货物装卸工艺

设备重大件货物装卸工艺一般由"船→堆场"、"船→驳船"、"船→汽车"、"堆场→汽车、铁路车辆"、"堆场→堆场"5种工艺流程组成，这些工艺流程都是可以双向运作的。但通常在天气良好、无大风情况下，采用直取、直放工艺方式居多，各港口都有一支设备重大件货物装卸专业生产的队伍，是以专业化确保设备重大件货物装卸货运质量的。在垂直运输中可选用门座式起重机、船用起重机、岸边塔式起重机、浮式起重机等，水平运输中可选用港外汽车、港内牵引车等。常见的浮式起重机和港外专用汽车，见图2-99。

2）设备重大件货物装卸操作要点

（1）作业前

①作业人员应按"通用装卸工艺规程"中的作业前要求执行。

②在装卸大件设备作业的区域内，应禁止无关车辆驶入。

③依据船舶条件、货物特性、舱容积载、现场条件等情况制定具体的装卸工艺方案，配备相应的作业机械，安排专业的大件设备作业班组，选派经验丰富的纹车手、指挥手。

④负责装卸大件设备的工艺员，应对参加作业的专业大件班和机械司机讲清楚所装卸

的大件设备的技术要求、操作要点和安全作业注意事项。

⑤准备好装卸工具和加固材料,并对各类工具进行严格检查,不符合标准的不允许使用。

图 2-99　浮式起重机和港外专用汽车

⑥应按配载图确认装卸顺序及放置位置,如发现配载不当,应及时与船方联系,合理积载。

⑦装卸大件设备时,应先根据船舱条件、设备包装形式、配载图的要求选配适于舱内作业的叉车下舱。

(2)作业中

①作业人员应按"通用装卸工艺规程"中的作业中要求执行。

②依据大件设备的重量、重心位置、吊点和外形特点选用相适应的工属具。

③在起重机械条件允许的情况下,应加长吊索的长度,减轻对货物所产生的水平分力。

④用于起吊带吊耳的设备或连接吊索的卡环应满足起吊负荷,卡环在使用中应扭紧和顺直。

⑤当大件设备吊点高度不一致时,应使用卡环或钢丝绳扣连接,调整吊索的长度;起吊时应受力均衡。

⑥吊运较宽的大件设备,应使用满足负荷要求的撑棍,减少吊索对货物的水平分力。

⑦在装卸车辆时,起吊点在轮胎或履带上时,上部应使用撑棍,防止损伤货物。

⑧卸船时应先拆除加固,但对稳性差和易移动的大件设备应注意卸一件,拆一件;捆吊时,必须按吊点捆钩,两吊索之间的夹角应小于60°。

图 2-100　带吊耳的大件

⑨起吊前,应先将钢丝绳扣兜在吊点指示处(带吊耳的应把卡环扭紧),图 2-100。

⑩捆吊裸状设备,应在钢丝绳与货物棱角接触处加衬垫,防止设备和工具损伤。

⑪起吊前应对吊索和衬垫进行详细检查,待全部就绪后,指挥手方可发出起吊口令。

⑫当设备起吊至 0.2~0.5m 高度时应先停钩,再一次详细检查各受力点的情况,确认设备受力均衡后,方可吊运。

⑬使用两台性能相同的起重机械装卸大件设备时,吊

索应尽可能保持垂直,两台起重机械的升降、运行应保持同步,每台起重机所承受的载荷均值不允许超过各自额定起重负荷的80%,吊运时必须由一名指挥手指挥。

⑭装卸车辆时,应根据货物的型号及重量,选用合适的网系车辆吊具并配备撑棍。使用时,网系兜套应大于轮胎的2/3。

⑮在装卸大件设备作业时,风速大于15m/s(7级)时,应停止作业;在风速大于12 m/s(6级)时,应停止使用浮吊;雨雪天应停止对标有防湿标记的大件设备的作业。

⑯大件设备起吊前,吊钩垂直线应对准大件重心,浮吊在起吊过程中应随时调整好吊钩垂直线对准大件重心。

⑰大件设备装卸船会造成船体偏杆,事先应通知船方及时调整压仓水。

⑱使用船机直取重大件时,大件拖车应尽量靠近船舷落钩点,减轻船舶的倾斜。

⑲使用浮吊作业时,如不能跨船装卸,在靠泊时,船头或船尾应为浮吊作业留出40m长的泊位净档,船外档港池也有满足浮吊作业移动的位置。

⑳吊运时,初速应缓,运行应稳,严禁急起、急落、急停;吊运途经区域内无障碍物。

㉑吊运重大件至车辆、舱内、货垛上方时,应在其底部离着落处0.5~1m处暂停,待作业人员用牵拉绳使大件停稳后,确定位置,再慢慢落钩。

㉒使用浮吊装卸大件设备,起升至吊索受力时,指挥手应当及时指挥浮吊变幅或后移,使大件设备起离时保持在垂直线上,避免大件设备在起吊过程中发生悠钩和碰撞。

㉓滚装船大件设备作业中,拖车司机应时刻注意装卸桥随潮汐涨落出现的坡度变化,保证安全行驶。在向拖车上装设备时,应做到装载合理、加固牢固,保证在滚上、滚下作业中不发生移位和碰撞。

㉔指挥手应根据所吊设备的起升、转向及风向等情况谨慎指挥,确保大件设备在进出舱口时,不悠、不晃、不碰,见图2-101。

图2-101 大件设备进出舱

㉕超长大件起吊或出入舱口时,四角必须拴好牵拉绳。人力拉牵拉绳时,应在起吊前把绳子绕在柱子或地铃上,随着起吊慢慢地放松绳索。严格控制好惯性,不允许将牵拉绳缠绕在手上,人员不允许站立在舱口边或船舷边。

㉖叉车铲运大件时,铲刀应铲大件的起吊标记处,如果铲刀够不到起吊标记,则要求移动铲刀与大件设备重心距离相等。铲刀长度必须超过大件设备宽度的三分之二,不满三分之二的或稳性不好的均需加穿铲刀裤,并降低铲刀负荷,铲刀应离地面0.15m左右。

㉗铲运重心偏离中心的设备,叉车必须随着重心偏离,调整铲货的位置,以防货物倾倒。对于超长、超重设备,采用两台性能相同的叉车同时作业,应尽量铲在起吊标志处,保持设备处于水平状态,以防滑动和倾覆。

㉘铲运高大设备影响司机视线,需要倒车行驶时,必须由专人指挥铲车司机谨慎操作,慢速行驶,严禁紧急制动。

㉙岸边作业使用拖车运输时,应指挥车辆停在合理的位置上;落钩应慢、稳;落钩至离作业面0.2~0.5m时应先停钩,扶正、扶稳后再落钩,位置应放正,保持平衡,见图2-102。

图 2-102 大件设备岸边装车作业

㉚使用叉车作业时,必须先垫好垫木,垫木高度应大于铲刀的厚度。

㉛卸车辆时,应用人力拉出吊具和网兜,车辆离开岸边后再起钩。

㉜设备落钩后,应用人力抽出钢丝绳扣;使用船机或门机抽扣时,应谨慎操作。

㉝大件设备码垛应整齐牢固、重不压轻、标志朝外、箭头向上、留出间距;怕湿的设备应在库内存放,堆场存放的应盖好篷布。拆垛时应自上而下,拆取上层重大件时,应注意下面货物的稳定性。

㉞堆放超长设备时,地面应平整,如需铺设垫木,应根据设备长度铺垫。铺垫位置要求与设备重心位置等距均衡。

㉟上下超过 2m 以上高度的设备时,应使用梯子,上、下时应有专人扶好梯子。

㊱超限、超长、超重的大件设备装火车时,应按铁路的装车方案和加固方案进行,无方案不允许送车作业。

(3)作业结束

作业人员应按《通用装卸工艺规程》中的作业结束要求执行。

3)原木装卸

(1)原木装卸概述

根据装卸工作的特点,木材可分为原木和成材两大类。近年来我国进口的原木有长(一般 10~12m)、粗(直径一般 0.5m 左右,个别达 1.5m 以上)、重(一般单根 2~5t,个别达 10 多吨)和票数单一的特点。

原木在保管、运输和装卸方面具有以下特点:

①原木是一种笨重的货物,用人力操作容易发生工伤事故。因此使用自动抓货的吊货工具,推广成组运输以及应用大舱口的专用木材船具有十分重要的意义。

②原木含水率的变动范围很大,原木的比重在含水率不同时,会发生较大变化,因此装卸原木机械的生产率,通常以体积单位表示。

③原木的品种、规格很多,这对装卸机械的结构及生产率有很大影响,在横断面面积相同时,原木的重量是随木材的相对密度及长度而变化。因此在选择起重机械、吊货工夹具的尺寸,以及进行实际操作的时候都要十分小心,以免机械超载。在木材的品种、规格和票数多的情况下,保管时要分成许多货垛,在选择装卸机械时要相应考虑。

④装卸、保管以及堆场面积的安排,要考虑原木的分类(选材)、检尺、熏蒸、加工等辅助作业的需要。为防止病虫害侵入,保护自然环境和自然资源,对外贸进口原木(也包括成材)应采取熏蒸防疫措施。

⑤装车时为了充分利用车辆的载重量,往往借助于支柱,使原木能一直装到铁路车辆允许的装载高度。因此,用来装卸木材车辆的轮胎式龙门起重机的吊臂必须具有足够的高度。同时由于要安装或拆除支柱,在装卸木材车辆时,辅助作业所占的比重较大。

⑥木材按其比重可分为沉水木和浮水木两类。对于浮水原木不仅可以从船厂直接卸到

岸上,而且还可以从船上卸到水中,然后再从水中起运到岸上,或者原木直接捆扎成木排,由拖轮拖到岸边。因此在设计木材装卸工艺时,在某些情况下还有从水中起运木材的问题。

⑦木材易腐,生青斑及木蕈,龟裂及弯曲。木材含水率在25%~60%时,最易遭到真菌侵害,造成木材腐朽。含水率低于25%或高于60%,真菌便不易生长。因此,木材的保管方法有湿保管法和干保管法两类。

(2)木材吊货工夹具

装卸木材使用的吊货工属具主要有:木材钢丝绳扣、自动摘钩、原木夹钳、带钩吊索、木材抓斗等。

木材钢丝绳扣的结构和钢材钢丝绳扣类似,而长度较钢材钢丝绳扣大。木材钢丝绳扣既可用作吊货工夹具,也可用作成组工具。

原木夹钳和带钩吊索可用来装卸没有货垫的大原木。

装卸原木还可以采用木材抓斗。应用较广泛的是三个抓指的抓斗。抓指的位置是两个在一面,一个在另一面。三个抓指的抓斗的抓货面积是可变的,可以紧紧地抓住木材。但三个抓指的抓斗起吊木材时,木材易呈倾斜状态,作业不便。因此目前多改用抓货面积同样可变的,能紧紧抓住木材的四个抓指的抓斗(图2-103)。

木材抓斗不仅可用于装卸船舶,也可用于装卸铁路车辆。装卸铁路车辆时抓斗的尺寸要与车辆的尺寸相适应。

图2-103　木材抓斗(四个抓指)

木材抓斗上应有指明允许抓取的最大长度的标记,以免起重机超载。用抓斗装卸原木有利于保证作业安全,减轻工人的劳动强度,提高劳动生产率。

完善木材装卸工艺的另一途径是木材的成组堆存和成组运输。木材成组运输不仅可以大大提高装卸效率,还因不混票有利于保证货物质量。

木材成组运输工具的种类很多,大体可分为刚性的、柔性的和半刚性的三类。刚性的成组工具是木材、钢管或型钢等材料制成的框架,木材装入框架后用钢丝捆紧。柔性的成组工具主要是钢丝绳扣,半刚性的成组工具主要由钢条和链条制成。

(3)原木装卸

①原木装卸工艺方案。

原木集疏运的方法有多种,由海船运到港口的木材可以经铁路、驳船、木排、汽车等运输。

起重机可以借助钢丝绳来装卸木材。用木材抓斗作业时作业线工人数可减少。

用抓斗将木材从堆场装到船舶的过程中要完成"齐头"作业,为了完成"齐头"作业,抓斗将抓取的货组放在齐头台架上。木材齐头后再用起重机吊到船舱。为了消除起重机等待齐头的时间,每台起重机可配备两台齐头台架。

现代海运木材日趋专业化,专业化的木材运输船配备有起重量达15~30t的船舶吊杆。因此,船舶吊杆—原木装载机的装卸工艺应用很广泛。原木可以成组或散件形式由木材船运输。如为散件运输,则可用船舶吊杆抓斗进行船舶装卸,原木装载机进行水平运输和码拆垛作业。用船吊抓斗代替舱内人力做关,不仅有利于保证作业安全,而且在同样条件下,能提高效率。

堆场作业可采用汽车拖挂车进行水平运输,液压曲臂起重机堆垛。装火车可用液压曲臂起重机配以原木装载机,装汽车可用液压曲臂起重机,也可用原木装载机。

②起运水中木材工艺方案。

为了将运来的木材在水中保管一段时间再运到岸上或扎成木排继续运输,可采用船舶吊杆或起重船配合自动摘钩的钢丝绳扣或抓斗进行作业。

当水中木材是用成捆的木材扎成木排运来,货场纵深又不大时,门座起重机系统还可以把岸上的木材运到水中捆扎成木排。

八、件杂货港口装卸工作组织

件杂货港口装卸工作组织由调度部门负责,调度部门的主要职责是与外部部门的协调配合和与内部部门的协作。调度部门通过与港口外部单位(如货主、船东、铁路、商检、海关、边防、海事等)的协调配合为港口生产创造良好的外部环境,保证生产的顺畅进行;与港口机械队、装卸队、库场队等部门的协作,保证港口生产安全、优质、高效、顺畅的开展。

1.港口生产调度工作特性

港口调度工作是紧密围绕港口生产作业计划而进行具体贯彻实施的一系列行为。通过运用计划、控制、协调、平衡等手段,经济合理地利用好港口的一切人力和物力资源,充分提高港口的生产综合效能,及时便利安全地完成好运输中转任务,努力实现货主、船舶、港口和社会利益的共同提高。

2.港口生产调度基本任务和原则

(1)基本任务

以货物运输为中心,编制和执行港口生产计划,加速车、船、货周转,安全、优质、高效地完成各项生产任务。

(2)工作原则

严格执行国家政策、法规及规章制度,贯彻"安全质量第一"方针,加强计划管理,组织均衡生产,确保重点,兼顾一般,按经济规律办事,发挥全港整体优势。

3.港口调度部门与管理体制

1)港口调度部门

港口的生产发展时刻与货主、交通运输部门和其他相关单位有着密切的联系,而生产调度和生产控制是港口企业现代化生产发展的客观要求,是实现港口与有关单位联系、持续均衡生产、协调各生产环节的有力保证,是组织实现生产作业计划的重要手段,也是提高企业经济效益的有效组织、技术措施。港口调度作为港口生产的指挥系统,就是为实现上述目的,对港口范围内的生产活动进行统一指挥、部署、安排、检查和督促,充分利用港口现有能力创造出最大的生产经营效益。

港口调度部门是实现港口生产调度指挥系统正常运行的最重要机构。大型的港口生产企业一般设置两级调度机构,中小型的港口企业设置一级调度机构。
调度部门内通常设置以下工作岗位:调度主任、副主任、值班主任、值班计划员、调度员、生产统计员。

2)件杂货港口调度管理体制

件杂货港口调度部门在组织体制方面各有区别,但大多形成以下结构:

(1)调度室

调度室是件杂货装卸企业生产作业的管理中心,负责泊位、机械、库场、人员配置和装卸生产组织的全面工作。我国的港口大多是昼夜三班作业,在中、夜班高层领导下班时,调度室实际是整个码头装卸生产的最高管理机构。

调度室通常设调度主任一名,负责全面工作,上常日班;值班主任数名,上三班,每班一名,负责每工班的全面调度工作。另外配置调度计划、调度统计、调度员等。调度室一般直接向港口业务副总经理负责。

(2)值班调度

值班调度受调度主任管辖,工作岗位设在调度控制室,一般不到现场。一是负责通过安装在现场各个区域的监控摄像头监控整个装卸公司的生产。二是负责对外联系和协调,包括与船代、货主的联系,与铁路部门的联系,与引航站的联系等;对港口内部作业机械、人员的及时调整与协调。三是负责船舶靠离作业的及时通知与组织。四是负责及时将各种生产动态信息录入生产系统。

(3)调度员

规模较大的港区设调度员岗位。调度员受值班主任的管辖,负责某一方面的调度协调工作,通常分为装卸调度员、机械调度员、库场调度员、铁路(载货汽车)调度员等。其中,装卸调度员负责装卸作业的具体资源调配,通常根据码头泊位的数量,确定每工班装卸调度员的人数,一名装卸调度员一般负责两到三个泊位的资源安排,所以总人数较多。

(4)单船指导员

单船指导员受值班主任的管辖,负责一条船(一个泊位)的装卸安排。一般调度员按人员、机械、库场、接卸设备等的横向线条进行调配和管理,而单船指导员按一条船的纵向线条进行管理,在一条船作业中,必须有一个以船舶为中心的有秩序和有效率的劳动组合,这个劳动组合既包括机械、设备、库场和劳动力,也包括装卸工艺和流程,这一多因素的劳动组合需要一个指挥中心,而单船指导员就是这个劳动组合的管理者和指挥者。一条船作业的人员、机械,都由单船指导员进行管理和调配。一名装卸调度员通常管理两名到三名单船指导员,装卸调度员可以在两、三个泊位(船舶)之间进行劳动力、机械等的合理调配。

调度室主任、值班主任、调度员、单船指导员之间,既相互分工又相互控制,形成一种有序的关系,共同搞好装卸企业的作业调度工作。

4.件杂货装卸企业调度会议制度

件杂货装卸企业作业调度信息的传达、资源配置的实现,是通过生产调度会议制度进行的。生产调度会议制度是根据装卸企业生产经营的特点和要求而建立的,它是做好装卸生产组织工作的重要形式。生产调度会议制度的主要任务是:通过各种会议布置落实港口的月度、旬度、昼夜生产作业计划;协调港、航、车、货等各方面的联系与配合,搞好装卸运输各

环节的衔接;组织港内多工种"联合作战",抓好重点船和重点装卸任务;及时检查、掌握、总结计划完成情况和安全质量情况,采取果断有效措施,保证装卸生产安全、优质和连续不断地进行。

生产调度会议制度通常与装卸企业调度机构的设置相适应,一般大型港口多采用集团公司生产调度会议和装卸公司生产调度会议两级会议制度,中小型港口多采用装卸公司一级生产调度会议制度。下面就装卸公司一级生产调度会议制度作一些介绍。

(1)月度生产会议

时间:每月一日。

主持人:公司经理(或业务副经理)。

参加者:公司各科室(队)和有关部门负责人,航运、铁路、货主等有关协作单位的代表。

会议内容:

①传达集团公司对本月港口工作的指示和有关措施要求,协调码头与其他协作单位的联系与合作。

②总结上月各项生产任务完成情况,下达本月任务,并提出有关措施和要求。

③检查安全质量情况,分析薄弱环节,总结经验教训,研究重点对策与措施。

④针对本月生产特点,决定采取必要的技术措施和组织措施,由公司各责任部门分别负责贯彻实施。

(2)旬度生产会议

时间:每旬第一天上午8:00。

主持人:业务副经理(或调度室主任)

参加者:同月度生产会议。

会议内容:

①传达上级对码头工作的指示和要求,检查上旬生产任务完成情况和安全质量情况,布置本旬生产任务和安全质量要求。

②听取公司各部门生产和安全质量的情况汇报,了解须经公司领导协调、解决的生产和安全质量方面存在的问题。

③针对存在问题及本旬生产任务、要求和特点,提出相应的意见和决定。

④总结生产和安全质量工作的先进经验,并组织推广。

(3)调度交接班会

时间:每日上午8:00。

主持人:调度室主任。

参加者:调度室计划员、调度员以及商务、技安、机电、机械、库场、理货等有关责任人员。

会议内容:

①通报上一昼夜码头生产任务完成情况和安全质量情况,尤其是重点船作业线的装卸工作有关情况。

②布置本昼夜生产计划任务和各项安排,提出本昼夜装卸生产有关注意事项,如重点

船、重点货、安全质量、协作平衡等。

③有关职能部门汇报上一交接班会有关决定、措施的落实情况,针对存在问题和本昼夜生产作业事项,由调度室主任作出相应决定、措施,分头贯彻落实。

④接班人员对交班情况提出咨询、意见,全面掌握有关信息,做到心中有数。

(4)昼夜生产计划预编会

时间:每日上午10:30。

主持人:调度室主任。

参加者:调度室值班主任、调度计划员以及客户服务、工艺、技安、机械、库场、理货等有关部门负责人。

会议内容:

①由调度计划员通报下昼夜生产作业预编计划以及劳动力、机械、泊位、库场初步安排情况,提出重点任务、安全质量注意事项以及车船货衔接要求。

②各有关部门对昼夜生产作业预编计划提出意见和建议。

③由调度室主任归纳总结、协调平衡,确定下昼夜生产作业计划,布置各有关部门做好准备工作。

(5)48小时计划预编会(港、航、货三方平衡会)

时间:每隔一天的下午3:00。

主持人:调度室主任。

参加者:调度值班主任,调度室计划员、货运计划员等。

会议内容:

①由调度计划员通报48小时内到港船舶的预报时间、货种、数量、收货人等情况,并提出初步安排意见和对航运、货主有关单位的协作要求。

②航运、货主等协作单位提出货物流向、接运方式、特殊装卸要求以及其他业务协作事项。

③经港、航、货三方研究、协调、平衡,确定初步工作安排,分头落实。

(6)昼夜生产计划会议

时间:每日下午3:00。

主持人:调度室主任。

参加者:调度室主任、调度室计划员、调度室调度员以及商务、装卸、技安、机械、库场、理货等部门负责人。

会议内容:

①由调度室值班通报本昼夜生产计划完成情况和安全质量情况以及生产会议有关决定的执行情况。

②由调度室计划员通报下昼夜生产作业计划安排,安全质量措施和有关注意事项。

③有关职能部门对昼夜生产作业计划的编制提出意见和建议。

④经讨论、协调、平衡,由公司业务副经理(或调度室主任)作出有关生产会决定。

(7)重点船(重点货)船前会

时间:船舶抵港开工前。

主持人:调度室主任(必要时由业务副经理主持)。
参加者:公司有关职能部门负责人,有关货主单位和运输单位代表。
会议内容:沟通港、航、货等有关单位的情况,落实货物流量流向,确定接转方式接运工具和卸载方案,预定开工时间,明确各方面的责任,分头贯彻落实。

(8)调度室交接班会
时间:调度班组交接班前一小时。
主持人:调度室主任(或者调度室计划员)
参加者:调度室计划员、交班调度班组值班主任、接班调度班组全体人员。
会议内容:交班值班主任通报当班作业完成情况,传达公司要求,强调重点作业和安全质量注意事项;计划员布置安排下班港口作业计划,并强调重点作业及注意事项;接班值班主任明确情况后,对当班生产分工,安排到具体人员。会后接班人员明确任务后各就各位现场交接班。

(9)现场船(车)前会
时间:当班船舶、火车作业前
主持人:单船指导员、火车调度员
参加人员:参加该船舶、火车作业的机械司机、装卸工人等全体人员。
会议内容:船(车)前会主要三个内容:一是安排作业线;二是强调安全质量注意事项,宣读单船安全措施;三是传达船方、货主的要求。会议时间10min。会后,作业人员各就各位,开始作业。

5.港口调度工作现场过程控制

港口现场生产是一个动态的过程,要求各级调度人员及相关部门的值班人员要及时巡回检查现场作业的各个环节和部位,做好监控,做到走到、看到、想到、管到。作为单船指导员、火车调度员要抓好安全、质量、效率、文明四个方面的过程控制,对不服从管理的机械司机、装卸工人可以行使考核权利。

(1)安全控制

单船指导员、火车调度员在船(车)前会上要根据货物情况重点强调安全注意事项,如五金货物一定要穿戴好钢头皮鞋、皮手套等劳动防护用品。作业中加强作业线各工序的检查,及时制止违章作业,各作业人员要严格按照安全操作规程作业,确保安全。

(2)质量控制

单船指导员、火车调度员要抓好装船(车)作业的装舱和装车质量,破损货物不能上船(车),应进行修整或换货后才能装,舱内作业人员要严格按照调度员、船方的要求装舱,确保装舱质量达标;卸船(车)要分清货物的工残和原残,工残是指由于港口作业人员操作不当造成的货物残损。原残是指卸船前,货物在船舱内已经发生的货物残损。原残需经过船方确认后方可卸下船。

(3)效率控制

作为调度员在保证安全质量的前提下首要的任务就是抓好组织衔接,提高装卸船(车)效率,组织船舶装卸作业的主要依据是船舶的配积载计划(或配积载图)。

最低效率目标要保证完成计划制定的目标(计划制订科学合理)。一般用舱时量评价一条船舶作业效率。舱时量是指每个舱口每小时装、卸货物的吨数,它表示货物的装卸效率,装卸的货种不同、使用的机械效率不同,舱时量也有高有低。这就要求调度员一是要组织好每条作业线的衔接,防止发生作业中止的现象;二是要及时发现作业线效率低的原因,及时调整,提高效率;三是重点组织好重点舱的作业,并要防止重点舱的转移,做到各舱进度平衡,缩短船舶在港停留时间。

（4）文明控制

在抓好以上三个方面的前提下,要抓好现场文明生产。包括禁止闲杂人员进入作业区域,作业环境要随时保持整齐、干净,工属具定置摆放整齐,工人衣着穿戴整齐,现场禁止躺、卧等。

6.调度分析工作

调度分析是整个调度工作的一个重要组成部分,是在掌握以往调度资料的基础上,加以分析研究,总结过去,预见未来,从而把握生产活动规律,更好地做好调度工作。具体地说,调度分析就是要正确评价港口装卸生产成绩,总结取得成绩的经验,找出存在的问题及其原因,提出解决问题的办法和措施,预见生产发展趋势,研究相应的对策措施。调度分析工作无论对于有效地组织指挥生产,还是加强企业经营管理,都十分重要。

调度分析通常有以下:

（1）日常分析

日常分析是指调度计划员根据装卸生产的第一手资料,对昼夜生产作业计划的完成情况进行分析。通过日常分析,可以查明计划完成的好坏及其原因,找出存在的问题,提出解决问题的办法和措施。日常分析的结果,是调度计划人员安排下昼夜生产作业计划的一个重要依据,使下昼夜的计划更符合生产实际情况。由于日常分析发现问题快,解决问题也快,而且简便易行,因此它是调度分析一项经常性的基础工作。

（2）定期分析

定期分析是指调度部门在每旬以及每月工作结束时,对该时期生产计划完成情况进行全面的综合分析。与日常分析相比较,定期分析工作量较大,较全面和仔细。它既要分析整个生产时期内总的作业计划完成情况,也要分析生产中一些重要项目、关键环节及责任部门的工作情况;既要全面分析生产中完成任务的原因、肯定成绩、总结经验,也要找出存在的主要问题及其原因,揭露矛盾,提出改进建议与措施;既要对生产计划完成情况作出全面评价,也要预测以后生产发展趋势,提出相应的对策。定期分析需要作出简明扼要的分析报告,并要求定性分析和定量分析结合,做到有情况、有数字、有原因、有对策、有措施,作为公司领导指挥全港区生产的重要参考依据。通常,定期分析报告经公司领导审阅同意后,在公司月度生产会议上进行通报。

（3）专题分析

专题分析是指调度部门根据需要不定期地对生产中的重大问题或关键问题进行。

7.件杂货港口装卸队

（1）装卸队组成

件杂货港口装卸队由队部、装卸班组组成。队部设队长1人,副队长2~3人,还可设有统计员、安全员等岗位。装卸班组根据港口规模设10~15个班组。

队长全面负责队伍的管理,吃苦耐劳,率先垂范,讲究职业道德,遵守职业纪律,全面抓好班组管理,创建文明候工室,保证"全面质量管理"班组建设达标。组织全队认真落实港口安全质量工作的规章制度,严格执行安全操作规程。服从生产调度指挥,抓好全队生产组织协调,安全、优质、高效地完成生产计划。

(2)装卸班组组成

一个装卸班组以多少个装卸工组成较为合适,不是一个随意决定的问题。其主要约束条件在于组成一条作业线所需的人数。

装卸作业的群体性决定了装卸作业不是单人单独操作,而是多人相互配合、协同操作的。若干工人在一个作业线中配合工作是否融洽,直接关系到作业线的装卸效率。而配合的质量取决于两个方面:一是相互配合的工人是否经常在一起作业,相互配合是否熟练、默契;二是相互配合的工人之间的相互关系是否融洽。

一条作业线所需人数根据货种、操作过程的不同而不同。在装卸船作业中,船→场的操作过程一条作业线的装卸操作工序根据操作环节分为舱内工序、指挥手工序、岸边工序、库场(垛上)工序。大部分货物一条作业线 8~10 名工人即可。每一道工序有一名工序小组长负责。

港口一个装卸班组一般有 15~20 人组成。装卸货种多、操作量大的港口,成立专业货种装卸班组,如五金类班组、包装类班组、大件设备班组、火车作业班组等。

8.件杂货港口机械队

件杂货港口机械队的数量根据港口规模、机械设备种类以及台数等因素决定。规模小的港口,机械设备种类、数量较少,可以将各种装卸机械混合编为一个机械队。规模大的港口,机械设备种类、数量较多,可以按机械种类分别成立叉车队、吊车队、门机队、拖车队等。

机械队中应有相应机械设备的维修班组,完成本队机械设备的抢修和日常维修工作。

机械队司机班组配备数量最好与装卸队的配备一致,使某一装卸队与司机班组总是同时当班。这样人员之间相互比较熟悉,便于彼此间的配合协作。

9.件杂货港口装卸工作交接班制度

(1)港口轮班班制

港口装卸工作实施轮班制度。各港口根据港口规模的大小工作轮班制度实行单班制或多班制。大部分港口在人员充足的情况下,实施四班三运转和四班两运转的班制。

四班三运转班制即每天分三班组织生产,工人分为四个组,三个组按早、中、夜班工作,另一组轮休。两种班制在港口都有施行,施行哪种班制港口根据实际情况安排。

(2)现场交接班制度

港口实施轮班制度装卸工作必然要交接班,当班和下班调度人员与调度人员、机械司机与机械司机、装卸工人与装卸工人工作上要相互交接,分清责任,保证装卸工作不断不乱,有序进行。因此,港口各单位建立交接班制度非常必要。

各单位在参加公司下午 3:00 昼夜生产计划会后,按照计划安排布置的任务,做好本单位下昼夜机械、人员出勤和生产安排。各单位在现场交接班前都要召开配工会,一是分配任务;二是强调安全注意事项。会后各单位作业人员各就各位,现场交接班。

项目二　件杂货码头装卸工作组织

港口各单位的交接班要交清接明,原则上交班前由交班人员负责,交班后由接班人员负责。交接班制度一是交班人员要实事求是将重点注意事项交代清楚、明白;二是接班人员要认真检查上班作业人员的作业和设备情况,发现问题,及时提出整改,分清责任;三是交接班要迅速,交接班结束后要立即投入作业中,增加作业时间,减少非作业时间。

单船指导员交接班内容:
①船舶完成情况,各舱剩余情况;
②重点舱作业情况;
③安全质量注意事项;
④船方、货主的要求;
⑤公司强调的重点;
⑥单船交接班记录本。

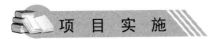项目实施

任务一　件杂货船舶现场作业组织

件杂货船舶现场作业组织由已在港船舶和预计到港船舶作业组织组成。下面以接班调度班组的工作组织分别举例如下,调度班制时间白班:06:00～18:00,夜班18:00～06:00。

例1:已在港船舶的作业组织。青岛港16号泊位靠泊一艘装2100t纯碱的外贸船舶。船名:圣地亚哥。到港时间:当日13:00。靠泊时间15:00。开始作业时间16:30。船长80m,共2个舱作业。货物包装:小袋,件重50kg/袋。1舱计划装载950t,2舱计划装载1150t。货物使用网络成组堆放在仓库内,距离岸边约300m。舱时量约为50t/h,预计至18:00全船完成150t,剩余1950t。其中,1舱剩余:880t,2舱剩余:1070t。

例2:预计到港船舶的作业组织。青岛港17号泊位计划靠泊一艘卸14300t纸浆的外贸船舶。船名:太平洋温哥华。预计到港时间:当班20:00。靠泊时间22:00。开始作业时间23:30。船长183m,共4个舱作业。1舱3100t,2舱3600t,3舱3700t,4舱3900t。货物包装:捆。件重:2t/件,货物计划堆放在外场地,距离岸边约350m。计划舱时量150t/h。

1.调度室交接班会

时间:17:00,地点:调度室会议室。会议按照本节调度室交接班会的要求开展。接班值班主任明确本班的生产任务后,将"圣地亚哥"轮装纯碱作业的组织工作安排给调度员甲,将"太平洋温哥华"轮卸纸浆作业的现场组织工作安排给调度员乙,调度员甲、乙分别接受任务。

2.任务实施

主要针对以上船舶按作业前、作业中、作业后三个阶段,描述船舶作业组织从接班到交班调度员、值班主调、机械司机、装卸工人等岗位的工作。

1)现场作业前准备

(1)调度员甲。明确任务,了解"圣地亚哥"轮地点和作业情况;查看船舶作业昼夜计划表(表2-10),确认该船的机械、人力安排情况;了解该船的重点注意事项;17:45到达船边

接班。

（2）调度员乙。明确任务，了解船舶抵港、靠泊时间、积载、货物件重、堆码地点等情况；确认该船的装卸工艺，查看船舶作业昼夜计划表（表2-10），确认该船的机械、人力安排；了解该船的重点注意事项。

2）现场作业组织

在港船"圣地亚哥"轮作业的组织：

（1）值班调度员。值班调度员联系各机械队值班队长，确认两船的机械车号，并通知调度员甲。

（2）现场交接班。各岗位按照本节现场交接班制度交接。

（3）船前会。18:00现场交接班完毕，调度员甲组织船前会。

①清点人数，查看机械、人力出勤与昼夜计划是否相符。

②安排作业线，安排"装卸1班1舱作业，装卸2班2舱作业；门机1号1舱作业，2号2舱作业；叉车101号1舱作业、102号2舱作业；拖车5台循环拖带"。

③强调安全质量注意事项，具体内容按照本节袋装货物装卸工艺操作要点。

④船方、货主、公司的要求。

（4）作业过程控制。

①船前会后，各作业人员各就各位，18:15第一钩货物开始。

②各工序作业人员严格按照本节袋装货物的装卸工艺与操作规程开展作业。

③过程控制。按照本节单船指导员如何做好船舶作业的过程控制工作的要求抓好该船的过程控制工作。

预计到港船"太平洋温哥华"轮的作业组织：

（1）船舶靠泊作业。

①20:00，值班调度接到集团控制中心值班人员的通知，"太平洋温哥华"轮将于21:00抵港，准备安排直靠作业，要求做好准备。

②值班调度员通知码头管理人员对17号泊位进行清泊。

③20:30，调度员乙和系解缆人员提前到达17号泊位，并通知门机队将该泊位的门机移到安全位置。

④21:10，调度员乙接到通知，"太平洋温哥华"轮已经在引航员的领航下进港。

⑤系解缆人员将靠泊灯其中的红灯安放在船首准备靠泊的系缆桩上，绿灯放在船中的系缆桩上。

⑥21:40，调度员乙、拖轮在引航员的指挥和协调下，"太平洋温哥华"轮安全的靠泊在17号泊位上。调度员乙将准确的靠泊时间、前后缆绳的系缆桩号通知值班调度员，值班调度员将信息录入生产系统。

（2）作业开始组织

①22:00，参加该轮作业的机械、人员在值班调度员的安排下提前到达船边，调度员乙利用船舶联检时间提前召开船前会，船方同时开舱。组织方法同"圣地亚哥"轮的组织。

②22:30，值班调度员接到船舶代理员的通知，联检结束，可以登轮作业，调度员乙接到通知后及时登轮，查看货物情况，联系大副索要积载图，作业正式开始。

表 2-10 船舶作业昼夜计划表（单位：t）

船名	泊位	装卸	货名	全船装卸总吨			在港时间			预计完工时间	预计离港时间	船长	船舶代理	18:00~06:00				06:00~18:00			
				总吨数	剩余吨数	计划吨数	到港时间	靠泊时间	开工时间					机械	工人	线数	舱时量	计划吨数	机械	工人	线数	舱时量	计划吨数
圣地亚哥	16	+	纯碱	2100	1950	1950	13:00	15:00	16:30	次日14:30	16:00	80	裕洋船代	叉车2 拖车5 门机2	18	2	50	1100	叉车2 拖车5 门机2	18	2	50	850
太平洋温哥华	17	−	纸浆	14300	14300	9600	20:00	22:00	23:30			183	青岛外代	门机4 拖车10 吊车5 叉车1	48	4	150	3600	门机5 拖车10 吊车5 叉车1	48	4	150	6000
福运228	18	+	钢材	3250	3250	3250	10:00	11:00	13:00	次日16:00	16:30	85	待定	吊车1 拖车3 门机1	10	1	130	650	吊车2 拖车6 门机2	20	2	130	2600
新海升3	19	−	卷钢	966	966	966	04:00	05:00	06:00			53	待定						门机1 叉1	6	1	200	966

(3) 作业过程控制。同"圣地亚哥"轮。

3) 当班作业结束。

①次日 06:00,当班结束,两条船舶的理货人员上报当班作业吨数,调度员甲、乙做好记录,并上报值班调度员。

②调度员甲、乙完整填写装卸作业票(手工或者系统填写),装卸作业票是码头生产现场记录的原始资料之一,也是计算计件工资和评比奖励的原始记录和依据,同时还是统计码头生产指标的重要依据,见表2-11。

③做好交接班工作。

装卸作业票　　　　　　　　　　　　　　表2-11

某港装卸作业票

年　月　日　点　至　年　月　日　点　　　调度班组:

泊位	船名	货种	+/-	操作过程	操作方法	装卸队、班组及作业人数	机械车号	司机工号	作业时间	作业吨数	备注

单船指导员签字:　　　　　　　　值班主任签字:

任务二　船舶装卸过程中常见问题的处理

1.作业中止的处理

(1) 机械故障导致作业中止

调度员要密切注意岸边起落舱机械作业情况,一旦发现中止作业的情况,应立即查明原因,如机械故障的原因,应及时通知值班调度员,由值班调度员联系有关人员到场及时维修。如果故障较大,短时间内无法修好,应及时更换机械,尽快恢复作业,并做好记录。

(2) 天气原因导致作业中止

遇到大风、雨、雪、雾等恶劣天气,要提前做好准备。如怕湿货物,要在船边、拖车、堆场提前备好防雨布,一旦下雨,立即盖好货物,防止货损。天气好转,应立即组织作业,并做好记录。

(3)船方原因导致的作业中止

由于船机故障、舱盖打不开等原因导致作业中止,调度员应及时通知值班调度员,并签写杂项作业委托单机械、作业人员待时记录,船方签字认可,见表2-12。

杂项作业委托单　　　　　　　　　　　　　　　　　表2-12

青岛港外轮杂项作业委托单　　　　　　　　N:0000001

APPLICATION FOR MISCELLANEOUS WORK ON FOREIGN SHIP IN TSINGTAO

船　名：_____　　日期：____年____月____日
Ship's name_____　　Date_____

作业项目 Description of Work	人　数 Number of Workers	时　间 Time	计费吨数 Tons chargeable
因船方原因造成非生产停泊 Non-productive berthage by reason of the ship			
	船方签字： Master's Signature		

作业指导员

Foreman

(4)货方原因导致作业中止

在作业中,部分货物还没到港,由于等货导致作业中止。这种情况时有发生。在等货时,应将该船的机械、人力安排到其他作业中,防止待时的发生。如果时间较长,后续船舶已到达,可以将在等货的船舶移到其他泊位或者锚地,空出泊位靠泊后续船舶,货物集齐后,再移回作业。

2.效率问题的处理

(1)装船作业中配载的调整

货物装船时,大票货物集中在一个舱,导致作业线的减少,影响整条船的效率,作为调度员及时协调大副更改配载计划,将大票货物调整为2个舱积载,可以多开作业线。

(2)机械、人力的调整

作业时,既要防止机械、人力过剩,又要防止机械、人力紧张的状况。随着作业的进展,会出现机械、人力过剩的问题。在这种情况下,调度员应及时通知值班调度员,将过剩的机械、人力安排到其他作业中。随着作业的进展,重点舱可能会转移,这种情况下,机械、人力应作出相应的调整。

(3)防止形成重点舱

船舶作业应做到均衡装卸,力争保证各舱进度一致,要求调度员随时掌握各舱的进度,做好控制,防止形成重点舱。

3.常见货物残损问题及处理

(1)卷钢的卷边

卷钢在作业中,由于使用吊索起吊时,采取保护措施不到位,会造成卷钢卷边的货损。如果是原残,调度员应联系船方确认后方可卸下;港口装卸时,用合理使用卷钢装卸工艺和工属具,防止发生卷边。

(2)货物的水湿

船方在运输时,由于受温差的影响,舱内会发生货物"汗湿"的现象。在海洋中会受到风浪的影响造成舱内进水,发生货物水湿。因此,调度员、作业人员在作业前应查看各舱的货物情况,并密切注意作业过程中的货物情况,发现水湿现象及时通知船方确认,确认后方可卸下。例:某外轮卸硫磺水湿情况,见图2-104。

(3)钢材的生锈

在出口钢材作业中,许多钢材的运输质量要求较高,不允许发生生锈的现象。但是货物的运输过程是一个复杂的过程,它可能受到天气、保管环境等的影响,钢材特容易生锈。因此,在运输保管过程中虽然采取了很多措施,但是也很难避免钢材的生锈。那么,港口在卸船时,应取得船方的确认再卸下,以分清责任;装船时,船方往往会提出在装货单上添加批注,此时调度员应及时通知有关人员,协调货主降低损失。

图2-104 某外轮卸硫黄水湿情况

当然,改进装卸工艺,采取各种必要措施以达到减少货损的目的是运输系统的各个方面共同追求的目标。

复习思考题

1. 件杂货港口都有哪些装卸机械?它们的作用分别是什么?
2. 门座起重机都有哪些特点?
3. 件杂货港内都有哪六种操作过程?试画出每种操作过程的流程图。
4. 作业工序的概念是什么?件杂货作业可划分为哪些作业工序?
5. 什么是"提头"作业?
6. 件杂货舱内作业人力配备有哪两种情况?
7. 件杂货港口常用的工属具有哪些?它们的作用是什么?
8. 袋装货物有哪些装卸工属具?
9. 小包袋装货物单网络成组标准关型有哪些?
10. 袋装货物装卸船作业机械、工属具、各工序作业人员如何配备?
11. 试述袋袋类货物装卸操作要点。
12. 箱装类货物装卸有哪些工属具?
13. 试述箱装类货物装卸工艺与操作。
14. 桶装类货物装卸有哪些工属具?
15. 试述桶装类货物装卸操作要点。
16. 捆扎类长形钢材常用工属具、专用工属具有哪些?
17. 捆扎类卷形钢材常用工属具、专用工属具有哪些?
18. 捆扎类板形钢材常用工属具、专用工属具有哪些?
19. 捆扎类有色金属常用工属具、专用工属具有哪些?

20. 捆扎类轻工产品及农产品常用工属具、专用工属具有哪些?
21. 试述捆扎类货物装卸工艺与操作。
22. 起吊设备重大件货物的吊索应按照什么方法选取?
23. 试述设备重大件货物装卸操作要点。
24. 木材装卸工属具有哪些?
25. 现场工作中,单船指导员在作业过程控制中应抓好哪几个方面?
26. 单船指导员现场交接班内容?
27. 简述船舶装卸过程中常见问题及处理。

项目三　集装箱码头装卸工作组织

1. 集装箱码头装卸机械及装卸工艺。
2. 集装箱装卸工艺操作规程。
3. 集装箱的系固。
4. 集装箱货物装箱作业。
5. 集装箱码头装卸船控制工作。

1. 了解集装箱码头不同装卸工艺及优缺点。
2. 掌握集装箱装卸工艺操作规程。
3. 掌握码头装卸船控制工作的内容。

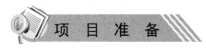

1. 场地、工具准备：集装箱模型、码头模拟沙盘、机械、工属具等模型、计划表、会议记录、联系电话、计划安排等。
2. 人员安排：学生按集装箱码头操作部模式分组，安排船舶计划员1~2人，中控主任1人，每班设中控员8~10人、单船指挥员8~10、堆场计划员2-4人，机械司机若干、装卸工人若干。

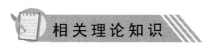

一、集装箱码头装卸机械与工艺

集装箱装卸机械指集装箱运输过程中，用于在码头、铁路办理站、公路中转站进行集装箱装卸的设备。集装箱装卸机械一般分为三类，即车船装卸机械、水平运输机械和堆场机械。

1.集装箱的吊具和索具

所谓集装箱吊具，是指集装箱装卸机械和集装箱之间相衔接的工索具。按集装箱的吊运方式，集装箱吊具可分为四吊点吊具和单吊点吊具两大类。四吊点吊具的特点是将集装箱用四根绳索吊起；单吊点吊具的特点是将吊具的着力点集中在吊钩一点上。

1) 集装箱吊具结构和工作原理

（1）集装箱吊具结构

集装箱吊具结构一般由机架、旋锁、导向板、前后倾斜部分、机架伸缩(伸缩式)部分等组成。

(2)集装箱吊具基本工作原理

集装箱吊具基本工作原理如下:

①吊具四角设有旋锁和导向装置,使吊具能对准集装箱的角件。

②吊具对准集装箱的角件后,通过液压系统驱动旋锁与集装箱的角件结合集装箱和吊具能相互锁住。

③旋锁闭合后,吊具起吊,进行集装箱的装卸。

④集装箱吊到目的地后,旋锁打开,吊具脱离集装箱的角件。

2)集装箱吊具分类

集装箱吊具可以分成以下几种:

(1)固定式吊具

即只能吊运固定尺寸集装箱的吊具,分为20ft❶吊具和40ft吊具两种。这类吊具只能吊运一种尺寸的集装箱,如需变换集装箱的尺寸,则要调换吊具。因为这样的操作很不方便,所以现在很少使用。

(2)组合式吊具

组合式吊具又可分为吊梁式和主从式两种。

①吊梁式。即通过一个吊梁,再与20ft或40ft的吊具连接,变换集装箱尺寸时,吊梁变换不同的吊具。这样操作,比使用固定式吊具更换时间稍快,但吊具自重较大。

②主从式。即以20ft固定吊具为基本吊具,需起吊40ft集装箱时,再连接所提供40ft吊具。这样操作,更换时间更短,但自重仍然较大。

(3)伸缩式吊具

即吊架由液压系统操纵,能方便伸缩,适应不同箱型尺寸的吊具。这类吊具灵活快速,现被广泛采用。这类吊具的自重在8~10t,见图3-1。

(4)旋转式吊具

这是一种为旋转类起重机而设计的集装箱吊具。旋转类起重机起吊集装箱后到落地时,集装箱的相对角度会发生变化。这种吊具可随同起重机一起旋转,但方向相反,便于集装箱落地时,可以保持需要的角度。这类吊具只用于特殊的情况。

图3-1 伸缩式吊具

(5)顶吊和底吊两用吊具

这是既可以从集装箱的顶角件起吊集装箱,也可以从底角件起吊集装箱的吊具。在顶吊时,这类吊具同一般的吊具一样使用;在底吊时,用特殊的抓臂,将集装箱从底部角件吊起。这类吊具使用相当灵活,通常用于集装箱的堆场。

3)集装箱吊具的对位和减摇

(1)集装箱吊具的对位

集装箱吊具的对位,是指通过导向板帮助集装箱吊具与集装箱相连接,其偏差范围为

---

❶ 1ft = 0.3048m

±200mm。如果集装箱存在倾斜(无论纵倾或横倾),吊具的对位机构都有倾斜装置来适应这种误差。集装箱正面吊吊具的对位机构,还应具有平面旋转的功能。

(2)集装箱吊具的减摇

在集装箱装卸时,当桥吊或龙门吊小车行车速度达到130m/min以上或司机的操作水平不高时,集装箱摇摆的幅度可达2m以上,时间可长达半分钟。这会导致集装箱无法对准船舶的BAY位,或无法对准码头接卸的集装箱卡车。这时需要集装箱吊具装备的减摇装置进行支持。集装箱吊具的减摇装置,可以在10s内,将集装箱的摇摆幅度控制在±10cm以内,便于加快操作速度。

一般减摇的装置有4种:起升钢丝绳交叉减摇系统;钢丝绳交叉减摇系统;翘板梁减摇系统;分离小车减摇系统。

4)集装箱吊运索具和货叉

在简易集装箱操作场所,没有专用集装箱吊具的情况下,可采用吊钩、钢丝绳、卸扣等装卸集装箱,也可用带手动旋锁装置的简易吊架装卸集装箱。但在这样操作时,要注意索具的承载能力,必须保持一定的安全系数。

对集装箱的空箱,可用叉车进行垂直装卸,或水平短途运输。叉车的货叉插入集装箱叉槽应达2/3以上,并在集装箱的中间,以防止倾覆。

2.集装箱岸壁起重机

集装箱在码头上的装卸作业方式,可分为吊装式和滚装式两种。吊装式是采用集装箱桥吊等,进行集装箱的船舶装卸;滚装式是用集装箱底盘车直接开上集装箱滚装船,或从船上开下。滚装式通常与集装箱底盘车工艺相联系。由于现在世界上采用底盘车工艺的集装箱码头很少,所以集装箱码头最常用的装卸方式是吊装式,包括顶部起吊和底部举起。

在吊装式情况下,码头对船舶的作业机械常使用集装箱装卸桥、门机、船吊等。其中,最常用的是集装箱装卸桥,又称集装箱岸壁起重机、桥吊、岸桥。

1)集装箱装卸桥外形与结构

(1)集装箱装卸桥外形

集装箱装卸桥的外形划分为A形和H形两种。早期的集装箱装卸桥,外形大多用"A"形框架,这种结构质量较轻、美观。现在的集装箱装卸桥大多采用"H"形或混合形框架,这种结构的优势是高度低、制造安装容易。

(2)集装箱装卸桥主要结构

集装箱装卸桥(图3-2)主要结构组成,包括金属结构部分、起升机构部分、小车行走部分、大车行走部分、俯仰结构部分和机房、司机室。

图3-2 集装箱装卸桥

①金属结构部分。它包括集装箱装卸桥的门架、臂架、拉杆等。其中,臂架部分包括海侧臂架、陆侧臂架、中间臂架三部分。

②起升机构部分。集装箱装卸桥的起升机构部分通常采用简单卷绕系统。

③小车行走部分。集装箱装卸桥的小车行走部分通常采用全绳索牵引。

④司机室。集装箱装卸桥的司机室采用独立移动的形式。

2)集装箱装卸桥主要技术参数

集装箱装卸桥的主要技术参数应与其工作要求相适应。根据 ISO TC-104 关于集装箱箱型的国际标准和联合国贸发会议关于集装箱船型的划分,集装箱装卸桥应确定的主要性能参数包括起重量、起升高度、外伸距、内伸距、轨距(跨距)、净空高度、基距,工作速度(大车行走、小车行走、起升)等。

(1)起重量

①集装箱装卸桥的起重量应满足以下要求:

$$Q = Q_c + W$$

式中:Q_c——额定起重量,对 20′集装箱,应为 24t,对 40′集装箱,应为 30.5t;

W——吊具自重,8~10t。

这样,集装箱装卸桥的起重量应为 Q,一般为 40.5t。

②双吊式情况下的起重量。

$$Q = 2 \times 24 + 10 = 58(t)$$

双吊式主要考虑吊舱盖板、非标集装箱和吊重大件。

(2)集装箱装卸桥的尺寸参数

船舶的尺寸参数。

选择装卸的代表船型为 3 万 t 级(2000TEU),相关参数如下。

①型宽:$B = 32.2$m;

②型深:$D = 19.5$m;

③满载吃水:$d_1 = 11$m,空载吃水:$d_2 = 5.5$m;

④横倾稳心高度:$M = 13$m;

⑤舱盖高度:$t = 0.9$m;

⑥舱口围板高度:$e = 0.8$m;

⑦甲板上堆 4 层,箱高取 2.591m,甲板堆箱总宽 31.64m,允许外倾 3°。

桥吊尺寸参数:

根据以上船舶数据,确定桥吊的主要性能参数如下。

①起升高度 H,包括水面以上起升高度(H'_1)和水面以下高度(H'_2)以及轨顶面以上起升高度(H_1)和轨顶面以下起升高度(H_2)。

水面以上起升高度,$H'_1 = D + e + t + H_3 + C + H_c - d_2$

H_3:三层集装箱高度,$3 \times 2.591 = 7.78$(m)

C:装卸作业安全间隔,$C = 0.5$(m)

H'_c:集装箱高度,$H_c = 2.591$(m)

$H'_1 = 19.5 + 0.8 + 0.9 + 7.78 + 0.5 + 2.591 - 5.5 = 26.58$(m)

船横倾 3°时,高度增加:$H = 1/2 F \tan 3° = 1/2 \times 31.64 \times \mathrm{tg}3° = 0.8$(m)

F:甲板堆集装箱总高度

水面以下起升高度,$H'_2 = d_1 - b - H_c + a$

b:舱底板高度 $b = 2$(m)

H_c 箱高,此处考虑 $H_c = 2.438$(m)

A:余量 $a=1.5(m)$

$H'_2=11-2-2.438+1.5=8.06(m)$

考虑水位差 2m:$H=H'_1+H'_2+2=27.38+8.06+2=37.44(m)$

轨面以上起升高度 $H_1=H'_1-2=27.38-2=25.38(m)$ (2m 水位差)

轨面以下起升高度 $H_2=H-H_1=37-25=12(m)$

所以,一般桥吊轨面以上 25m,轨面以下 12m,总共 37m。

大型集装箱码头集装箱装卸桥总起升高度达到 65m,轨面以上起升高度 40m,轨面以下起升高度 25m。

②外伸距 L,指外侧轨道中心线到船舶外舷侧最外面一列集装箱中心线之间的距离。

$$L_1=A+1/2B+1/2F-1/2bc$$

A:靠泊宽度,取 1m

B:型宽,取 32m

F:31.64m

bc:集装箱宽度 $bc=2.438(m)$ $L_1=1+1/2\times32+1/2\times31.64-1/2\times2.438=31.6(m)$

外倾 3°时,向外斜出长度:$L_2=(D+h_4+e+t-M)\tan3°$

H_4:四层箱高,$H_4=2.591\times4=10.36(m)$

M:横倾稳心高度,$M=13(m)$ $L_2=(19.5+10.36+0.8+0.9-13)\tan3°=0.95(m)$

桥吊海侧轨道中心线至前沿岸壁线距离与岸壁结构与供电方式有关:2.0m,2.5m,一般取 2.5m。

$$L=L_1+L_2+2.5=31.6+0.95+2.5=35.05(m)$$

③内伸距。一般取 11m,主要考虑三个因素:临时放置集装箱的需要、放置舱盖板的需要、安排供电设备的需要。

④轨距。指集装箱装卸桥两条行走轨道之间距离。其考虑因素主要为:足够的稳定性、考虑由于轨距变化引起的轮压变化的要求和所采用装卸工艺的要求,一般取 16m。大型集装箱码头集装箱装卸桥轨距达到 35m。

⑤横梁净空高度。指集装箱装卸桥横梁的最低点到轨面的距离。一般考虑跨运车堆码三层,加上安全距离,取 10m。

⑥基距。指同侧轨道两主支承柱中心线之间的距离。一般考虑 40ft 箱能通过和舱盖板能通过,取 14~16m。

(3)工作速度

①吊具起升速度。集装箱装卸桥吊具的起升速度,空载速度为满载速度 1 倍以上。一般桥吊满载速度为 25~35m/min,空载速度为 50~70m/min;高速型桥吊满载速度为 50~55m/min,空载速度为 120~130m/min。一般桥吊起升控制系统只有恒功率特性,可以达到轻载高速效果。

②小车行驶速度。一般小车行驶速度在 120m/min 左右。如小车行驶速度要大于 130m/min,则应安装减摇装置。

③大车行驶速度。大车属于调整性机构,用于集装箱装卸桥转移工位,速度不必太快,一般为 25~45m/min。

④臂架俯仰时间。臂架俯仰属于非工作性操作,速度不必太快。一般一个工作循环时间 8~10min。

⑤轮压。一般桥吊自重约 600t,轮压最大达 48~50t。如采用合理结构、优质高强度钢材,集装箱装卸桥的自重可下降 1/3。

⑥生产率(箱/h)。指在规定的工作条件下,连续进行船舶装卸作业,单位时间内所能装卸的集装箱数量,分为理论生产率和实际生产率。理论生产率指平均工作条件,典型装卸工艺,正常工作速度,计算所得每小时装卸箱数。实际生产率指具体工作条件,起重机连续船舶作业 1h 实际装卸箱数。

$$Q = \frac{3600}{t} \quad (箱/h)$$

式中:t——装卸工作循环时间,s。

$t = t_Q + t_x + t_s + t_d + t_j + t_k$。

其中,t_Q:起升时间;t_x:小车行车时间;t_s:下降时间;t_d:吊具对位时间;t_j:旋锁锁紧时间;t_k:脱开时间。

3)桥吊装卸集装箱船舶作业过程

(1)卸船步骤

①根据指令,桥吊运行至船将靠泊的位置。

②船靠泊码头后,桥吊调整具体位置,放下前大梁。

③桥吊小车移至待卸的箱子上方,放下吊具。

④锁定集装箱,吊具起升。

⑤桥吊小车向陆侧移动,将集装箱放至集卡上。

⑥松开扭锁,吊具与集装箱分离。

⑦起升吊具进入下一个动作。

(2)桥吊装船步骤

①桥吊运行至指定位置,放下前大梁。

②对准舱位。

③小车移至集卡上方,放下吊具。

④锁住集装箱起升。

⑤小车向海侧移动。将集装箱放入指定位置。

⑥松开扭锁,吊具与集装箱分离。

⑦起升吊具,小车移向陆侧,进入下一个动作。

3.常用码头集装箱装卸工艺

所谓码头集装箱装卸工艺,是指集装箱港口企业在生产过程中实现集装箱位移的方法或程序。各种集装箱装卸机械、作业方式的组合体,构成了集装箱装卸工艺方案。

1)底盘车装卸工艺方案

底盘车装卸工艺方案最初用于美国海陆公司,所以又称为海陆方案。底盘车工艺方案是一种集装箱不落地的作业方式。

(1)工艺过程

船桥吊→底盘车→堆场。即在岸边用集装箱装卸桥(或滚装方式)将集装箱卸到底盘车上。底盘车开到场地排放,不卸车。出栈时,底盘车可直接将集装箱送到客户门上。

(2)优点

底盘车装卸工艺的优点如下:

①作业环节少,搬运方便,集装箱破损率小。

②机动性好,适于"门"到"门"。

③集装箱底盘车轮压小,对场地承载能力要求低,可以降低集装箱码头堆场的原始投资。

④场地上不需要配置复杂昂贵的装卸设备。

⑤技术管理水平要求低。

(3)缺点

底盘车装卸工艺的缺点如下:

①要求场地面积大,场地的利用率很低。

②需要配备大量底盘车,初始投资量大。

③当装卸量大时,如底盘车数量不足,容易造成作业间断。

④底盘车在堆场内外都使用,容易损坏。

底盘车装卸工艺适用于集装箱通过量小、场地大和整箱比例大、拼箱少的码头。现在世界上用这一装卸工艺的码头非常少。

2)跨运车装卸工艺方案

跨运车装卸工艺方案最早为美国马特松公司采用,所以又称"马特松方式"这种工艺方案在世界集装箱码头中所占比例较大。

(1)工艺流程

船→桥吊→码头前沿(落地)→跨运车→堆场。即在岸边用集装箱装卸桥卸箱,放在码头前沿,然后跨运车将集装箱运至码头堆场,直接堆装。这种工艺的优点是:一机多用,便于管理;跨运车机动性强,既搬运又堆垛,可以减少作业环节;可直接堆高2~3层,场地利用率远高于底盘车工艺。这种工艺的缺点是:机械结构复杂,易漏油;初始投资高(一般需6台跨运车,1台桥吊,4台运输、堆码,1台进出场车辆装卸,1台维修备用);跨运车轮压大、集装箱码头场地建造费用高;对司机操作水平的要求高,对位不准易损坏箱子;对维修人员的要求高。

跨运车方案可将工艺流程改变为:船→桥吊→集卡→跨运车→堆场。即在远离码头前沿的堆场,中间一段使用集卡进行水平运输,然后再用跨运车进行堆场操作。而近码头前沿的堆场(100m以内),则仍采用跨运车工艺方案。

(2)主要技术参数

①起重量。

$$Q = Q_c + W$$

式中:Q_c——额定起重量;

W——吊具重量。

②堆码层数(起升高度):一般过二箱,堆三箱,高度为8~11m。

3)轮胎式集装箱龙门起重机工艺方案

轮胎式集装箱龙门起重机工艺方案,场地的利用效率比较高,在我国使用相当普遍。我国的大型集装箱码头,基本都使用轮胎式集装箱龙门起重机工艺方案。

(1) 工艺流程

船→桥吊→集卡→轮胎吊→堆场。即码头前沿用集装箱装卸桥卸箱,放在集卡上,集卡进行水平运输,将集装箱运至码头堆场,然后通过轮胎式集装箱龙门起重机堆码在堆场。

图3-3 轮胎式龙门起重机

(2) 轮胎式集装箱龙门起重机主体结构

轮胎式集装箱龙门起重机(图3-3)主体结构包括大梁、腿柱、底梁。起重机的左右两片门框分别安装在底梁上,轮胎式集装箱龙门起重机的各部件采用法兰螺栓连接。主要机械机构有小车行走机构、大车行走机构、起升机构等。轮胎式集装箱龙门起重机的大车行走可做90°度直角转向,转向的方式可分为就地轮胎转向和液压支腿转向。轮胎式集装箱龙门起重机的大车行走采用定向装置,保证其直线行走。

(3) 轮胎式集装箱龙门起重机主要技术参数

①起重量。

起重量计算:

$$Q = Q_c + W$$

式中:Q_c——额定起重量;

W——吊具重量。

集装箱专用码头轮胎式集装箱龙门起重机的起重量一般取$Q=40.5t$。

②跨距。

指两侧行走轮中心线之间的距离。轮胎式集装箱龙门起重机跨距大小取决于起重机下面所需跨越的集装箱列数和集卡的通道宽度。一般有两种布置:分别为6列箱1条道布置和3列箱1条道布置。多数码头采用6列箱1条道布置。6列箱1条道布置方式又有以下两种:一是集卡居中(图3-4),两边各排列3列集装箱。二是集卡居边(图3-5),单侧6列集装箱。

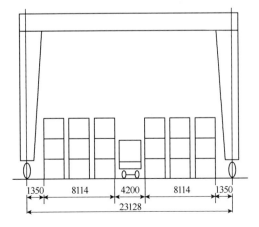

图3-4 通道居中位置(尺寸单位:mm)

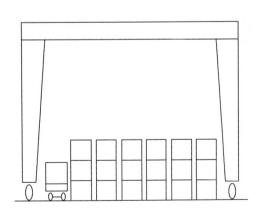

图3-5 通道居边位置

一般认为前者较好,小车行车距离合理、操作视野好,找箱容易,装卸效率高。根据集卡居中布置,跨距为:1350+8114+4200+8114+1350=23128(mm)

取整数为:23500mm。

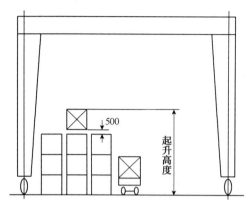

图3-6 起升高度计算示意图(尺寸单位:mm)

③起升高度。

指吊具底部至地面的垂直距离,取决于起重机下所堆放的集装箱层数和高度(图3-6)。堆4过5,箱高2 591mm(8′6″),安全间隙为500mm,则起升高度为:4×2 591+500=10 864(mm)。

在特殊情况(9′6″)下,起升高度为:4×2 896+600=12 184(mm)。

轮胎式集装箱龙门起重机起升高度常取12m。

④基距。

指轮胎式集装箱龙门起重机两片门框主柱中心线之间的距离。基距通常为6 400mm。

(4)轮胎式集装箱龙门起重机对码头场地的要求

①对轮胎式集装箱龙门起重机通道路面铺装的要求,轮胎吊轮压大,30.5t额定起重量的轮胎式集装箱龙门起重机,4个轮胎最大轮压达46~48t,8个轮胎最大轮压23~24t,所以对行走通道路面加固铺装要求很高。行走通道通常采用混凝土或沥青路面,考虑雨后排水需要,堆场要有一定坡度,但为防止相邻两台轮胎吊的上部结构发生碰撞,坡度应控制在1/50~1/100。

②转向垫板。

轮胎式集装箱龙门起重机通道的90°直角转向处,在每个轮胎下,要铺设转向垫板。其目的是减少轮胎式集装箱龙门起重机转弯的摩擦,保护通道的路面,同时也保护轮胎。转向垫板是长2m、宽1.5m、厚0.014m的钢板。

③大风紧固装置。

在码头的后方堆场,还要为轮胎式集装箱龙门起重机设置大风紧固装置。刮大风时,应紧固起重机,防止其爬行和倾覆。在大风时,应将起重机开至后方堆场进行紧固。紧固装置不使用时可以放平,以免影响其他车辆行驶。紧固装置应根据当地最大风力进行设计。

4)轨道式集装箱龙门起重机装卸工艺方案

(1)工艺流程

轨道式集装箱龙门起重机装卸工艺通常有以下两种形态:

船→桥吊→集卡→龙门吊→堆场;

船→桥吊→龙门吊→前方堆场。

第一种形态适用于码头后方堆场,工艺流程为集装箱装卸桥从船舶卸下集装箱,通过集卡水平运输到后方堆场,然后用轨道式集装箱龙门起重机进行堆场作业。第二种形态适用于码头前方堆场,集装箱装卸桥将集装箱从船上卸下后,直接与轨道式集装箱龙门起重机对接,完成集装箱堆场作业。

(2) 轨道式集装箱龙门起重机装卸工艺的特点

轨道式集装箱龙门起重机装卸工艺的优点如下:

①跨度大,堆层高(一般可堆5~6层)。

②结构简单,操作维修方便。

③易实现作业自动化。

轨道式集装箱龙门起重机装卸工艺的缺点如下:

①大跨距对金属结构要求高,自身重量大。

②作业时间延长。

③翻箱作业多,生产效率下降。

(3) 工作速度

龙门吊的生产率要与桥吊的生产率相适应,以保证码头前沿不停顿地进行船舶装卸作业。对于标准集装箱码头,一个泊位配备两台桥吊的情况下,货场一般需配备3台跨度为50~60m的龙门吊,其中2台供前方装卸船舶,1台供后方进箱或提箱用。龙门吊的生产率要略高于桥吊的生产率。

5) 集装箱叉车装卸工艺方案

(1) 集装箱叉车卸船工艺流程

船→桥吊→集装箱叉车→堆场。即集装箱装卸桥从船上卸下集装箱,放到码头前沿,然后通过集装箱叉车完成水平运输,到堆场完成堆放作业。

(2) 集装箱叉车的性能特点

①集装箱叉车的负荷中心应取集装箱宽度的一半。

②为改善司机的视线,集装箱叉车司机室的位置升高,并设在车体的一侧。

③集装箱叉车的属具除货叉外,还有顶部起吊和侧面起吊的专用属具。

④为能对准集装箱,集装箱叉车具有货架侧移和左右摆动的功能。

(3) 集装箱叉车装卸工艺的特点

优点:

①操作灵活,适应性强。

②初始投资少。

③桥吊作业的时候不需对位,可以提高桥吊的作业速度。

缺点:

①机械完好率低,维修费用高。

②叉车作业需对位,会影响速度。

③叉车司机的视野差,破箱率高。

④集装箱叉车的轮压大,对道路要求高,占用通道面积大,堆场利用率低集装箱叉车用于水平运输,只适用于短距离搬运,超过100m就不经济。

(4) 空箱叉车

起重量一般为5t,同时具备顶部起升、侧面起升的功能,也可用货叉插入叉槽举升,通常可堆码3层到4层。

(5)重箱叉车

重箱叉车安装顶部起升框架,可对 20ft 或 40ft 的集装箱进行顶部起吊。

6)集装箱正面吊工艺方案

(1)工艺流程

船→桥吊→正面吊→堆场。

集装箱正面吊装卸工艺的流程为:集装箱装卸桥从船舶上卸下集装箱,放到码头前沿落地,正面吊吊起集装箱进行水平运输,到堆场堆放。这一工艺属于落地作业方式,桥吊的生产率可提高。但正面吊水平行驶距离不宜过长,一般在 50m 以内比较合理。

与叉车相比,正面吊机动性强、稳性好、轮压低、堆码层数高、堆场利用率高。尤其在专门的集装箱堆场作业,正面吊是受到广泛欢迎的新型集装箱机械。

正面吊的特点:

①吊具可伸缩和旋转。

正面吊吊具可伸缩,可分别适应 20ft、30ft、40ft 集装箱作业。吊具可左右旋转 120°。这样在起吊时,正面吊可以不一定正对集装箱。同时,吊具可左右各移动 800mm,便于对位,正面吊的双臂架还可摆动。

②带载变幅和行走。

正面吊作业时可带箱行走、变幅,操作容易,效率提高。

③多层堆箱及跨箱作业。

正面吊可堆高 4~5 层,而且可以跨箱作业。

④吊爪作业正面吊装上吊爪后,可以将集装箱和半挂车一起吊起,适用于公路转铁路,或铁路转公路的作业。可以连箱子、半挂车一起吊到火车上,再从火车上吊下来通过公路运输。

⑤具有点动功能。

为方便对位,集装箱正面吊具有 8 个动作的点动功能,即可以微动对位。

⑥其他货种作业。

集装箱正面吊还可以用作其他货种作业。当装上吊钩时,可成为轮胎式起重机;装上抓斗时,可抓木材或散货。

⑦多种保护装置。

正面吊配置有多种保护装置,主要有以下两种:一是防倾覆保护。正面吊超过各种工作幅度允许值时,保护装置会动作,使臂架不能伸缩、俯仰,吊具不能旋转,并伴有红灯警告。二是其他动作保护。正面吊吊具上旋锁完全进入角件时,旋锁才能动作,否则不能动作。旋锁不全开或不全关闭时,臂架伸缩、俯仰和吊具旋转均不能动作。正面吊重载时整机不能用高速挡行驶,否则发动机会熄火;变速杆处于空挡时,正面吊发动机才能启动等。

(2)主要技术参数

①起重量:一般可达 40t。

②起升高度:一般堆 4 层,最低起升高度为 14m。

③工作幅度:要求能跨 1~2 排箱作业。第一排箱作业时,最小幅度距前轮外沿 2m,第 2 排箱作业距外沿 4.1m,第 3 排箱作业时 6.5m。

④车身外形尺寸:要求能适应狭小场地条件,一般正面吊的转弯半径为8.5m,最大轴距5.5m,车体长7.5~8m,车宽3.5~4m。

⑤工作速度:行走,满载:10km/h,空载:25 km/h。起升,(通过臂架俯仰和伸缩来实现)满载:24m/min,空载:12m/min。

7)多用途码头集装箱工艺方案

多用途码头是指以件杂货装卸为主,也可以装卸集装箱的码头,其集装箱装卸工艺可采用多用途门座起重机工艺方案。

采用多用途门座起重机吊运集装箱通常会产生以下问题:

①旋转变幅时,吊具、集装箱会摇摆。

②吊具旋锁的开、闭要靠人站在吊具上扳动手柄实现,容易产生安全问题。

③箱内货物偏心时,集装箱会出现倾斜,难以出入集装箱船的格栅。

④效率低,每小时通常只能装卸7~10箱。

改进的方式一般是改用采用四点式起吊方式,可防止摇摆和旋转,解决因货物偏心而引起的集装箱倾斜。

8)集装箱滚装装卸工艺方案

早期的滚装装卸,一般是用牵引车牵引底盘车到滚装船中指定位置,放下底盘车,牵引车返回。现在一般用专用底盘车或专用叉车等滚装机械,进行针对滚装船的滚装作业。滚装工艺有以下三种形式:

①不带轮滚装工艺,即滚装船舱内用叉车堆桩。

②带轮滚装工艺,即专用底盘车载集装箱上船后,连带集装箱装在滚装船舱内。

③开上开下方式,即一般车辆载人、物上船后,随船航行。

滚装运输装卸速度快,劳动强度低,但滚装船的舱容率较低,难以提高。

9)集装箱自动化码头工艺方案

人工智能、5G、自动导航等信息化技术的发展,许多港口建设了"SC(人工驾驶)+ARMG"半自动化、AGV全自动化、跨运车全自动化码头。

10)集装箱各工艺方案机械、人员配备

集装箱码头的装卸机械化程度非常高,一条船的作业线一般根据桥吊的数量来安排的,即与一台桥吊配合作业的机械形成一条作业线。每条作业线的人员配备相对于件杂货码头来说较少,工人主要是集装箱的加固和拆加固作业。机械、作业人员具体配备见表3-1。

4.通用集装箱装卸工艺操作规程

1)作业前

(1)作业人员按规定穿戴好防护用品。

(2)作业现场严禁烟火,不准将火种带入作业现场。

(3)机械司机严格按规定对机械进行检查,确认机具处于良好的技术状态。

(4)及时清除桥吊、轮胎吊大车行走路线的障碍物,安全运行至作业位置。

2)作业中

(1)紧固装置拆除与拴固

①卸载作业应按顺序或按区域拆除集装箱的紧固装置。

表 3-1 集装箱各工艺方案机械、作业人员配备

序号	操作过程	工艺流程	机械配备(台)							人员配备			工具配备		
			桥吊	门机	轮胎吊	重箱叉	空箱叉	正面吊	集拖	叉车	装卸工人	机械司机	合计	吊钩	手控型吊具
1	船→场	船→桥吊→集拖→轮胎吊→堆场	1		2~3				4~5		5	7.5~9.5	12.5~14.5		
2	船→场	船→桥吊→集拖→叉车→堆场	1			1.5	1.5		4~5		5	7~8	12~13		
3	船→场	船→桥吊→叉车→叉车→堆场	1		2	1	1		4~5		5	8.5~9.5	13.5~14.5		
4	船→场	船→桥吊→叉车→集拖→堆场	1			2.5	2.5		4~5		5	8~9	13~14		
5	船→场	船→桥吊→叉车→堆场	1			1~2	1~2				5	2.5~3.5	7.5~8.5		
6	船→场	船→门机→叉车→轮胎吊→堆场		1	1	1			3		6	6	12	1	1
7	船→场	船→门机→叉车→集拖→堆场		1		2	2		3		6	6	12	1	1
8	滚装船→场	船→集叉→集拖→轮胎吊→堆场			1				2	1	4	4	8		
9	滚装船→场	船→集叉(或工程车)→堆场								1	4	1	5		
10	铁路车辆→场	车辆→轮胎吊→集拖→轮胎吊→堆场			2				3		2	5	7		
11	铁路车辆→场	车辆→正面吊→集拖→轮胎吊→堆场			1			1	3		2	5	7		
12	铁路车辆→场	车辆→轮胎吊→堆场			1						2	1	3		
13	铁路车辆→场	车辆→正面吊→堆场						1			2	1	3		

②装载作业应按船方要求对集装箱系紧和固定。

③作业人员需在二层高以上(含二层高)箱顶作业(开、关锁、拆加固等)时,应乘坐可载人的集装箱桥吊吊具上下集装箱。

④乘坐桥吊吊具上下箱作业,应系安全带,安全带系扣应固定在吊具栏杆上。

⑤箱顶作业应系安全带,安全带系扣应固定在箱顶角件锁孔上。

⑥船舷两侧的集装箱拆固与拴固,应由两人配合作业。

⑦拆除的紧固装置应层层向下传递,汇集于船方指定位置,禁止从高处抛扔。

⑧进行紧固装置拆固与拴固作业时,该区域内的起重机械应停止作业。

(2)船舶装卸作业

①桥吊、门机进行作业时,装卸顺序应符合下列要求:卸载作业应按顺序逐位逐层由陆侧向海侧,由甲板至货舱进行;装载作业应按积载图标示逐位逐层由海侧向陆侧,由货舱至甲板进行,装在甲板上的集装箱的箱门应朝船尾方向。

②门机配备手控结构集装箱吊具或集装箱钢丝绳吊钩进行作业时,在机械负荷能力与船舶积载许可的情况下,可在同层两个区域交替装卸。

③双箱吊装作业中,船舶左右横倾度数达到3°、前后纵倾度数超过3°时,不允许双箱作业。

④装卸过程中,船舶纵倾和横倾的角度应不大于船舶的允许倾角。

(3)吊运作业

①集装箱吊运前,起重机械应经空载运转试验,确认机具处于良好的技术状态后,方可进行作业。

②双箱吊装前,进行空载运转和试车,确认中锁下降到位,各种信号指示正常,调整8个转锁均能自由进入箱顶角件孔为准,方可进行作业。

③起重机械各运行机构的工作速度,应根据其机械性能和所吊集装箱的类型以及操作环境等情况确定。

④起重机械在吊运作业时,指挥人员应通过对讲机进行指挥,联络应保持畅通。

⑤吊运集装箱时,不允许在地面或下层箱顶上拖拽,到位时应轻放。吊运时,集装箱所经区域的下方不准站人。

⑥集装箱起吊时,司机应通过观察旋锁自动控制指示信号确认转锁旋转到位。接听指挥人员起吊信号后,方可1挡低速起升。确认无挂带后,再加速起升。

⑦桥吊卸载作业,吊具吊运集装箱在距下降落点2~3m高度减速(视下降速度选择),距落点300mm高度使用1挡下降对位,转动转锁并确认吊具与角件脱离,吊具起升,转入下一个吊运循环。装载作业,按卸载作业的逆顺序进行。

⑧轮胎吊堆码集装箱,在集拖进入车道停妥位置后,将吊具移至集拖的上方,垂直下降离集装箱顶约300mm处暂停,对准角件后松落。在转锁装置锁紧后吊运至箱位落下,将转锁与集装箱脱离,吊具起升,转入下一个吊运循环。装车,按堆码的逆顺序进行。

⑨门机作业,使用手控结构集装箱吊具(工字形、框架形)吊运集装箱,将吊具运行至集装箱上方并下降至距箱顶约300mm处暂停,工人手扶控制吊具,对准角件后指挥吊具松落,并拉动转锁操纵柄检查确认转锁啮合牢固。指挥起吊,将集装箱吊运至距落点约300mm处暂停。停稳后缓慢着落。到位后,拉动操纵柄使转锁与角件脱开,吊具起升。

⑩门机作业,使用集装箱吊钩吊运集装箱(铝质箱或40ft重箱除外),将吊钩在四个角件上钩挂(吊钩应从内侧向外挂),将钢丝绳缓慢拉紧,检查是否牢固,方可继续起吊,集装箱吊运至距着落点约300mm处暂停。停稳后缓慢着落,将吊钩摘除,吊臂起升。门机作业,在使用手控结构型吊具和吊钩吊运集装箱时,应充分注意风力的影响。

(4)集拖装卸作业

①集拖装载时,集装箱被吊运至集拖位置上方约300mm处暂停,车辆倒车进入装载位置,装箱缓慢着落装车。

②集拖卸载时,集装箱被吊离车盘后集拖向前驶离卸载位置。

③集拖装载两只20ft集装箱时,应先装靠车头的一只。

④装备有转锁装置的集拖,卸载前应开启转锁,装载后应闭合转锁,无转锁装置的集拖,应使用导向装置固定集装箱。

(5)集拖运输作业

①集装箱装载在集拖上时,应由集装箱四个底角件或箱底结构中间的载荷传递区支承。

②集拖在港区主通道的行驶速度不得大于30km/h,进出桥吊轨道、大门、检查桥,转弯处、交叉路口、铁路区域不得大于5km/h。

(6)叉车运输作业

①配有项吊和侧吊集装箱专用吊具的重箱叉、空箱叉,在吊取集装箱时应按照本规程的规定进行作业。

②集叉叉运空箱作业,应从叉槽处叉取。任何情况下,不应使用集叉从集装箱底部插入叉运和使用两台集叉联合叉运。

③集叉叉运集装箱水平行驶时应采取倒行,集装箱箱底应处于距离地面约300mm的高度,注意周围有足够的空间,严防碰撞它物。

④集装箱叉车吊箱运行时,运行距离不应超过0.1km,起升门架不可前倾。

(7)堆码作业

①集装箱堆场周围应设置围栏隔离设施。

②标准箱区,集装箱应按规划的箱位堆码。

③非标准箱区,堆码摆放,应前后集装箱四角件对齐,左右纵横成线,堆码位数视堆场空间来定。

④集装箱堆码时只能由集装箱的四个底角件支承,上下层集装箱的角件必须充分接触,角件间的最大偏离量纵向应不大于38mm,横向应不大于25.4mm。

⑤遇有大风天气(>15m/s),应对单批三箱高以上的集装箱空箱堆垛采取降低箱垛高度,或使用紧固装置等有效的防护加固措施。

(8)作业结束

①流动机械停放在规定的安全位置。

②轮胎吊、桥吊停放在规定的安全位置,并作好防风锚定。

二、集装箱的系固

1.集装箱的系固设备

集装箱的系固设备是指用于固定船上集装箱的装置,防止集装箱因船舶摇摆和风压等作用使集装箱产生移动。

(1)扭锁

扭锁(Twist Lock)是用于甲板上两只集装箱之间的垂向连接锁紧装置,以防止集装箱的倾覆和滑移。常见的扭锁有两种,一种是在使用时,先将手柄置于非锁紧位置,然后将它放置到下层集装箱顶部的角件内,待上层集装箱装妥后,需要人工转动手柄,使上下两只集装箱被连接起来(图3-7)。目前船上使用较多的是一种半自动扭锁(图3-8),装箱时只需将扭锁装于集装箱底部角件内。当集装箱置于船上箱位时,受箱体压力作用该扭锁能自动转动锁锥使其处于锁紧状态(图3-9)。需取下扭锁时,则是使用专用开锁棒,扭动开锁销将其拉出(图3-10),从而打开扭锁与舱盖或与另一集装箱底部连接,再用桥吊吊下集装箱,在码头上人工将扭锁取下,放入锁销柜(图3-11)。锁销柜是船方自带设备,用于存放旋锁的装置(多数使用20ft半高柜,内放置6~8个抽屉)。

图3-7 人工扭锁

图3-8 半自动扭锁

图3-9 人工将扭锁装入集装箱底部角件内

图3-10 开锁棒开锁

图3-11 锁销柜

(2)底座扭锁

底座扭锁(Bottom Twist Lock)(图 3-12)主要用在甲板上,使最下层集装箱与甲板连接。使用时,先将手柄置于非锁紧位置,再将它装于箱位的底座上,待集装箱堆装妥后,旋转手柄使锁锥转动,从而使集装箱和船体连成一体。

(3)定位锥

定位锥(Stacking Cone)分为单头定位锥(Single Stacking Cone)[图 3-13a)]和双头定位锥(Double Stacking Cone)[图 3-13b)]两种,其作用是将定位锥置于两层集装

图 3-12 底座扭锁

箱之间,用于集装箱定位,并能防止集装箱的水平滑移。双头定位锥还能用作相邻两列集装箱之间的水平连接。定位锥通常在舱内 40ft 箱位上装载 20ft 集装箱时用于固定 20ft 集装箱。

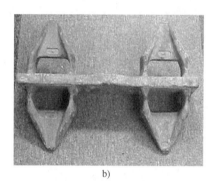

a)　　　　　　　　　　　　　　b)

图 3-13 定位锥

(4)桥锁

桥锁(Bridge Fitting)(图 3-14)是用于对最上一层相邻两列集装箱进行横向水平连接的系固设备,用以分散主要系固设备所承受的负荷,从而提高系固效果。使用时,将两个锁钩分别插入两个集装箱的角件孔中,然后旋转调节螺母,使之收紧。

图 3-14 桥锁

(5)锥板

锥板(Cone Plate)分为单头锥板(Single Cone Plate)[图 3-15a)]和双头锥板(Double Cone Plate)[图 3-15b)]两种。使用时,将其插入集装箱箱位底座内,然后将集装箱底部角件与其耦合,用于集装箱定位和防止集装箱滑移。通常在舱内 40ft 箱位上装载 20ft 集装箱时使用。

(6)高度补偿器

如图 3-16 所示,高度补偿器(Height Compensation)用于补偿相邻两列同一层号但因箱高不同引起的集装箱顶角件的高度差,以便于使用系固设备或在纵向相邻两行 20ft 箱顶部堆装 40ft 箱等。补偿器有多种型号,有效的补偿高度通常在 0.152~0.305m 范围内。

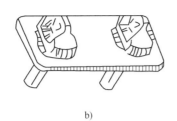

图 3-15　锥板及在舱内使用状况

（7）扭锁连接板

扭锁连接板（Linkage Plate）（图 3-17）是用于连接相邻两列集装箱的横向水平系固件。使用时，先将两只扭锁处于非锁紧状态并放置在两只集装箱的顶部角件内，然后将钮锁连接板套入扭锁的锥体内。待上层集装箱堆妥后，旋转扭锁手柄使其锁紧。这样，上下层集装箱和左右列集装箱便连成一体。

（8）扭锁压紧楔

如图 3-18 所示，将扭锁压紧楔（Pressure Adapter）嵌入两只扭锁锁体的槽内，压紧相邻两只扭锁，从而达到分散负荷的目的。使用时，将处于非锁紧状态的扭锁安置在两只集装箱顶部的角件内，在其上先堆装一只集装箱，然后将扭锁压紧楔嵌入两只扭锁锁体的槽内，再将另一只集装箱堆装好，最后旋转扭锁手柄，使上下集装箱连成一体。

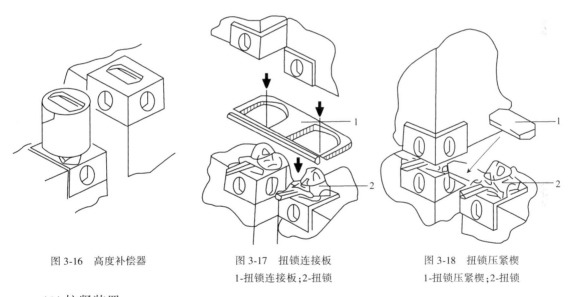

图 3-16　高度补偿器　　图 3-17　扭锁连接板　　图 3-18　扭锁压紧楔
　　　　　　　　　　　1-扭锁连接板；2-扭锁　　1-扭锁压紧楔；2-扭锁

（9）拉紧装置

绑扎杆（又称绑扎棒）（Lashing Bar）和松紧螺杆（又称花篮螺丝）（Turnbuckle）组合使用形成系固集装箱的拉紧装置，如图 3-19、图 3-20 所示。使用时，将绑扎杆的一端插入集装箱角件内，另一端通过松紧螺杆连接在甲板的系固地令上，通过调节松紧螺杆将绑扎杆收紧。

a) 绑扎杆

b) 松紧螺杆

图 3-19 绑扎杆和松紧螺杆

图 3-20 绑扎杆和花篮螺丝
组合系固集装箱的示意图

2.集装箱的绑扎方法

国际上许多船级社,在海船入级与建造规范中,都提供了集装箱受力计算方法和对集装箱系固及其所用设备的基本要求。中国船级社对集装箱系固的一般要求如下:

1)一般要求

集装箱一般采用角件锁紧装置(即扭锁)、拉紧装置、箱格导轨或其他等效约束结构中的一种或几种组合进行系固作业。

2)甲板上集装箱的系固

(1)甲板上装一层集装箱

①在集装箱的底角处应用底座扭锁对集装箱固定。

②也可在每只集装箱的两端用拉紧装置以对角或垂直方式对集装箱系固,并在每个集装箱底角处用定位锥定位。

(2)甲板上装两层集装箱

①在每层集装箱的底角处应用扭锁对集装箱予以固定。

②也可在第二层每只集装箱的两端与甲板或舱盖之间用拉紧装置对集装箱予以系固,且在每一层集装箱的底角处应设置定位锥。

(3)甲板上装两层以上集装箱

①对第一层和第二层集装箱应按上述(2)的方法系固。

②对第二层以上的集装箱应用扭锁进行系固。

③在集装箱的第四层与第三层间通常用角件锁紧装置来系固。如只用角件锁紧装置不能满足符合要求时,可增加附加系固装置(通常使用桥锁或扭锁链板等)。

3)舱内集装箱的系固

(1)无箱格导轨装置

①可参照上述甲板集装箱的系固要求进行操作。

②若集装箱两层之间出现分离力,则应在该两层间装置扭锁件,对其他位置可考虑使用双头定位锥。

③若各层集装箱间均无分离力,则扭锁可考虑全部由双头定位锥替代。

(2)有箱格导轨装置

我国规范对此无明确规定。通常,舱内装于箱格导轨间的集装箱,若其长度与导轨间长度一致,则无须设置任何系固索具。当舱内供装载40ft箱的箱格内配装20ft箱时,则应在40ft箱的导轨长度中间底部使用锥板,两层集装箱之间使用定位锥来固定20ft集装箱。

三、集装箱货物的装箱与拆箱作业

1.集装箱拆箱作业

集装箱拆箱作业是指从集装箱内取出货物的作业,是集装箱运输行业专有的名词,也称"掏箱"。

1)拆箱作业计划的编制

集装箱货运站根据客户申报或舱单显示的拼箱资料,编制拆箱作业计划。根据货名、货类、数量等,选择安排仓库位置,选择拆箱工属具、拆箱工艺,编制拆箱进库计划,以及生产调度计划。

2)拆箱作业

(1)开箱准备及注意事项。

开箱门前,应先观察箱门有无明显损坏变形、异样及铅封是否完好。如果发现铅封缺失,或箱体损坏等,必要时应通知船公司派人到场,双方现场观察拆箱实况。

一般在开启右门后,要检查箱内货物堆放情况正常,才能完全开启左门。如发现箱内货物有向外倾倒的可能,要立即采取措施做好支撑后,方可完全开启箱门,防止货物倾出受损、伤人。

(2)拆箱作业。

开箱门后,应先检查货物外包装情况,确认完好,则可以将货物逐件搬移出箱外。货物搬出后,应核对货名以及货物标志规格、件数、单件质量、体积等,与拆箱计划资料核对相符。然后对各票货物分唛点数,分唛进库堆放。如发现货物包装异样,货名、件数、规格等与拆箱计划不符,应立即做好书面记录,必要时拍照存查,并立即通知客户,以界定责任。

(3)拆箱后的登账与记录。

货物拆箱经过验收进库或直接发货后,仓管员或理货员应立即将货物作业动态录入电脑,登记入账。如货物进库存放,还需填写货物交接卡,放置在货堆正面易见的地方,卡上应记录有货名、提单号(批次号)、件数等重要信息,以便识别。有货有账,货账相符是货运管理的基本原则和要求。

3)空箱归还作业

(1)检查箱体。

集装箱拆空后,货运站人员应该督促工班对集装箱进行基本的清扫,清除原有的标志物,并对集装箱的内表面状况进行检查,对箱体存在的破损、水湿、油污、变形等状况做好记

录,及时向船公司反馈箱体情况信息。

(2)归还空箱。

拆箱作业完毕,应立即将空箱信息反馈给堆场,及时安排空箱返场,或送还到箱属公司指定的港外空箱场区。

2.集装箱装箱作业

集装箱装箱作业是指将货物装进集装箱内的作业。装箱的质量直接关系到航行中船舶安全和箱内货物安全,因此,装箱是集装箱管理中涉及配积载技术等专业技能含量最多的部分。

1)集装箱货物发生货损货差的主要原因

(1)装箱与加固封箱不当。

装箱与加固的质量直接影响货物的安全,而这又取决于配装、监装、操作人员的专业知识、技术和责任心。装载时如果忽视了货物特性和包装状态,或由于操作不当等原因,往往会发生货损事故,特别是在内陆地区装载的集装箱,由于装箱人员不了解海上运输时集装箱的状态,其装载方法通常都不符合海上运输的要求,从而引起货损事故的发生。

应该预见到,货物在运输过程中,在处于静态、动态不同的时间段,都会受到内在与外在因素的影响,随时有受损的可能。从静态角度看,货物堆放在集装箱内,可能会受堆码的方法、堆码高度、仓库或集装箱的温度环境等因素影响。从动态角度看,货物在搬运、装卸及运输过程中,受振动、颠簸、摇晃、撞击等外来力量的影响,容易引起损坏。

(2)装卸、搬运操作不当。

野蛮装卸经常是使货物受损的重要原因。装卸工艺、工属具选择不当,也是货损的另一原因。

(3)选用不合格集装箱装货。

选用不合格的集装箱装货,即货不适箱、箱不适货,会导致货物受损。比如选用40ft集装箱装重货,容易造成对箱体的过重负荷,产生货损箱损;又如选用普通干货箱装载有控温要求的货物,或选用开顶箱装载需严密防潮的货物,都会引起货物损坏。

(4)船上积载不当。

装载某些货物的集装箱在船舶配积载时,没有按有关规范进行妥善的配载,导致集装箱在船上受到海水侵蚀,或遇风浪受损,甚至影响同船运输的其他集装箱。

(5)被盗。

集装箱在海上运输过程中被不法分子采用先进的科技手段实行盗窃,在近年来国际海运中已是屡见不鲜。例如,用工具打开集装箱门铰链,在不破坏集装箱铅封的情况下,卸下整扇箱门实施盗窃,无疑将责任暗中推向装箱人,也使码头货运站遭到损失。虽然,这类事件在国内运输中尚不多见,但也足以引起港、航企业的共同关注。要有效提高装箱质量,防止货损货差,应该从选箱环节就开始,要认真做好接货、备货、装箱配积载等工作。

2)集装箱选用的原则和方法

集装箱的正确选用,一般应注意以下原则:

(1)箱与货互适;
(2)箱子干净、干燥、无污染、无破损;
(3)箱子能最大限度地承载货物、保护货物;
(4)集装箱的资源得到有效合理的应用。
集装箱的选用见表3-2。

集装箱的选用要求　　　　　　　　　　　　　　　　　表3-2

主要货类	集装箱种类	基本要求
一般货物及贵重货物	通用集装箱	轻泡货宜选40ft箱,密度大的货物宜选20ft箱
重量或体积偏大货物	开顶箱、框架式或台架式集装箱	
冷冻、冷藏货物	冷冻、保温集装箱	集装箱制冷设施运行良好,能达到要求温度
散装货物	罐式、干散货集装箱	罐式箱要有检测合格证
动物或植物货物	动物集装箱、通风集装箱	
危险货物	符合危险货物相关规定的集装箱	

3)集装箱箱内配载的基本原则

集装箱箱内货物配载的基本原则如下:

(1)科学计算,合理装载,避免集装箱发生危险及货物遭受损害;
(2)充分利用集装箱空间,在集装箱额定负荷范围内装载货物;
(3)货物与加固材料的总重量禁止超过集装箱额定装载重量;
(4)箱内货物重量分布均匀、平衡,包装一致的货物在箱内分布应基本保持同一水平面;
(5)密度大的货物对箱底板的集中载荷,应不大于箱底板的承载能力。

4)装箱前的准备工作

(1)接货、备货。集装箱货运站在装箱前应查验并接收货物,了解货物包装、件数、体积、重量及货物性质,准备装箱。

(2)配载装箱。根据客户装箱要求、货物性质,选择适用集装箱种类,计算货物件数、体积、重量,必要时量度货物外形尺寸,计算装载件数,编制装箱顶配计划,定出装载方法及装箱数量,达到尽量减少亏舱、多装货物的目的。

(3)转出集装箱及选箱。制定转箱计划,箱子运到装箱场后,应检查箱子的状况。例如,外表无损;箱子附件、配件正常;内部无漏水、透光现象;箱门能正常开关、严密关闭;箱内清洁无异味,不潮、没有污染。

5)装箱作业注意事项

(1)货物积载总重必须在集装箱最大载货重量之下,禁止超重。

(2)货物在箱内分布均匀,装载时要使箱底上的负荷平衡,箱内负荷不得偏于一端或一侧,特别是要严格禁止负荷重心偏在一端的情况。同时,也要避免产生集中载荷,如装载机械设备等重量较大、接触箱内地板面积过小的重货时,箱底应铺上木板等衬垫材料,尽量分散其负荷,就是要求不集重、不偏重。

(3)货物按件叠放,堆码整齐、牢固,按照货物储运标志指示,做到重不压轻,木箱不压纸箱,大不压小,箭头向上。如包装强度较弱者(纸桶等),应在层与层间垫夹板或厚纸类隔垫物。

(4)货物放置应紧密,货与箱之间、货与货之间不留空隙,以免在运输途中发生货物位移或碰撞,导致货损箱损,甚至船舶危险。当货物不足以装满一个集装箱时,应注意采取合适的装载方法和加固措施,如采用阶梯形装货法、骑缝装载法、垫高部分货物作为卡式固定法、拉绳或打木板桩式固定法等。

(5)拼箱货装箱时,尤其要注意分唛逐票装,如有不同目的港的拼箱货,应根据该航线船舶挂靠港门的先后,安排货物装箱的顺序,并进行有效的箱内隔票。

装拼箱货时,轻货要放在重货上面,包装强度弱的货物要放在包装强度强的货物上面,不同形状、不同包装的货物应尽可能不装在一起,液体货和清洁货要尽量与其他货物分隔。如果有会从包装中渗漏出灰尘、液体、潮气、臭气等的货物,最好配装时不要与其他货物混装在一起。如不得不混装时,就要用帆布、塑料薄膜或其他衬垫材料隔开。带有尖角或突出部件的货物,要把尖角或突出部件保护起来,不使它损坏其他货物。

如有危险货物拼箱货,必须保证该危险货物与箱内其他货物不产生抵触,或发生化学反应,而且必须将危险货物放置在靠近箱门处,以利于危险货物的优先卸货。

(6)冷藏货物的装箱应注意按冷藏箱内顶部不能塞满的原则,货物堆放高度必须在箱内红色警示线下。同时,冷藏箱装箱前,应提前将箱体制冷到货物需要的预定温度。作业时,应关闭制冷开关,以免冷藏箱在通电制冷状态下,因长时间开门,导致制冷系统发生故障。应禁止将已降低鲜度或已解冻明显、滴水、变质发臭的货物装进箱内,以避免损坏其他正常货物及损害冷藏箱。

(7)危险货物装箱时应注意以下事项:货物装箱前应了解清楚该类危险货物的特性、防范措施和发生危险后的处理方法,制订好安全作业措施,并告知所有参加作业的操作人员。

装货前应检查所用集装箱的强度、结构,防止使用不符合装货要求的集装箱。

装载爆炸品、氧化性物质的危险货物时,装货前箱内要仔细清扫,防止箱内因残存垃圾等杂物而产生着火、爆炸的危险。

要检查危险货物的包装,标志是否完整,与运输文件上所载明的内容是否一致。禁止包装有损伤、容器有泄漏的危险货物装入箱内。有些用纸袋、纤维板和纤维桶包装的危险货物,遇水后会引起化反应而发生自燃、发热或产生有毒气体,故应严格进行防水检查。

操作机械应有火星熄灭装置,或采用防爆型工属具。

严格按照危险货物隔离要求,禁止将不相容的危险货物装在同一集装箱内。

装箱时必须按照轻拿轻放原则,将危险货物稳固、整齐地堆码于箱内,禁止抛扔、坠落、翻倒、拖曳等野蛮操作,货物与货物之间、货物与集装箱之间应有衬垫物隔垫,紧密无缝隙,防止货物与货物、货物与集装箱产生摩擦而发生危险。

使用衬垫、加固危险货物的材料时,应注意防火要求和具有足够的安全系数和强度。危险货物的任何部分都不允许突出于集装箱外,装货后厢门要能正常地关闭起来。危险货物与其他货物拼装时,应尽量把危险货物装在箱门附近。

6)集装箱拆装箱工艺

货物拆装箱工艺一般有以下三种：

（1）叉车装卸工艺

即采用小型低门架叉车或电瓶叉车,直接通过搭板,进入集装箱内进行装箱作业。这是比较常用的装箱工艺。采用叉车装箱工艺的前提是:待装箱货物均已用托盘进行了成组化。

对未进行托盘成组化的货物,也可用叉车装卸工艺进行装箱。这是要在叉车的叉齿上叉一个货盘,进行与人工配合的作业。有些大型货物,本身带有叉槽的,可直接用叉车作业。

（2）人工装卸工艺

即完全使用人力搬运,或人力加人力拖车搬运的方式,在集装箱内进行货物堆码作业。这种作业方式劳动强度较大,但我国的一些集装箱货运站仍采用较多。

（3）输送带式装卸工艺

即用专门的皮带输送机伸入箱内,配合人力进行装箱或卸箱作业。

7)典型包装货物的装箱

（1）集装箱、托盘与包装的模数化

"模数"指一个基本的度量单位,一种基准尺寸。这一术语最初用于建筑。为使房屋建筑的内面积能被较充分地利用,或建筑物内部便于分割与处理,规定一种基准的度量单位,建筑的长与宽都按这一基准的整数倍进行设计,称为模数。ISO组织对模数的定义为:能引出运输系统各构成要素尺寸配合的一个标准值。

"模数化",就是在确定基础模数尺寸后,将相互联系的事物均按基础模数尺寸形成"倍数系列"和"分割系列",以便相互配套。

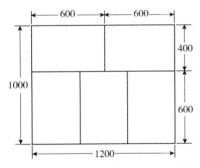

图3-21 标准外包装货物在托盘上的堆码方法(尺寸单位:mm)

物流基础模数尺寸基本统一在所谓的"黄金分割模数":400mm×600mm。

①物流基础模数,即商品外包装尺寸:400mm×600mm。

②物流模数,即托盘尺寸:1 000mm×1 200mm;也允许采用800mm×1 200mm,1100mm×1100mm两种尺寸。

外包装在1 000mm×1 200mm托盘上的堆码方法见图3-21。

这一堆码方法的优越性为:每一层货物为5件,容易记数;第二层货物转180°堆码,使上下层货物相互"卡缝",不易崩塌。

③1 000mm×1 200mm托盘与800mm×1 200mm在国际标准集装箱中排列方式与对集装箱底面积的利用率见表3-3和图3-22。

系列1集装箱内各种成组货的底面积利用率(单位:mm)　　　表3-3

集装箱类型	1100×825	1100×1100	1100×1320	1200×800	1200×1000
1A	91.0%	86.7%	93.5%	79.7%	90.3%
1AA					

续上表

集装箱类型	1100×825	1100×1100	1100×1320	1200×800	1200×1000
1B	87.5%	93.2%	83.7%	83.2%	92.3%
1BB					
1C	92.7%	88.3%	84.7%	77.4%	87.6%
1CC					

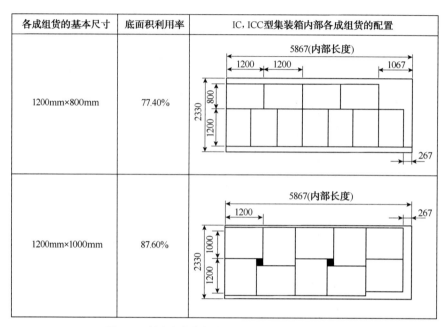

图 3-22 托盘在集装箱内的拼装图(尺寸单位:mm)

（2）纸箱货装箱

如集装箱内装的是同一尺寸的大型纸箱,会产生空隙。当空隙为 10cm 左右时,一般不需要对货物进行固定;但当空隙很大时,货物就需要根据具体情况加以固定。如果不同尺寸的纸箱混装,则应将大小纸箱合理搭配,做到紧密混装。

（3）木箱货装箱

普通木箱、框架木箱进入集装箱时,一般均为从下朝上,从里向外堆装。装载小型木箱时,如箱门端留有较大的空隙,则必须利用木板和木条加以固定或撑紧。装载大型木箱时,可使用敞顶集装箱,用吊车吊装。重心较低的重、大木箱只能装一层且不能充分利用箱底面积时,应装在集装箱的中央,底部横向必须用方形木条或木块加以固定。

（4）袋装货装箱

袋装货分为小袋装货物的装箱和集装袋货物的装箱。小袋装货物的装箱有直接装箱和托盘成组装箱两种。直接装箱时,装箱顺序是由里向外,由下至上逐层逐行装满;集装袋货物件重在 1000~1300kg/袋使用,使用叉车由里向外,由下至上逐层逐行装满。装货时要注意不要超过集装箱的负荷载重量,同时还要注意重量在箱内均匀分配。

（5）托盘货装箱

装入集装箱的托盘货,应先用布带、钢带、网罩或有收缩性的塑料等固定。如果用国际标准尺寸的托盘(1200mm×1000mm 或 1100mm×1100mm),则应按规定的方法在集装箱内积载。

托盘通常装载纸箱货和袋装货。纸箱货在上下层之间可用粘贴法固定,袋装的货板货要求袋子与货板的尺寸一致。

在进行托盘货装载时,托盘上的货物应充分利用托盘的底面积。

托盘的尺寸如在集装箱内横向只能装一块时,则货物必须放在集装箱的中央,并用纵向垫木等加以固定。如托盘和成组货的尺寸在集装箱的横向可放置两件时,则各件成组货应紧靠在集装箱的两侧壁上,中间用木框架填塞加以固定,防止货物移位。

(6)捆包货装箱

捆包货包括纸浆、板纸、羊毛、棉花、棉布、其他棉织品、纺织品、纤维制品以及废旧物料等。其平均每件重量和容积常比纸箱货和小型木箱货大。一般捆包货都用杂货集装箱装载。拥包货在装载和固定时应注意的问题如下:

①拥包货一般可横向装载或竖向装载,此时可充分利用集装箱箱容;
②捆包货装载时一般都要用厚木板等进行衬垫;
③用粗布包装的捆包货,一般比较稳定而不需要加以固定。

(7)桶装货装箱

桶装货一般包括各种油类、液体、粉末状的化学制品、酒精、糖浆等,其包装形式有铁桶、木桶、塑料桶、胶合板桶和纸板桶 5 种。除桶口在腰部的传统鼓形木桶外,桶装货在集装箱内均以桶口向上的竖立方式堆装。由于桶体呈圆枝形,故在箱内堆装和加固均有一定困难,而且箱内容易产生较大的空隙。在桶装货装箱时,应充分注意桶的外形尺寸,并根据具体尺寸决定堆装方法,使其与箱形尺寸相协调。

①铁桶的装载和固定。

集装箱运输中以 $0.25m^3$(55 加仑)的铁桶最为常见。这种铁桶在集装箱内可堆装两层,每一个 20ft 集装箱内一般可装 80 桶。装载时要求桶与桶之间要靠紧,对于桶上有凸缘的铁桶,装载第二层时要垫上薄木板,使上层的桶装载稳定。

②木桶的装载和固定。

木桶一般呈鼓形,两端有铁箍,由于竖装时容易脱盖,故原则上要求横向装载。横装时在木桶的两端要垫上木楔,木楔的高度要使桶中央能离开箱底,不让桶的腰部受力。

③纸板桶的装载和固定。

纸板桶的装载方法与铁桶相似,但其强度较弱,故在装箱时应注意不能使其翻倒而产生破损。装载时必须竖装,装载层数要根据桶的强度而定,有时要有一定的限制。上下层之间一定要插入木板作衬垫,以便使负荷分散。

(8)卷盘货装箱

卷纸、卷钢、钢丝绳、电缆、盘元等卷盘货装箱时一定要注意消除其滚动的特性,做到有效、合理地装载。以卷钢装箱为例说明。

卷钢属于集中负荷的货物,装卷钢时,一定要使货物之间互相贴紧并装在集装箱的中央。对于重 3t 左右的卷钢,在箱内可以用叉车分成两排装入,并用钢丝绳交叉通过箱内系环将卷钢系紧,还应在卷钢底部用三角木楔掩牢和固定住卷钢,防止货物移位(图3-24);对于重5~8t的卷钢,只在箱内中间均匀装一排,固定时每件卷钢须用两根钢丝绳通过箱内系环将卷钢系紧,还应在卷钢底部用三角木楔掩牢和固定住卷钢,防止货物移位(图3-25)。对于10t左右的卷钢,只在箱内中间均匀装两件,装前要在装货处先铺上两根较厚、较宽的方木,然后将货物放在方木上,防止货物积重。固定时,每件卷钢须用两根钢丝绳通过箱内系环将卷钢系紧,还应在卷钢底部用三角木楔掩牢,防止货物移位。

图3-23　3t卷钢装箱

图3-24　5t以上卷钢装箱

(9)货物在集装箱内的系固

为了使货物在运输中在集装箱内不发生移动,避免发生货损、箱损,集装箱内货物装载后,必须用一定的方式进行系固。

货物在集装箱内系固的方法通常有以下几种:

①支撑。即用木条、木板等做支柱与框架,使货物在箱内固定。

②塞紧。即用方木等对货物之间,或货物与集装箱侧壁之间的水平方向加以固定或插入填塞物、缓冲垫、楔子等防止货物移动。

③捆绑系紧。即用绳索、带子或网络等索具,与集装箱的环、孔把货物系紧。

项目实施

任务一　集装箱船舶装卸作业控制

1.集装箱码头控制室工作内容

现代化的集装箱专用码头,不仅在硬件设施上已高度机械化,而且在软件应用上也高度计算机化。其码头控制室(调度室)的工作内容和流程,虽然源自于传统的件杂货码头,但与其有很大的不同。特别是在利用计算机技术和CCTV监控系统等高科技设备辅助调度控制生产以后,其工作内容及工作流程发生了根本性的改变。

控制室是码头现场作业中生产指挥机构。随着集装箱的发展,生产任务日益繁忙,控制室指挥生产、控制生产作用日趋重要。

(1)负责对计划船舶靠离泊实际时间的输入及确认。

(2)根据船舶计划确认的超限箱作业要求,布置具体的操作方案。

(3)进行装/卸船开工、作业路开工的实际时间的输入确认。

(4)对船舶的装、卸作业,按具体情况进行程序调整,及时发送合理的装卸作业程序指令。

(5)加强与船舶指挥员的联系,协调解决船舶作业中的突发问题。

(6)装船完毕后应对箱区进行复核。复核内容:退关箱量、箱型、尺寸是否一致,是否有装船箱遗漏。

(7)在确定装、卸数据准确无误后,进行装船作业路完工时间的输入、确认,整船完工时间的输入、确认。

(8)控制室必须进行装/卸船小结、分类箱量、装、卸船清单的查看、核对或打印,发现问题应交配载计划员处理,在船舶装、卸数据核对无误的情况下,予以结束确认。

(9)按计划号认真复核转堆箱量及箱号,发送指令。

(10)认真按转堆计划号复核反馈信息,进行转堆确认及移动确认。

(11)当班应及时了解码头各类机械的出勤、使用、故障情况。

(12)安排堆场作业机械,根据船舶作业及场地作业区间位置安排轮胎吊及叉车作业范围、作业时间。

(13)根据装卸船的实际情况安排、调动集卡,并记录作业起始、终止时间。

(14)及时记录桥吊停工、延时原因,发生故障及时报工程部修理。

(15)及时记录堆场机械及集卡的故障情况,并报工程部修理(记录故障类型、故障起始时间、修理位置及最后修复时间)。

(16)对与装卸船有关的作业箱区实行监控,以调整装卸船的场地作业位置。

(17)监视场地各区位的作业情况,对进、出场作业进行作业指令控制。

(18)对于超过正常滞留时间的集卡应及时联系场业指挥员,了解等待原因,并及时采取相应措施。

(19)密切注意天气情况,及时通知有关人员并采取相应措施。

2.船舶指挥员工作内容

(1)交接班工作

①交接清当班的装卸作业的数量及剩余箱量,传达有关特种箱作业要求,及其他作业中应注意的事项,以确保生产作业正常和安全,交接清当班作业签与未签的各类情况。

②清楚正确地掌握本班船舶开、靠时间,靠泊尺码,提前了解靠泊位置附近桥吊的行车、起落大梁是否正常,发现情况及时汇报,以保证开靠船安全。

③督促作业完毕的桥吊在不影响开靠船及其他桥吊作业情况下,进行大车的锚定,小车拉到规定的锚定位置。

(2)作业中

①合理利用和安排机械,提高装卸效率,督促并检查司机、工人的上岗定位情况,落实安全质量措施和执行作业要求,发现问题及时汇报。

②卸船作业中督促工人将紧固件按照要求统一堆放整齐,将卸船的有关要求布置到作业人员,督促工人加强卸船验残,原残箱加强与船方及理货的联系,做好"残损箱清单"、"设备交接单"签证记录。

③装船作业中要认真地复核船图,将装船有关要求布置到桥吊及码头上工人,督促工人

严格核对箱号和按船图位置装船,随时绑扎,保证船舶准时开航。

④摸清船舶规范,布置桥吊司机操作注意事项,布置工人做好绑扎。

⑤作业中桥吊在舱—舱的移动中,要认真监护,以防意外、过泊位的移动,要督促工人在码头进行监护。

⑥拆箱/驳作业,要督促工人做好"三生根"工作,做好随手清、班后清,工索具要加强检查,操作工艺要适当、合理,确保货运质量。

(3) 船舶作业结束后

①船舶作业结束后认真复核箱区,核对退关箱,发现疑问应即汇报控制室,杜绝漏装、错装等现象。

②卸箱结束船舶,认真检查每只 BAY 位是否有漏箱、中转箱,与理货加强联系,保证不漏卸、错卸、多卸。

③开船前与外理认真复核数字,认真、严格地做好船舶作业签证,做到不漏签、不错签。

④装船结束认真检查新装箱子是否有漏绑扎及不牢固现象,不符合要求立即通知工人进行加固。

(4) 开靠船

①船舶指挥员要在码头上督促新靠船舶打好梯口安全网,对于首次靠泊的船舶,要让船方签收《码头靠泊须知》文件。

②靠泊船舶在靠泊中如有碰撞码头、码头机械等情况,要立即汇报控制室,做到发现及时、汇报及时。

复习思考题

1. 集装箱码头都有哪些装卸机械?
2. 集装箱码头装卸工艺有哪些?优缺点各是什么?
3. 通用集装箱的工艺操作规程的内容是什么?
4. 集装箱都有哪些系固设备?各设备的作用是什么?
5. 集装箱船舶甲板上的集装箱的系固有哪些方法?
6. 集装箱货物发生货损货差的原因有哪些?
7. 集装箱箱内配载基本原则是什么?
8. 集装箱装箱作业注意事项有哪些?
9. 托盘货物如何装箱?
10. 卷钢货物如何装箱?
11. 船舶指挥员的工作内容有哪些?

项目四　干散货码头装卸工作组织

1. 煤炭矿石的特性。
2. 煤炭、矿石码头进出口装卸工艺及操作规程。
3. 煤炭、矿石码头粉尘控制措施。
4. 煤炭、矿石装卸船现场组织工作的内容。
5. 散粮进出口装卸工艺及组织。

项目任务

1. 了解煤炭矿石的特性。
2. 了解煤炭、矿石码头进出口装卸工艺。
3. 掌握煤炭、矿石码头进出口装卸工艺操作规程。
4. 掌握煤炭、矿石装卸船现场组织工作的内容。
5. 掌握散粮进出口装卸工艺及组织。

项目准备

1. 场地、工具准备：码头模拟沙盘、机械、工属具等模型、计划表、会议记录、联系电话、调度安排等。
2. 人员安排：学生按调度班组分组，安排船舶计划员1~2人，值班主任、值班队长各1人，每班设值班调度员1~2人、调度员8~10、理货员8~10人，机械司机若干、装卸工人若干。

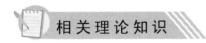

一、煤炭、矿石运输概述

在散货运输量中，煤炭和矿石的运量约占90%，可见采用煤炭、矿石专业化装卸运输技术，提高煤炭、矿石装卸运输效率的重要性。我国是一个钢铁生产大国，钢铁工业的发展，必然伴随对铁矿石需求量的不断攀升。我国的铁矿石资源不足，而且较分散，原矿的含铁量低，成为我国钢铁产业发展的主要瓶颈。多年来，我国50%生铁靠进口铁矿石冶炼，是世界进口铁矿石的大国。

长期大批量的运输要求，促进了我国铁矿石专业化物流链的发展。其中，大型铁矿石专业化码头是铁矿石专业物流链的第一环和重要一环。现代大型散货专用船舶建造技术的发展、铁矿石装卸运输专用设备的采用以及铁矿石码头装卸技术水平的提高,为现代铁矿石码头装卸工艺的形成和发展提供了技术基础,也使铁矿石散货运输方式的优越性得到了充分的发挥。

铁矿石的水路运输主要采用散货运输方式,铁矿石散货运输的优越性表现在:首先,专业化装卸工艺极大地提高了铁矿石散货运输的装卸效率,如在专业化矿石码头已用连续型卸船机卸矿石船的效率每台可高达2500t/h以上。其次,采用了专业化运输、装卸和保管,使矿石的质量得到了保证,货损率有效下降。再次,大规模的专业化码头装卸作业不但有效地降低了单位装卸成本,同时也有利于专业化码头采用集中方式对矿石装卸运输实施环境保护。铁矿石专业化运输和装卸方式,产生了明显的社会经济效益。

我国的煤炭产地集中于北方,而南方却人口密集,工业发达,民用和工业使用需消耗大量煤炭,所以我国的"北煤南运"是传统的国内水路运输重点路线,长江以南也形成了许多煤炭卸船港口。近年来随着我国经济的快速增长,人民生活水平的提高,对煤炭的需求日益增加,已由煤炭的净出口国变成了净进口国,于是我国的沿海煤炭卸船港口又增加了进口煤炭船舶的卸船任务。

煤炭、矿石的特性:

1. 重度

物料的重度即是物料的单位体积质量。矿石的重度较大,在 $2.5\sim3.0t/m^3$,物料的重度将影响抓斗的选用。

2. 自然坡度角(自然堆积角,即货堆自然形成的角度)

自然坡度角反映了物料的流散性,物料的自然坡度角越小,其流散性越好;物料的自然坡度角越大,其流散性越差。

3. 块度

物料的块度对机械和抓斗的选用有关。选用抓斗时,也考虑物料的块度,因为抓斗的张开度对物料的块度也有限制。同样,漏斗口的尺寸也要考虑物料的块度。

4. 冻结性

通常,煤炭和矿石的含水率较大,如煤炭未脱水时,含水率可达20%。而含水率大的物料在冬季易结冰,造成卸货困难。所以在煤炭、矿石装卸工艺中要考虑物料的解冻方法,如增加破冰机械或设置加温设备。我国运输部门还采用在物料上撒生石灰,利用生石灰的吸水性,降低煤炭中的含水率,来减轻货物冻结程度。国外采用煤炭在矿山脱水的方法,或在物料和车辆里加防冻剂氯化钠以降低煤炭冻结的温度;也有采用红外线或蒸汽加热的方法,在煤炭卸车前解冻。

5. 发热和自燃性

在堆场上存放的煤炭,时间久了或在外界气温高时,煤堆内就会发热。当煤堆内温度上升到60℃时,煤温的上升速度加剧,此时若不降温散热,煤炭就会发生自燃。通常的解决方法是将物料及时转堆、翻垛,避免煤堆温度达到自燃点。

6. 脆弱性,扬尘性

煤炭、矿石在装卸输送时会产生的大量的粉尘,造成对周围的环境的污染,并影响装卸工人的身体健康,因此要求港口的装卸系统中设置有防尘装置,如在堆场场地上设置洒水防尘系统,采用加罩封闭式输送系统等。物料的脆弱性,如焦炭,就要求装卸时放低落料点,以保证物料的质量。

二、煤炭、矿石出口装卸工艺系统

煤炭、矿石出口装卸工艺主要有卸火车作业、堆场作业和装船作业三个工艺环节组成。

1.卸火车作业工艺

1)煤炭卸火车作业系统概述

各港口煤炭装船的装卸工艺大致相同,但因货源、堆存期、运输船舶、航线等不同,其工艺参数及设备不尽相同。

(1)小型设备卸车

小型的煤炭码头通常采用螺旋卸车机或链斗卸车机。这两种设备具有初始投资小、使用灵活的优点,主要存在问题是粉尘污染严重,卸车机损坏率高。

(2)翻车机系统卸车

大型散货码头多用翻车机(图4-1)工艺,且已有同时翻多列车厢的翻车机投入生产,具有高效、污染小、列车不需解体等优点。

(3)底开门车厢卸车

国外也有采用专用底开门车卸车[如澳大利亚纽卡斯尔港(Newcastal)的库拉冈(Kooragang)煤码头]的方式。底开门卸车方式,运输煤炭的火车车厢必须是特殊的底开门结构,即其车厢底部

图4-1 翻车机

可完全打开。当火车车厢对位停到码头卸车线的地沟上方,就开启车厢底门,煤炭可凭借自重流卸到地沟中,由地沟水平皮带机运走。

2)翻车机作业系统

翻车机作业系统由拨车机、翻车机和地沟水平运输皮带机组成:

(1)翻车机

翻车机是一种翻卸敞车效率最高的专用卸车机械。翻车作业过程是:定位车将重车牵引到位,进入翻车机后,翻转160°,将物料翻卸到翻车机房下的漏斗中,漏斗下设有振动给料器。把卸下的物料均匀地转送到漏斗下皮带机,再经堆料机或堆取料机在堆场堆码。

翻车机有一翻、双翻、三翻等类型。所谓一翻、双翻、三翻就是翻车机每次可同时夹持一节、两节或三节车厢倾侧卸货。目前一般采用旋转式双翻或三翻的翻车机卸车,新建的曹妃甸煤码头一期工程选择了两台双翻串联的四翻式翻车机,使卸车作业效率更高。

(2)拨车机

拨车机是翻车系统的关键设备,其性能直接关系到翻车机的工作效率。拨车机的作用主要是使待卸火车车厢停靠到位。目前普遍使用的定位车行走机构有用钢丝绳牵引的以及定位车本体带驱动机构两种。钢丝绳牵引的定位车特点是除本体结构外只有推车臂及其支撑、驱动机构,较为简单;但定位车的运行靠地面驱动站利用钢丝绳牵引,钢丝绳驱动、张紧、托绳等机构较为烦琐,钢丝绳磨损需停机更换,同时钢丝绳在整个系统地面运动,也不利于安全生产。

(3)坑道水平运输皮带机

在火车轨道地下的坑道,配置有水平运输皮带机,通过转载楼与煤炭堆场高架皮带机相

连接,将火车卸下的煤炭运往煤炭堆场。

3)煤炭火车卸车作业工艺(图4-2)

图4-2 煤炭火车卸车作业工艺流程

翻车机的卸车作业过程分为以下几个步骤:

(1)铁路调度部门和码头作业计划部门确定列车到达时间,由调度计划部门将卸车计划表传给卸车指导员。

(2)卸车指导员将铁路进车数量及货物情况通知码头中央控制室。

(3)翻车作业前,卸车指导员核对车号和货物。确认无误后,通知中央控制室开始作业。

(4)翻车机接到中央控制室作业指令后,开始作业。

(5)翻完后的空车经检查挂钩完好后,通知铁路调度部门排空车,这时翻车机处于总停止待作业状态。

(6)清理作业现场。

4)冻煤卸车作业

在某些冬季寒冷的地区,由于物料含有水分,在运输时间较长的情况下,物料容易冻结。冻结严重时,物料就无法卸车。简单的解决方法是在物料中加些防冻剂,如煤炭中加些重油;在矿石中加一定量的生石灰。此外,可采取车顶盖上草席,在车底和车厢四周侧板上涂蜡等办法,这些措施对卸车情况有一定的改善。但当因水分过多,温度过低,时间过长而冻结严重时,上述办法效果不大。为顺利卸车,应建解冻库。解冻库内加热方式,大致有以下几种:热风解冻;蒸汽暖管式解冻;煤气或电气红外线解冻。其中,效率较高的是红外线解冻方式。在没有解冻库的港口需要工人使用各类工具(如风镐、铁镐等)卸下冻煤,费时费力。

2.堆场作业工艺

1)堆场主要作业机械

煤炭、矿石专用码头需配置若干条堆场。堆场采用悬臂式堆场作业机械,进行堆料、取料作业。悬臂式堆场作业机械有三种类型,就是堆料机(图4-3)、取料机(图4-4)和堆取料机。堆料机和取料机分别只能完成煤炭进场堆料和出栈取料的作业,而堆取料机可以使用一台设备,完成堆、取两种作业。如果是分别使用堆料机和取料机,则堆场机械必须采用堆料机、取料机间隔布置。如果采用堆取料机完成堆、取作业,则只要布置在一条线上。

(1)堆料机

堆料机由于工作机构相对较少,在煤炭码头装卸设备中是使用比较稳定、故障率较低的设备。其主要工作机构为门架及行走部分、变幅部分、旋转部分、悬臂皮带部分。下面分别就各机构进行说明。

①门架及行走机构。

我国早期的堆料机均为门架四腿直接与行走平衡梁连接,即四支点式。从20世纪80年代开始,门架一般都采用四腿门架三支点形式,主要是为了适应在行走轨道标高有一定偏差的情况下,保持支腿台车受力均匀。堆取料机的行走轨道一般都采用P50钢轨,车轮为双轮缘。

图 4-3 堆料机

图 4-4 取料机

②变幅机构。

变幅机构一般都采用液压缸作为动力,由于堆料机的悬臂只设置一条堆料皮带机,且驱动都在后部,变幅载荷较小,所以只在整机及臂架设固定配重,不设臂架平衡系统。设备大多采用双油缸两侧支顶变幅机构。

③旋转机构。

旋转机构的作用可以使堆料机的臂架完成不同程度的旋转。

④悬臂皮带机。

悬臂皮带机的作用是将煤炭传输到堆料机悬臂的顶端,完成堆垛作业。悬臂皮带机驱动装置一般都在尾部,与通常的皮带机相比主要是皮带较短,循环次数多,跑偏等问题相对不易调整,造成输送带寿命短,一般一条皮带只能使用 1 年左右,最短半年甚至 3 个月就需更新。

(2)取料机

目前我国普遍使用的取料机分门架式和悬臂式两种形式。

①门架式取料机。

门架式取料机的优点是取料均匀,但这种取料机存在很多问题:一是只能在门架跨度内即一条堆场内取料,对于煤炭码头多条堆场的情况,没有普遍应用价值。二是作为主要工作机构的斗轮,由取料机活动梁安装的四组导轮支撑,斗轮滚圈由三段组装而成,导轮与斗轮间隙会造成运行振动。同时,由于煤炭堆场工作环境恶劣,以及滚圈的连接、变形等问题,间隙很难调整,造成该部位故障率较高。三是取料机门架跨度大,会产生大行走同步的问题,取料皮带尾车要占用煤炭堆场,降低了堆场的利用率。以上问题都决定了门架式取料机有着不可与悬臂式取料机相比的劣势,现在已较少使用。

②悬臂式取料机。

悬臂式取料机是专用于堆场取料的机械,与地面水平固定式皮带机对接。它与堆料机配合使用来完成物料进出堆场的作业。额定取料能力:4500t/h。最大取料能力:5400t/h。取料机没有尾车,可以正反 180°旋转,没有取料死角,单从取料的角度来说,是最为理想的堆场设备。

(3)斗轮堆取料机

①斗轮堆取料机概述。

斗轮堆取料机(图 4-5)是一种配合堆场地面固定皮带机输送系统,既能堆料,又能取料的专用机械。铁矿石码头堆场使用的堆取料机与煤炭码头堆场使用的同类设备,在结构上相似,但铁矿石的比重比煤炭大得多,在取料时对斗轮头的要求更高,在输送时对皮带的磨损程度也比煤炭严重得多,所以用于煤炭堆场的斗轮堆取料机和用于铁矿石的斗轮堆取料机,两者有非常大的差别。

图 4-5 堆取料机

堆取料机是散货堆场作业性能全面的一种机械,既能堆料,又能取料。采用此种机型,可使整个散货装卸机械化系统机种少,工艺布置简单。缺点是只能正反 90°旋转,堆场利用率低。

我国铁矿石码头堆场应用的斗轮堆取料机,堆取能力一般在 4000~5000t/h。斗轮堆取料机可将地面皮带机送来的物料堆到料场,也可从轨道两侧的料堆上取料,经地面皮带机送至指定设备。

②斗轮堆取料机作业原理。

堆料作业:斗轮堆取料机进行堆料作业时,尾车升起地面皮带机,皮带经过尾车将物料卸到悬臂皮带机上,由悬臂皮带机将物料抛至料场。悬臂调整回转角度与俯仰角度,可使落料点的位置及落料差发生变化,满足实际堆垛需要。

取料作业:取料作业时尾车放下与地面皮带呈水平位置,斗轮转动将物料挖起,经卸料装置将物料卸到悬臂皮带机上,悬臂皮带机将物料送至中心漏斗,卸到地面皮带机上。

铁矿石堆场料堆总高度一般为 16m,斗轮式堆取料机取料时,一般分 4 层取料,每层 4m。每层物料由安装在悬臂上的斗轮在水平面上转动时挖取,当某一层一个单程取完后,机器就前进一步,悬臂向相反的方向转动,开始新的同一层单程挖取过程。取料过程中斗轮堆取料机要不断换层、换堆操作。

③性能参数。

4500/5000t/h 轨道式斗轮堆取料机性能参数如下。

功能:堆料、取料;

适用物料:矿石;

额定堆料能力:5000t/h;

额定取料能力:4500t/h;

斗轮直径:8m;
斗轮转速:5.6r/min;
料斗数量:10个;
皮带机:带宽1600mm,带速3.65m/s;
回转半径:46m;
回转角度:堆、取料各±110°;
回转速度:0.04~0.12r/min。

(4)皮带输送机

皮带输送机是铁矿石装卸作业线的连接装卸船、装卸车、堆场机械和各种储存、给料等作业环节之间的水平运输的转运工具。随着装卸船效率和铁矿石装卸工艺的现代化发展,皮带输送机日益显示其具有固定式、大容量、长距离和高效率的优势,如巴西图巴劳奥矿石码头的皮带输送机系统的矿石输送效率达16000t/h,最大可达20000t/h;挪威的纳尔纳克矿石码头的矿石皮带机输送系统的输送效率为11000t/h。目前世界最新型皮带机系统的输送效率已达40000t/h,我国铁矿石码头皮带输送机系统的输送效率一般为5250t/h。

2)煤炭码头堆场管理

(1)防自燃管理

煤炭在堆垛储存过程中,如堆存时间较长,受环境因素影响,堆垛内会积聚热量。热量积聚到一定程度,煤堆会发生自燃。所以防止堆场煤炭自燃,是煤炭码头堆场管理的一个重要内容。煤炭码头生产业务部门要做好处理自燃煤炭和塌垛抢险工作的组织、协调及人力、机械调动。煤炭堆场的管理人员负责堆场煤炭点检、测温工作,并现场组织扑救自燃煤垛。堆场煤炭自燃的防治作业和措施,有以下一些方面:

①易燃煤种进入堆场堆垛时,应注意煤垛不能太大,煤堆靠场地边沿坝基一侧,应留一米通道,以防止自燃救治时,形成作业死角。

②温度偏高的煤炭装船作业时,要有专人指挥取料机作业,杜绝自燃煤上船。

③易燃煤落地后,煤炭堆场管理员应按照要求测量温度,确保每周测温1~2次,并填写《堆场煤炭测温记录》。测的温度达40℃以上,或煤垛已显示自燃信号后,要加强监护,及时上报,采取相应措施。

④自燃煤的处理。煤炭码头堆场管理员应按计划及时安排清、倒、并垛作业。根据煤炭周转情况和堆存时间,及时清理垛底。

发现堆场煤炭自燃,应及时采取措施,组织灭火。

自燃煤处理降温后,要及时安排装船,但应绝对杜绝着火的煤炭装船。

(2)除杂管理

由火车从矿区直接运入港区的煤炭,非常可能存在一些矿井杂物和运输杂物。这些杂物如果继续进入以后的物流过程和使用过程,可能发生不可预测的危害,所以作为煤炭运输链的前沿,港口应该把质量视为企业的生命线,不断加大堆场清杂捡杂的力度,保证货运质量。

煤炭装船码头除杂分为机械除杂和人工除杂两种方式。

①机械除杂。

机械除杂是利用电磁除铁器等设备,清除通过皮带机水平运输的煤炭上的铁器、雷管等杂物的作业。机械除杂效率高,准确度好,是最可靠的除杂方法。

②人工除杂。

人工除杂是采取分工负责定、责任到人的方式,坚持在煤炭码头的一些关键部位,定人、定时、定点清捡杂质。

③清杂作业注意的重点。

清杂过程中,可实行随机分层动态除杂的方法,及时发现取料机分层取料时暴露出的杂质,并开展夜间除杂项目,减少除杂工作盲区。同时,将超大粒度煤炭也视为"杂质"看待,组织推土机对其进行碾压、归堆处理,避免与粒度小的煤炭混堆,防止由于温差大、热传导快而成为煤炭自燃的隐患,也避免超大粒度煤炭对港口装卸机械的损害。对清捡出的杂质,要进行集中管理,防止杂质二次进堆。

针对进港原煤杂质含量高的实际情况,应将清杂频次适当增加,对杂质含量较高的煤炭进行重点监控。在进行堆位除杂的同时,专门安排人员对通道、马路进行日常清扫,及时清理堆中杂物和外来施工人员丢弃的生活垃圾等杂物,确保通道、场地保持干净,防止煤炭堆场混入新的杂质。

(3)配煤管理

配煤是根据用户的要求,将不同质量的煤炭进行有目的的混合,以适应不同的用途。配煤是港口新工艺,通过有效的物流控制、精准的计量手段与合理的计算方法,将不同质量的煤炭混合装船以实现产品再造,可达到用户需求的质量标准并降低成本,是物流企业向客户提供的一种典型的物流增值服务。

①交替卸车垛位配煤工艺。

配煤工艺及作业要点如下:

交替卸车垛位配煤,即在卸车作业过程中,依据卸车工艺垛形图,将参配煤炭按一定的比例和顺序,交替卸入同一煤炭堆存场地。然后依据取料工艺图,通过后续的装船取料作业,实现参配煤炭的均匀混合。本工艺仅限用于收货人认可的配煤作业。

交替卸车垛位配煤工艺的作业要点如下:

采用本工艺进行配煤作业时,必须预先绘制卸车工艺垛形图和取料工艺图。卸车工艺垛形图的设计必须满足配比要求,必须满足取料作业时参配煤炭能够均匀混合的要求。卸车工艺垛形图的单次卸车容量,必须与单次卸车作业量相匹配。卸车配煤作业必须以该图为依据。取料工艺图的设计必须满足取料作业时,参配煤炭能均匀混合的要求。取料配煤作业必须以该图为依据;采用交替卸车垛位配煤工艺时,港务公司应在参配煤炭卸车配煤过程中,对其进行质量抽检。如发现进港实际煤质与预定煤质有较大差异时,相关港务公司必须对配煤作业委托人尽到告知义务。

②船舱混装配煤工艺。

船舱混装配煤,即在装船过程中,依据装船舱形工艺图,将参配煤炭按一定的比例和顺序,交替分层次装入船舱,然后通过后续的卸船作业,实现参配煤炭的均匀混合。本工艺同样仅限于收货人认可的配煤作业。

船舱混装配煤工艺的作业要点如下：

采用本工艺进行配煤作业时必须预先绘制装船舱形工艺图。船舱配煤作业时，舱口指挥手的装舱指挥必须以该图为依据。装船舱形工艺图的设计必须符合配比方案，必须满足卸船作业过程中参配煤炭能均匀混合的要求。中央控制室调度员必须于每次装船机对舱和取料机对垛作业完毕后，指令装船机司机和取料机司机再次核实所对舱位和垛位。配煤作业过程中，取料机司机必须严格执行中央控制室调度员每次下达的取料煤种和数量指令，装船机司机必须严格执行舱口作业指挥人员随时下达的装舱指令。中央控制室调度员必须认真监控海轮次的配煤取料量，如配煤取料量与设定的计划量接近时，中央控制室调度员必须及时提示取料机司机。

③双取料机配煤工艺。

双取料机配煤，即通过两台取料机分别按一定比例的均衡取料，将参配煤种汇入同一装船皮带输送机，在装船作业过程中实现参配煤炭的均匀混合。双取料机配煤工艺又分为由同一条取料线上两台取料机同时参加配煤作业的单线双取配煤工艺和在两条取料线上两台取料机同时参加配煤作业的双线双取配煤工艺。

双取料机配煤工艺的作业要点如下：

中央控制室调度员必须于每次装船机对舱和取料机对垛作业完毕后，指令装船机司机和取料机司机，再次核实所对舱位和垛位。确认无误后，方可启动配煤作业流程。流程运转正常后，中央控制室调度员应根据各取料点到煤炭会合点皮带机的距离差，计算出各取料机应先后开始取料的时间差，然后依次向各取料机司机下达取料指令。指令中必须包括：各机开始配煤取料时间、各机单位时间的配煤取料量和本轮作业中各机应取料配煤的吨数。配煤作业过程中，中央控制室调度员与各取料机司机及相关环节之间必须随时保持联系，必须随时掌握各环节的作业状态。中央控制室监控屏幕显示的配煤取料量与作业计划设定的配煤取料量相比出现较大偏差时，中央控制室调度员必须及时提示取料机司机。取料机因换层、移垛、故障等原因，需临时中断配煤取料作业时，该取料机司机必须及时报告中央控制室调度员，中央控制室调度员必须立即采取有效措施，以保证配煤质量。

④取装—直取配煤工艺。

取装—直取配煤，即堆场取料作业与车船直取作业同时按比例进行，参配煤种在装船过程中实现均匀混合的配煤工艺。

取装—直取配煤工艺的作业要点如下：

采用取装—直取配煤工艺配煤作业时，必须以过衡和卸车作业组织为重点，必须保证各环节之间的有机衔接，取装作业组织应服从直取作业组织的节奏和要求。每次流程启动前，参配煤炭重车必须对垛到位。卸车作业过程中，应努力做到流量均衡。每次取料机的取料与停取，应与卸车循环的起止时间同步。

3.装船作业工艺

大型煤炭装船码头作业机械主要是移动式装船机（图4-6），基本都采用连续式装卸设备，溜筒可以180°旋转，下面有抛料弯头，省去了平舱，做到货完舱平船正，有效减少了辅助作业，节省了作业时间。从开始作业到装舱完毕，整个作业过程连续，没有停顿。装船机的基本结构可分成主体部分、尾车部分和喂料皮带机三部分。

图 4-6 煤炭码头装船机

1) 装船机主体部分

装船机主体部分主要完成煤炭的连续装船作业,主体部分又由以下主要装置组成:

(1) 门架结构

门架结构主要为钢制框架结构,所起的作用是连接和支撑装船机的各个作业部件,将各个作业部件连成一体。门架结构根据需要,可以具有回转机构,也可以不具有回转机构。具有回转机构的门架,可以在基座上做一定幅度的圆周运动。不具有回转机构的门架,只能跟大车行走结构做前后运动。

(2) 大车行走结构

大车行走结构是使装船机整体顺码头前沿高架皮带机前后移动的装置。码头前沿高架皮带机与码头岸线平行建筑,大车行走结构跨码头高架皮带机,沿铺设在码头前沿的轨道行走,使装船机能在高架皮带机上移动,可停留在任意一个位置。这样就能使装船机的抛料头对准需要装货的船舶舱口,进行作业。

(3) 臂架俯仰、伸缩机构

臂架俯仰、伸缩机构使装船机的臂架能够做一定幅度的俯仰动作和伸缩动作。臂架的俯仰和伸缩,一是能在装船机不作业的时候收起来,便于船舶靠泊和离泊;二是配合装船机大车的行走动作,能使装船机的抛料头灵活地将煤炭抛到船舱的各个位置,并在舱口装货接近结束的时候,成功地进行平舱作业。

(4) 抛料装置

装船机的抛料装置由臂架皮带机、可回转摆动臂架头部溜筒、可摆动的抛料弯头等主要装置组成。在这组装置中,臂架皮带机将煤炭输送给抛料弯头,可回转摆动的臂架头部溜筒和可摆动的抛料弯头起两个作用:一个是使抛出的煤炭具有一定的功能,可以抛到船舱足够的深度;另一个是使抛料均匀,货物装舱平整,减少最后平舱的工作量。

2) 装船机尾车部分

装船机尾车部分所起作用是将装船机主体部分与码头高架皮带机连接起来,使通过高架皮带机输送的煤炭,可以最终输送到抛料头。装船机尾车部分由尾车架结构、连接码头皮带机的尾车、转接溜槽等主要装置组成。

3) 码头前沿的高架皮带机

煤炭装船码头前沿的高架皮带机沿码头岸线建筑,通常横贯整个码头前沿。码头前沿高架皮带机与贯穿码头煤炭堆场的高架皮带机通过转接塔相连接,可以将堆场的物料一直输送到码头前沿高架皮带机,而后喂给装船机尾车的皮带机,直到通过抛料头,装入船舱。码头高架皮带机包括输送带、托辊、滚筒、驱动装置、拉紧装置、皮带清扫器、溜槽、导料槽、密封装置、机架、钢结构栈桥等组成部分以及必要的安全保护、防护设施。

码头前沿的高架皮带机从装船机门架下通过,并通过尾车向装船机供料。码头前沿的高架皮带机与装船机连接,煤炭经主机的臂架皮带机、臂架头部的溜筒进入船舱,并使用抛料弯头进行平舱作业。

伴随着船舶的大型化,装船设备的效率也有了较大的提高。近年来,国内建设的煤炭泊位装船能力单机效率一般为 6000~8000t/h,而国外理查德湾的煤炭码头装船机效率已经达到了 10500t/h。

4. 矿石、煤炭出口工艺流程

1) 火车→堆场

(1) 工艺流程图(图 4-7)

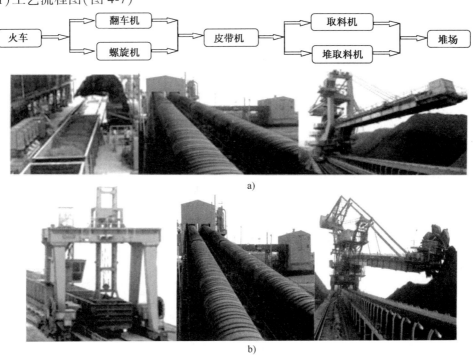

图 4-7 火车→堆场工艺流程图

(2) 火车→堆场流程各工序机械、作业人员配备(表 4-1)

火车→堆场流程各工序机械、作业人员配备　　　　表 4-1

流程作业线	操作过程	机械配备					作业人员配备			作业人员合计
		翻车机	皮带机	堆取料机	堆料机	装载机	司机	清车	皮带工	
L_1	火车→堆场	1	4-5	1		1	6	16	6	28
L_2		1	4-5		1	1	6	16	6	28

注:L 表示流程作业线。

2)堆场→船

(1)工艺流程图(图4-8)

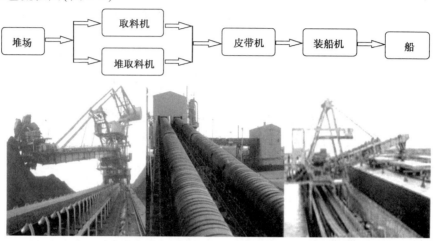

图4-8 堆场→船工艺流程图

(2)堆场→船流程各工序机械、作业人员配备(表4-2)

堆场→船流程各工序机械、作业人员配备　　　　　　表4-2

流程作业线	操作过程	机械配备					作业人员配备				作业人员合计
		取料机	皮带机	装船机	清场装载机	堆取料机	甲板指挥	司机	清场	皮带工	
L_3	堆场→船	1	4	1	N		1	$4+N$	$2N$	4	$8+3N$
L_4			4	1	N	1	1	$4+N$	$2N$	4	$8+3N$

注:L 表示流程作业线;N 为需要供料清场时,安排的装载机和工人的数量。

(3)某港煤炭码头出口装卸工艺流程图(图4-9)

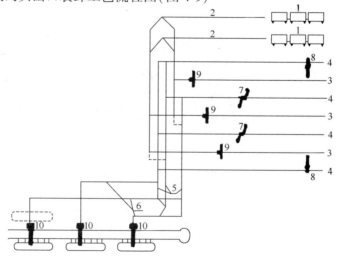

图4-9 某港煤炭码头出口装卸工艺流程图

1-翻车机;2-翻堆皮带机;3-堆料皮带机;4-取料皮带机;5-取装皮带机;6-装船皮带机;7-悬臂式斗轮取料机;8-门式半轮取料机;9-堆料机;10-装船机

5.煤炭、矿石码头出口装卸工艺操作规程

1)卸火车作业

(1)作业前准备

①执行《通用装卸工艺规程》中作业前要求的规定。

②卸车前,进行拉风、验车。

③中控室根据调度员、理货员的指令及煤车煤种到货情况,确定作业流程,对堆料机械布置对垛(理货员现场指垛确认),并安排流程机械、人员作好作业准备。

④翻车机、螺旋卸车机、皮带机、堆料机械司机,按相关规定和中控室指令,实施作业前的准备工作。准备完毕,报告中控室。

(2)作业中

①中控室与理货员核实到位煤种的垛位、节数一致,确认堆料机械到位,各机种完成作业准备,预警后启动流程,下达卸车指令。若有多票货,一票货卸完,卸下一票货前,按照上述过程,重新准备。

②翻车机卸车作业。卸车时,注意观察重车车厢状况,监视压车器、靠车板伸出、收回、定位车起落臂是否正常、到位,若有异常,应立即停机,检查处理。卸车时,翻车机应翻转到位,卸料彻底。根据煤种适当调节漏斗闸板开度,合理控制流量。卸黏煤,漏斗闸板开度要适当增大。根据漏斗料位高低,适当控制卸车速度。注意监视漏斗内情况,发现漏斗内有石块、木棍、钢材等杂物,危及设备安全时,应立即停机处理。

③皮带机作业。随时检查煤流是否偏载、超载、溢出、堵塞,发现问题应及时报告、处理;发现皮带上有石块、木棍、钢材等杂物,危及皮带运行安全时,应立即拉急停处理;因紧急停机,造成漏斗积料过多时,应先清除积料,再启动皮带;检查各段清扫器清扫效果是否良好。

④堆料机械作业。根据堆场和物料情况,选用"定点行走堆料"或"定点旋转堆料"方式,确定堆料高度。按标准垛形堆垛,注意留出垛与垛、垛与轨道梁坡肩的间距。作业时,干、湿式除尘设备应同时使用,使煤尘排放达到港口装卸作业煤粉尘浓度控制指标规定的标准,大风天气加大抑尘力度后,仍达不到煤粉尘排放标准,中止作业。本规定适用于全部煤炭作业。

(3)作业结束

①翻车机将空车推出,定位车返回极限位置,与中控室联系停机、切断电源。

②堆料机械按标准停放。

③清理机械、作业现场、车厢内外煤炭,将车门关闭并将车厢连挂好。

④卸车机械给料完毕,底子煤清理完毕后,中控室停止流程运行,下达堆料机械停机指令。

2)装船作业

(1)作业前准备

①执行《通用装卸工艺规程》中作业前要求的规定。

②中控室根据调度员、理货员的指令,按煤炭取料货位和船舶配载图要求,确定作业流程,并对取料机械布置对垛(理货员现场指垛确认)及取料量、流量的要求,对装船机布置对舱及各舱装船量的要求。配煤作业时,应按计划比例分别给两台或三台取料机械,下达取料

量和取料流量指令。布置流程机械做好启动前的准备工作。

③取料机械、皮带机、装船机司机,按相关规定和中控室指令,实施作业前的准备工作。准备完毕,报告中控室。

(2)作业中

①中控室确认取料、装船机械到位,各机种完成作业准备,预警后启动流程,下达作业指令。

②取料达到舱内配载数量后,取料司机立即停止取料并报告装船机司机及中控室,装船机司机确认皮带无料后报告中控室。中控室根据配载计划,下达装船机移舱指令。移舱完毕,下达取料指令,装下一舱。

③取料机械作业。根据堆场和物料情况,选用"定点行走取料"或"定点旋转取料"方式以及行走方向和旋转范围。根据流量控制要求,选择取料行进旋转速度。

④皮带机执行本规程作业规定。

⑤装船机作业。严格按甲板指挥手指令操作,投料时,按现场调度员要求投料。严格按装船顺序、装舱量进行装船。装船过程中,按船方要求注意保持船体前后、左右平衡,防止偏杆、中垂、中拱现象的发生。装船机移动和臂架俯仰过程中,注意潮汐变化,注意避让船舶设施,防止船损。作业结束前,根据调度员指令,调整船舶前、后、中吃水,达到配载图要求。

(3)作业结束

①装船完毕,调度员下达停止取料指令。

②中控室接到调度员完船通知后,在确认流程物料装船后,停止流程运行,下达机械停机指令。

③取料机械、装船机按标准停放。

④现场清理达到"四标六清"标准。

三、煤炭、矿石进口装卸工艺系统

煤炭、矿石进口装卸工艺主要由煤炭、矿石卸船作业、堆场作业、装车作业三个环节组成,其中煤炭、矿石进口堆场作业系统与上一节所述的煤炭、矿石出口堆场作业中的系统相同,在本节内不再重述。

1.卸船作业工艺

煤炭、矿石卸船机械按机械工作特点分,可分为间歇型卸船机和连续型卸船机两类。间歇型散货卸船机主要有桥式卸船机、带斗门机等,其特点是利用抓斗抓取物料卸船,因为抓斗卸船的工作循环周期中有一个空返回程,因此称为间歇型卸船机。散货卸船机除可用作煤炭、矿石卸船外,还可作为其他诸如散粮、散盐、化肥、沙等散装货卸船之用。

抓斗卸船随主机的不同,分双索抓斗和船吊抓斗两种形式。在介绍煤炭、矿石卸船机前,先要了解抓斗的工作原理。

1)干散货卸船抓斗

(1)四索双瓣抓斗

四索双瓣抓斗(图4-10)是一种专为桥式卸船机配置的散货装卸属具。所谓四索抓斗,即是在抓斗上有四根钢丝绳分别拴在起重机的四个卷筒上,其中两根钢丝绳固定在抓斗的上承梁上,称为支持绳(a),作用是承受抓斗重力。另两根钢丝绳绕过下承梁的滑轮后,也固定在头部,称为开闭绳(b),作用为开关抓斗。

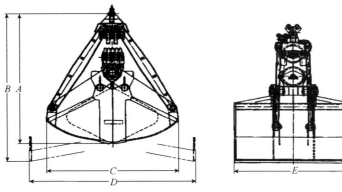

图 4-10　四索双瓣抓斗

四索双瓣抓斗的工作过程如图所示,可分成以下几步(图 4-11):

当抓斗下落到货堆上时,开闭绳和支持绳皆松,抓斗张开,准备抓货。然后开闭绳渐紧,抓斗抓货,抓斗慢慢关闭,抓货结束。开闭绳和支持绳皆紧,抓斗上升,卸船机吊臂旋转至卸货点。支持绳紧,开闭绳松,抓斗张开,卸货结束,吊臂旋转至货堆,抓斗下降。开闭绳和支持绳皆松,准备抓货。重复卸货循环。

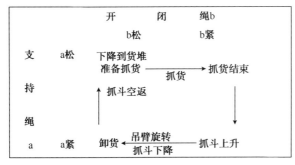

图 4-11　四索双瓣抓斗的工作过程

(2)剪式抓斗

剪式抓斗(图 4-12)是针对大型散货卸船机设计的一种大型、高效专用抓斗。相对四索双瓣抓斗,它具有重心低、挖掘力大、抓取比大、工作周期短、便于清舱、维护工作量低等优点。

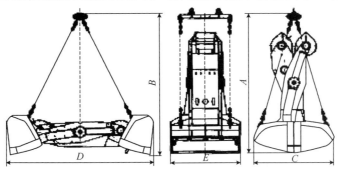

图 4-12　剪式抓斗

2)间歇型卸船机械

(1)桥式卸船机

①基本结构。

目前我国主要的铁矿石专用码头采用的都是由上海振华重工(集团)股份公司制造的桥式抓斗卸船机。

桥式卸船机为 H 形框架结构(图 4-13),全机由金属结构部分、起升机构部分、小车行走部分、料斗作业部分、大车行走部分和司机室等主要部分组成。

图 4-13 桥式卸船机

桥式卸船机的行走大车可沿码头轨道做工作性运行或非工作性运行,即不论卸船机有没有在作业,行走大车都可沿码头前沿轨道,与码头岸线平行地行走,这样就能使卸船机的悬臂随时与待卸船舶的船舱对位。

②桥式卸船机主要技术参数。

2750t/h 桥式抓斗卸船机主要技术参数如下。

抓斗起重量:64t(其中抓斗自重 24.6t)。

卸载能力:2750t/h。

小车海侧轨前伸距:46m。

物料容重:主要为 2.0~3.2t/m³。

物料允许粒度:0~200mm。

物料允许含水比例:≤6%。

行走大车运行速度:25m/min。

抓斗起升速度:抓斗满载上升速度:160m/min。

抓斗下降及空斗上升速度:190m/min。

抓斗小车运行速度:240m/min。

抓斗起升高度:总高度 59m,其中轨上 25m,轨下 34m。

电磁振动给料器最大能力:3125t/h。

(2)带斗门机

早年铁矿石卸船使用的是通用的门座式起重机(简称门机),门机用途比较广泛,既可以带抓斗卸散货,又可以带吊钩卸件杂货。在有些多用途码头,门机甚至还带上专用吊具吊集装箱。设备的通用性强,则卸某一类货物时,效率必定低。所以通用门机虽然可以适用于很多货种的装卸,但对于每一个货种,装卸效率都不高。

带斗门机(图4-14)是为了提高通用式门机用于装卸散货的效率,而对其改进演变而来的。主要的改进,是在原通用式门机的门座上加装一个靠近舱口方向的受料漏斗,这样,门机的抓斗从船舱取料以后,吊臂只要做一个很小的变幅动作,就可以把抓斗抓取的货物卸入门座上的料斗中,这样,抓斗的运行距离可以大大缩短,带斗门机装卸散货的效率可大幅提高。带斗门机的料斗下配置有皮带机系统,可与码头的高架皮带机系统连接。抓斗从船舱内抓取出的物料,卸入门座上的料斗中,再用料斗下的皮带机输送到码头水平运输皮带机,这样缩短了工作循环时间,提高了装卸效率。

图4-14 带斗门机

与桥式卸船机比较,带斗门机的负荷较小,只能使用容积较小的抓斗,所以作业效率低于桥式卸船机,带斗门机的起重量在20~40t,卸船效率在500~800t/h。目前一般在矿石专用卸船码头,带斗门机经常与桥式卸船机配合作业。由于带斗门机建造成本比桥式卸船机低很多,在主码头可同时配置桥式卸船机和带斗门机。桥式卸船机承担刚开舱时的抓斗卸货作业,这时抓斗抓取物料的条件好,用桥式卸船机的大抓斗,一次抓取的货物数量多。到清舱阶段,抓斗需与舱内的翻斗车配合作业,效率下降,这是可以换上带斗门机继续清舱作业。

3)连续型卸船机械

连续型卸船机是指可以以连续方式进行卸船作业的卸船机,主要为链斗式卸船机(图4-15)。链斗式卸船机的基本原理是卸船机拥有一个链斗式卸货臂,链斗式卸货臂由绕过若干链轮的无端链条作牵引构件,由驱动链轮通过轮齿,将圆周牵引力传递给链条,在链条上按一定间距固接着一系列料斗,通过链条的圆周运动,可将煤炭从链条有载分支的下部供入,由料斗把物料提升到上部卸料口卸出。卸船作业时,卸船机将链斗式卸货臂伸入煤炭船舶的船舱,就可以连续取料,实现连续卸船作业。

图4-15 链斗式卸船机

连续式卸船机的优点是作业效率远高于间歇式卸船机,其缺点是:
(1)初始投资大,结构复杂,维修困难。
(2)通常只能用于大舱口位的煤炭船舶作业,用于稍小的船舶作业很不经济。

(3) 难以用于清舱作业,使配置该类卸船机的码头,船舶清舱作业成为一个瓶颈。

(4) 粉尘与噪声大,而且难以治理。

4) 清舱作业

不论用抓斗还是用链斗式卸船机,都不可能将舱内物料卸清,因此必须用清舱机械配合作业。清舱机械的作用是清除舱内物料和提高抓斗的卸船效率。

常用的清舱机械有装载机、挖掘机、推扒机等。

(1) 装载机

装载机在铁矿石接卸作业中主要应用在船舶的清舱作业阶段(图 4-16)。抓斗只能抓取船舶舱口围的货物,无法抓取船舱四角及边沿甲板下的货物。当抓斗将船舶舱口围的货物抓完,就进入卸船的清舱阶段。这时卸船机利用抓斗将轮式装载机吊入船舱,装载机将船舱四角和边沿甲板下的货物铲运到舱口围,让抓斗继续抓取,直到清舱作业结束。为了提高效率,装载机的下舱时机要掌握好,机械下舱过早,会造成机械浪费,下舱过晚,会影响卸船效率。一般 5 万 t 的矿石船每个舱的合理清舱量大约在 2000~2500t。

图 4-16 装载机清舱作业

由于铁矿石比重大,因此所采用的轮式装载机一般都为中大型装载机。搬运能力在 9t 以上,具有较大的发动机功率,操作灵活。全车采用荷载传感式液压系统,可将动力在需要的时候传送至需要的地点,具有快速反应的优势。驾驶室采用全封闭结构,通过空调过滤空气,防止在作业时粉尘对驾驶员的伤害。

(2) 挖掘机

挖掘机主要用于黏度较大,装载机不宜清舱的货物,如镍矿等。

(3) 推扒机

煤炭卸船清舱作业目前基本都使用推扒机,推扒机实际上是一种小型的推土机,为履带式,用于船舶清仓的推扒机功率较大,转弯半径小,动作灵活。它的任务是将甲板围下抓斗抓取死角的煤炭推扒到船舶舱口围,使卸船机械的抓斗可以抓取,直到把舱口四角的煤炭都推到船舱中间抓斗能抓取的位置,完成船舶的清舱。推扒机的动作主要为两个,一个是向前行驶,推板将煤炭推到舱口围中间;另一个是向后行驶,推板将煤炭扒到舱口围中间。

(4) 人工清舱

人工清舱是卸船最后阶段工人将机械无法取到的货物用铁锹放入机械料斗内,然后出舱。

2.装火车作业工艺

(1)散货定量装车机(装车楼)

散货定量装车机(图4-17)是一种效率很高的专门装火车设备,用于装火车时,散货定量装车机可为单元列车批量装载货物,俗称装车楼。

图4-17 散货定量装车机

散货定量装车机装车能力可达4500t/h,每节车皮的装载量,根据车皮型号的不同,为60~100t。装车机能在满足计量精度要求的前提下,在10~100t以内作任意装载量设定。装车楼能够在最大限度地装载车皮允许重量的同时,防止车皮超载或亏吨,可以用最有效的装载和运输操作方式,使每节车皮装到最大允许净重,可以将物料装入正在移动的列车上。

装车机集装车与计量为一体,采用静态斗秤式计量形式,装车秤的准确度等级为OIML R76 Ⅲ级,精度控制在±0.1%范围内。装车重复精度,反映实际装载量与设定量之间的差别,车皮装载量为60t时,可控制在±0.5%范围内。计量数据可直接作为商业结算的依据。

(2)移动式装车机

移动式装车机是矿石专用装火车机械系统,通过装车机的移动来完成装车任务,与固定式装车楼相比,可以节省机车动力,装车机臂架头部由分叉料斗,通过控制料斗挡板完成所装车体转换工作,最大限度地减少了车体之间的洒漏和工人的平车工作量。

(3)装载机

装车作业中的装载机与卸船作业中用于清舱的装载机,在一般码头都采用同一型号,通常为负荷较大的装载机。由于火车车皮装载定量要求高,即使在装载机上装配称重系统,其计量标准也很难达到商业计量的要求,所以轮式装载机装火车作业应用比较少。而装卡车作业中,基本都采用装载机进行作业。

3.煤炭矿石进口工艺流程

1)船→堆场

(1)工艺流程图见图4-18。

(2)船→堆场流程作业各工序机械、作业人员配备见表4-3。

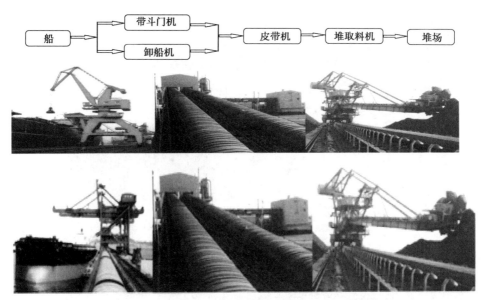

图 4-18 船→堆场工艺流程图

船→堆场流程作业各工序机械、作业人员配备　　　　表 4-3

流程线	操作过程	机械配备					作业人员配备					作业人员合计
		卸船机	皮带机	堆取料机	清舱装载机	带斗门机	甲板指挥	司机	清码头甲板	清舱工人	皮带工	
L_1	船→堆场	1	3	1	N		1	$4+N$	2	N	4	$11+2N$
L_2		2	4	1	N		2	$6+N$	4	N	5	$17+2N$
L_3		1	5	1	N		1	$4+N$	2	N	6	$13+2N$
L_4			3~5	1	N	3	3	$8+N$	3	N	3	$17+2N$

注：L 为流程作业线。N 表示清舱作业时，安排的装载机和工人的数量。

2) 堆场→火车

(1) 工艺流程图见图 4-19。

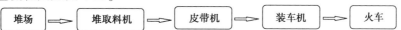

图 4-19 堆场→火车工艺流程图

(2) 堆场→火车流程各工序机械、作业人员配备见表4-4)

堆场→火车流程各工序机械、作业人员配备　　　　表4-4

流程线	操作过程	机械配备				作业人员配备				人员合计
		堆取料机	皮带机	装车机	供料装载机	清场工人	装车工人	司机	皮带工	
L_1	堆场→火车	1	3	1	N	N	10	$4+N$	4	$18+2N$
L_2		1	5	1	N	N	10	$4+N$	5	$19+2N$

注：L 为流程作业线。N 表示供料作业时，安排的装载机和工人的数量。

3) 某港矿石码头进口工艺流程图(图4-20)

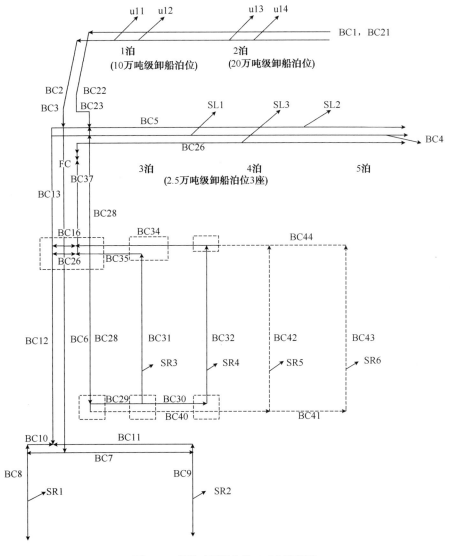

图4-20　某港矿石码头进口工艺流程图

ul-卸船机；SL-装船机；SR-斗轮堆取料机；BC-固定皮带机；FB、FC、EB-功能皮带机

图中虚线部分为待建设备，点划线为转运站

4.煤炭、矿石码头进口装卸工艺操作规程

1）卸船作业

（1）作业前准备

①执行《通用装卸工艺规程》中作业前要求的规定。

②中控室根据调度员、理货员的指令，按船舶积载图和所卸货物堆料货位，确定作业流程，同时对卸船机、带斗门机布置卸船流量的要求，布置流程设备做好启动前的准备工作。调度员对卸船机、带斗门机布置对舱，理货员对堆料机械布置对垛。

③卸船机、带斗门机、皮带机、堆取料机司机，按规定和中控室指令，实施作业前的准备工作。准备完毕，报告中控室。

（2）作业中

①中控室确认堆料机械、卸船机械到位，各机种完成作业准备，预警后启动流程，下达作业指令。如有多票货，一票货卸完，卸下一票货前，按照上述过程，重新准备。

②卸船机作业。根据船型和货物配载情况正确选择卸船机工作模式和操作模式。严格按甲板指挥手指令操作。不得游钩作业、超载作业。首轮卸船后，根据调度员指令，重新对舱，进行下一轮作业。抓卸舱口位货物时，应逐层抓取，直至舱底，不允许挖井留山。卸船过程中，按船方要求注意保持船体前后、左右平衡，防止偏杆、中垂、中拱现象发生。抓斗放料时，开口位置要适当，避免撒漏。漏斗放料时，卸船机之间要互相配合，做到放料均衡。减载作业结束前，根据调度员指令，调整船舶前、后、中吃水并控制在船方要求的上下限吃水范围内，舱内货物平整，达到船舶航行要求。卸船机移动和臂架俯仰过程中，注意避让船舶设施。

③带斗门机作业执行本标准卸船机的作业规定。

④皮带机作业。随时检查矿流有否偏载、超载、溢出、堵塞等现象，发现问题应及时报告、处理。发现皮带上有石块、木棍、钢材等杂物，危及皮带运行安全时，应立即拉急停处理。如因紧急停机，造成漏斗积料过多时，应先清除积料，再启动皮带。检查各段清扫器清扫效果是否良好。

⑤堆取料机作业。根据堆场和物料情况，选用"定点行走堆料"或"定点旋转堆料"方式，确定堆料高度。按标准垛形堆垛，注意留出垛与垛、垛与轨道梁坡肩的间距；作业时，应使用湿式除尘设备，使矿尘排放达到环保要求。大风天气加大抑尘力度后，仍达不到环保要求，中止作业。

（3）作业结束

①中控室接到调度员完船通知在确认皮带流程上物料放干净后，停止流程运行，下达机械停机指令。

②卸船机放净漏斗物料、清除杂物，抓斗放入漏斗格栅，小车锁定销插牢。大梁升起，安全钩锁定好。大车锚定板插入锚定坑内，锚定销插牢；塞好防风楔子。

③带斗门机放净漏斗和皮带上物料，收回漏斗，将抓斗放在岸壁指定位置。

④卸船机械、堆料机械按标准停放。

⑤现场清理达到"四标六清"标准。

2）装火车作业

（1）作业前准备

①执行《通用装卸工艺规程》中作业前要求的规定。

②查验车厢、清理车厢内杂物。检查关好车门,并用木楔塞紧。对车厢缝隙采取堵漏措施。

③中控室根据调度员、理货员的指令,按所装物料货位和装车要求,确定作业流程,并对堆取料机布置对垛(理货员现场指垛确认)、取料量、流量要求;对装车机布置对车、禁装车要求。布置流程设备做好启动前的准备工作。

④堆取料机、皮带机、装车机司机,按规定和中控室指令,实施作业前的准备工作。准备完毕,报告中控室。

(2)作业中

①中控室确认取料机、装车机械到位,各机种完成作业准备,预警后启动流程,下达作业指令。

②取料机作业执行本规程中取料机作业规定。

③皮带机执行本规程中皮带机作业规定。

④装车机作业。装车时,密切监视物料料流,合理控制行车速度,做到均衡装车。随时监视皮带秤显示器,严格控制装车吨位,减少撒漏。如因紧急停机,造成机上溜筒积料过多时,应先清除积料,再启动设备。正常启停流程时,应根据中控室指令,按正常顺序停机。装车结束前,及时与堆取料机联系控制流量。

(3)作业结束

①中控室接到完车通知后,下达停机指令,停止流程运行。

②堆取料机、装车机按标准停放。

③现场清理达到"四标六清"标准。

四、煤炭、矿石作业计量及粉尘防治

1.煤炭、矿石作业计量

煤炭、矿石码头的计量设施一般有轨道衡、地秤(汽车衡)、皮带衡等。用于商业计量的电子轨道衡、汽车衡每6个月必须由国家核定的专业计量检定机构检定,检定合格后方可投入使用。

(1)轨道衡和汽车衡

煤炭、矿石码头通常设置轨道衡。随着智能化技术发展和被广泛应用,传感器技术、微计算机技术的应用领域也不断地在工业精度控制中使用。电子轨道衡、汽车衡对每一节车皮和车辆的原材料称重,计量精度较高,工作稳定可靠。火车、汽车通过轨道衡、汽车衡可自动在显示仪表上显示货物数量。

(2)皮带衡

皮带衡装在用于连续水平运输的高架皮带机上。煤炭卸船码头由前沿一直通往堆场的高架皮带机,是用于煤炭水平运输的主要通道,经常是唯一通道。在高架皮带机上,通常装有皮带衡。皮带衡一般为悬挂式,是一种连续计量衡器,由传感器、显示仪表两部分组成,传感器悬挂于高架皮带机的输送皮带,可连续计量皮带上通过的煤炭重量,读数可以通过控制室的屏幕读取。由于技术原因,皮带衡不可能准确计量货物连续通过皮带的重量,允许有一定的计量误差。所以皮带衡的计量读数通常只作为码头监控高架皮带机通过流量使用,而

不作为商业交易计量的依据。

2.煤炭、矿石作业粉尘防治

煤炭与矿石,不论是块状、粒状或是粉状,都具有扬尘性,因此在煤炭、矿石的装卸保管过程中,用抓斗、皮带机、翻车机、堆取料机和坑道漏斗等机械,在对物料抓取、投送,或物料经过漏斗自流时,都会因冲击和振动引起粉尘飞扬。粉尘对人身体健康、环境污染有很大影响,因此防尘工作非常重要。防尘措施主要由以下几种。

(1)喷雾防尘

将水雾化,喷在物料表面和扬尘处,由于粉尘在水雾的包围下,表面相黏结成较大颗粒而减少飞扬。此法常用于减少物料在被抓取和投送时产生的粉尘。

(2)喷水防尘

露天堆场上大面积的防尘常用对货堆表面均匀喷洒水的方法防尘。堆场上设置喷水装置每隔30~50m即设一处喷水点,用活动喷水嘴向四周喷洒水,或用流动的喷水车代替,但要注意避免喷水集中而形成小溪。采用这种方法防尘还要注意堆场污水的污染,也就是要修建污水处理池,将堆场流出的污水集中到池中,加以沉淀、过滤等处理。

(3)抑尘剂防尘

高分子抑尘剂主要的成分为乙烯基树脂或丙烯树脂,通过在罐内稀释达到相应浓度,用洒水车或喷雾机喷洒在铁矿石矿堆表面,使矿石的扬尘被吸着、凝结,变成无法飞扬的非飞散性粗大粒子,有效时间长达20~30d。抑尘剂由于只是在矿堆表面形成能够使微尘迅速凝结成团粒状的薄膜,特别适用于我国北方港口冬季堆场防尘,解决冬季反复喷水使矿石冻结成块,影响取料机取料和物料输送的难题。

(4)苫盖防尘网或篷布

对于短时间内经常动的货垛,采用防尘网或篷布苫盖的效果非常明显。防尘网或篷布可以多次利用,但盖垛、揭垛需要人工较多,见图4-21。

(5)挡风抑尘墙(图4-22)

随着我国经济的迅猛发展,煤炭、矿粉、沙灰等散料货物储运量不断增加,露天堆放的各种储煤场、矿石等散料,在堆存或作业中,遇到二级风以上天气时,经常粉尘满天,给周围大气环境造成严重的污染,由此带来的粉尘污染和扬尘扰民问题也越来越引起人们的重视。挡风抑尘墙就是解决这一污染行之有效的科技技术。

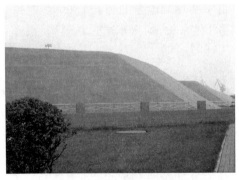

图4-21 矿石垛苫盖防尘网

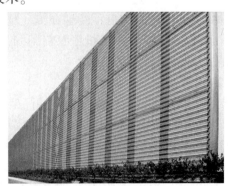

图4-22 挡风抑尘墙

挡风抑尘墙利用空气动力学原理,按照实施现场环境风洞实验结果加工成一定几何形状、开孔率和不同孔形组合的挡风抑尘墙,使流通的空气(强风)从外通过墙体时,在墙体内侧形成上、下干扰的气流,以达到外侧强风、内侧弱风,外侧小风、内侧无风的效果,从而防止粉尘的飞扬。通过对挡风抑尘墙进行的实验表明,挡风墙可有效降低来流风的风速,改变一部分来流风通过挡风抑尘墙后的风向,最大限度地损失来流风的动能,避免来流风的明显涡流,减少风的湍流度,以达到减少起尘的目的。来流风通过挡风抑尘墙形成湍流旋涡气流后,风速、风压的衰减幅度与风速平方成正比。所以,风速越大,挡风抑尘墙的抑尘效率越高,达到控制扬尘的效果越佳。该技术经多年使用,抑尘率达80%以上。

防污染的措施还有很多,如在漏斗周围加围裙,在皮带机接头处加上防尘罩,操作技术的改进和提高(如降低落料点)等。总之,港口可根据具体条件,采取各种切实可行的措施,并在散货码头的四周植树,形成天然的防护林带,将粉尘污染控制和减少到最低程度。

五、散粮装卸工艺及工作组织

粮食关乎国计民生,更关系着国家的稳定和安全。每一个进行粮食中转的港口都有责任维护粮食在港口的安全与质量,提高其物流中转效率,降低粮食损耗。粮食有它独有的特性,如流散性、自热性、吸附性等。这些粮食特性互相关联,对粮食的储存安全产生着直接影响。因此,港口在进行散粮机械化系统设计时应充分考虑这些特性,满足粮食在港口转运和短期保管的需要。

1.散粮卸船机械

散粮卸船分为间歇型和连续型,间歇型主要是指各类带斗门机,其他都是连续型。目前,在散粮专业化码头,我国港口使用较多的卸船机械是带斗门机、气力吸粮机、夹皮带式卸船机、埋刮板式卸船机。

1)带斗门机

散粮卸船码头使用的带斗门机(图4-23),在基本结构上与煤炭卸船码头、铁矿石卸船码头、散化肥卸船码头等类似,也是在常规通用门式起重机的基础上增加一个接料斗,缩短抓斗运行距离来提高作业效率。区别在于由于散粮粒度较小、滑性更大、同时比重也较小,所以,散粮卸船使用的抓斗双颚闭合的要求更高,每抓斗的抓取量比煤炭较少。与其他散货带斗门机一样,散粮带斗门机在料斗下方也连接皮带机或刮板运输设备。散粮带斗门机一般效率在400t/h左右。目前国内港口已有使用桥式抓斗卸船机用于散粮卸船(图4-24),带斗桥吊的负荷大于带斗门机,所以可以使用容积更大的抓斗,其卸船效率明显提高,可达1000t/h。

带斗门机、桥吊的使用特点是:

(1)机械结构简单,造价低,维修保养方法便。

(2)对船型和货种的适应性强。

(3)抓斗闭合难以严密,卸船作业过程中有散粮洒落现象。

2)气力吸粮机

吸粮机是连续型散粮卸船机的常见机型。其工作原理是用气泵或多级涡轮产生的真空压差,使管内空气急速流动,运动着的空气流把速度传递给所要运送的物料,使空气和物料一起到达接收地点,然后空气自行散失与物料分离,物料再通过码头上的机械重新转运出去。

图 4-23 带斗门机

图 4-24 带斗桥吊

卸船机转动臂上的水平和垂直套接的吸管通常可自由升降,并能插进谷粒中,将船舱内所有敞开部分打扫干净。机身一般都安装在轨道上运行的龙门架上(图 4-25)。这种卸船机一般都装有吸尘及隔声设施。

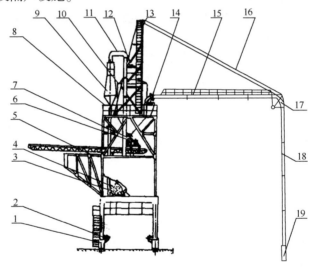

图 4-25 龙门架

1-行走机构;2-行走驱动装置;3-电动机;4-鼓风机;5-伸缩皮带机;6-卸料器驱动装置;7-卸料器;8-卸灰器;9-除尘器;10-分离器;11-风管;12-吸管俯仰驱动装置;13-滑轮;14-吸管旋转装置;15-水平输送管;16-钢丝绳;17-弯管;18-处置输送管;19-吸嘴

吸粮机的工作优点有:

(1)吸粮机结构简单,造价低,操作方便,使用灵活。

(2)对船型的适应性强,清舱量较小,工人的劳动强度低。

(3)易与其他运输环节相衔接。

但在实际使用中,吸粮机还存在"三大一低"的缺点:

①噪声大;

②粉尘大;

③能耗大;

④效率低。

3) 夹皮带卸船机(双带卸船机)

图 4-26 是国内某港口的夹皮带卸船机,卸船效率 750t/h。

国内应用的夹皮带卸船机大部分系 20 世纪 80 年代引进英国西蒙—卡维斯(Simon-carves)公司的产品,目前仍在使用。可使用 8 万 t 级散粮船。

夹皮带卸船机的主要构件包括喂料头、主带(盖带)、气箱、侧边密封件、离心风机、皮带张紧油缸等。

图 4-26　夹皮带卸船机

夹皮带卸船机的工作原理是在两条垂直的、同速向上运动的皮带的两个相对侧面均匀加压,使通过喂料器进入夹皮带机的物料在两条皮带中间被夹带同步向上运动,实现物料的垂直提升。在提升时,货物仅与皮带接触,而皮带是用密封装置与空气压力相结合的方式压紧的。

由于主(盖)皮带与气箱底板、侧密封之间形成气膜,因此皮带的运转阻力较小。在提升腿的顶部,夹运货物的两条皮带沿旋转臂改变方向,然后,通过一组溜管和横向皮带机,向码头岸边的水平运输皮带机卸料。

夹皮带卸船机的优点:

(1)卸船效率较高。

(2)成本低。同其他形式的卸船机相比,夹皮带卸船机不仅在基本投资上有竞争性,而且由于重量轻使码头投资也相应减少。

(3)物料破碎少。由于物料是在两条相同速度的皮带之间输送,所以实际上根本不存在物料破碎问题。

(4)粉尘小。夹皮带卸船机卸料时,物料首先是经过埋在物料下面的喂料器,然后由两条边部密封的皮带夹运输送,因而其粉尘是极小的。

(5)噪声低。夹皮带卸船机声音很小,实际上,其噪声仅来自主驱动马达和小型空压机。

(6)维修方便,耗能低,单位耗能在 0.2kWh/t。

夹皮带卸船机的应用,自 1975 年以色列海法港首次安装了世界上第一台装卸效率为 600t/h 的夹皮带卸船机以来,挪威、韩国等也先后于 20 世纪 70 年代后期、80 年代初期选用了这种卸船机。目前,夹皮带卸船机在专业化散粮码头上的应用越来越广泛,我国也在 80 年代中期在天津港和大连港的散粮码头采用了装卸效率为 750t/h 的夹皮带卸船机。

4)埋刮板卸船机

(1)主要构造和工作原理

埋刮板卸船机是由喂料器、垂直提升机、水平输送机等部分组成。作业时,物料在喂料器的作用下,从垂直臂下端开口处流出箱体,受刮板的运动推力而上,至出口处卸出流入水平输送机械,再转载到码头的接料装置中。这种提升机适用于散货船,尤其是巨型散粮船的连续卸船作业。

垂直提升机的输料链由若干 T 字形铸钢件铰接而成,在每一横条上都对称焊装巨型圈状刮板,见图 4-27。

链圈顶部导轮由无级调速的液压马达驱动,底部是一个从动轮,中部还设有链条张紧轮。沿提升机高度,每隔 3~4m 设有一个防爆安全阀门。提升机高度可达 30~60m,工作时可沿船舱的横向和纵向斜摆,横向可向左右各摆动 30°,纵向可向前后各摆动 7°,以便尽量自取舱内各处的物料。另外在风浪条件下,摆动机构也可用来防止提升机和舱口碰撞。

提升机还可以根据舱内物料面的高低作垂向动作。这些摆动和垂动都是靠四连杆结构和万向接头液压自动调节的,见图 4-28。

图 4-27 对称焊装巨型圈状刮板

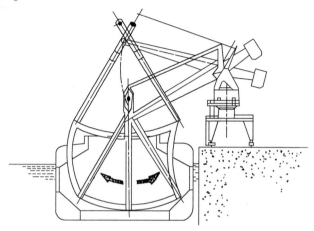

图 4-28 提升机作业范围

(2)工作特点

埋刮板卸船机与气吸式、螺旋式、夹皮带式及抓斗式等比较,其主要特点是:
①能耗小、输送能力大。
②卸船效率高、卸船时比夹皮带机占用船舱的空间少,并能适用于大倾角卸船情况。
③输送系统封闭性好,可防粉尘扩散造成对环境的污染。
④便于维护保养,维修成本低,使用寿命长。对各种散粮及散货的卸船适应性强。刮板速度高,不适用于装卸易碎、不耐冲击的物料。

2.散粮装船机(图 4-29)

散粮码头使用的装船机一般都是连续型作业,装船机是散粮码头专用装船机械,在国内北方港口大型散粮码头上得到广泛应用。虽然在许多时候可采用门机进行散货的装卸船作业,但散粮装船机用于散粮码头装船时效率更高,撒落更少,便于散粮装卸作业的"散来散走"。随着散粮海上运输运费价格比陆路低的趋势越来越明显,使得大型散粮装船机在北方港口使用愈来愈成为可能。

一般装船机有臂架皮带机、过渡皮带机、伸缩溜筒、尾车、走行装置、门架、塔架、俯仰装置、

图 4-29 散粮装船机

回转装置等组成。散粮装船机通常是连续装船作业,因此,码头必须有与之配套的设备(如筒仓、顺岸皮带机等)提供连续的物流料,使装船机可连续装船。

3.散粮码头装卸配套设备

大型专业化散粮码头的前沿都配置了连续作业的高效装船机或卸船机,这就需要后续环节同样配置高效的连续输送设备,确保物料能连续接卸和送达,以形成有效的连续作业系统。这些配套设备包括物料的水平运输、垂直运输、卸车、装车、布料等。

1)带式输送设备

带式输送设备是大型散粮码头常用设备之一,主要用于物料不同距离的水平运输,有时也能进行一定坡度的垂直运输(如采用上倾式带式输送机提升粮食)。带式输送机广泛用于以搭接方式进行水平运输、实现舱顶布料,也可放置舱底或其他设备下面实现接料、输送,还可以灵活采用卸料小车方式,实现移动布料。总之,带式输送机在粮食码头得到了广泛的应用。

(1)带式输送机的分类

带式输送机有以下分类方式:

①按固定方式。按带式输送机是否固定装置,可分为移动式和固定式。移动式输送机(流动皮带机)可在码头不同位置移动使用,一般长度较短,体型较小,可若干台首尾衔接排列,灵活地完成一段距离的散货水平运输。固定式皮带机则装载在某个固定位置,通常规模较大,用于完成两个固定点之间的物料水平运输。

②按承接方式。按承接方式可分为槽型托辊式、气垫式、半气垫式、双锥托辊式、夹带式等。主要是反映输送带对物料的承载所采用的不同方式。

(2)带式输送机的特点

①结构简单。带式输送机由传统滚筒、改向滚筒、托辊货物托辊式部件、输送带等几大部分组成,仅有十多种部件,能进行标准化生产,并可按需要进行组合。

②能耗低、效率高。由于带式输送机运动部件自重轻,无效运量少,在所有连续和非连续输送机中,带式输送机能耗最低、效率最高。

③维修费少。带式输送机易损部件仅是托辊、联轴节胶块、三角带等,价格一般较低,因此日常维修费用较少。

2)斗式提升机

在散粮装卸机械化系统中,从船上卸下的散粮经水平输送和计量后,都要用斗式提升机把散粮竖直提升到散粮筒仓顶部的输送机上,因此斗式提升机是散粮筒仓系统重要的竖直提升输送机械。

斗式提升机的种类很多,根据牵引机构的不同,有带式提升机和链式提升机。根据卸料方式不同,斗式提升机又分为离心重力卸料式和重力卸料式。

斗式提升机的主要组成部件是机头、机座、机身、带有料斗的传送胶带。机头内安装有头轮,机座内安装有尾轮,两个轮子上是封闭的带有料斗的胶带。为了进料和出料,在机头和机座上还有进料管与出料管。在机座的尾轮上还安装有重锤式或螺旋式张紧装置。

从目前使用情况看,斗式提升机是散粮的竖直提升进筒仓的最适用的机械。

为了提高斗式提升机工作效率和安全性,在散粮装卸工艺布置时要考虑的问题是:

(1)将斗式提升机从工作楼里迁移到室外,用单独的钢架支撑,其优点是:
①安全性好,万一由于斗式提升机发生粉尘爆炸,损失可大大减少。
②避免斗式提升机运转时产生的振动和噪声。
③工作楼的高度可降低,面积可减少,可大幅度地节省工作楼的造价。
(2)斗式提升机必须要设置有效的防爆装置。
(3)要重视提升机底部的清底问题。为了有效地清除斗式提升机底部的散粮,以保证散粮的存储质量,减轻工人清底的劳动强度,斗式提升机可采用倾斜式或无底的底部结构:倾斜式斗式提升机清底时只要打开底门,散粮可沿底部斜壁自动流出;无底式斗式提升机要注意解决提升机底部的堵塞问题。

3)卸车地沟

散粮码头为了高效处理到港的货物,一般都配套建有专用的火车、汽车的卸车线,以提高货物集港效率。火车、汽车的卸车线一般用倾侧卸车的方式,利用重力,将散粮卸于配套的卸车地沟中。卸车地沟应满足接卸散粮专用火车、汽车的要求。同时,有时散粮进栈时是袋装的,需要进行"袋进散出"的作业,这样,卸车地沟还要同时满足袋装货物割包进仓的需要。

(1)卸车线的布置

卸车线通常采用纵长的布置方式,即在一条卸车线上,可同时停放多台车辆,进行卸车作业。

(2)配套过滤设备

粮食卸车时,应同时进行杂质、异物的过滤,一般用35mm的方形筛网过滤。按机械化筒仓系统的国家标准,在粮食进入筒仓前应安装除铁设备。

(3)卸车地沟的V形存仓

用V形存仓的目的是利用散粮自重下流,这种V形存仓也常用于散货。散粮存仓的特点如下。

V形坑道存仓的结构特点:
①存仓断面决定于堆存量,堆场长度,物料的容重和摩擦角。
②存仓壁的倾角要能使物料从上滑下来,所以倾角不仅要大于物料的自然坡度角,而且仓壁的表面要光滑。
③存仓断面上常加有隔壁,这样不仅可增加物料的存量,还可以分货种。
④出料口分部在V形坑道存仓的底部,每隔3~6m布置一个,出料口一般为正方形,下方为漏斗闸门,以控制物料的流量。

V形存仓的布置形式主要有两种:纵向布置和横向布置。
①纵向布置,即存仓沿铁路线卸车线的长度方向布置。这种布置的特点是:一条卸车线上可以同时停放多辆车进行卸车作业,可减少调车次数,减少车辆在港停留时间。缺点是:V形存仓和皮带输送机等设备量要增加。
②横向布置,即V形存仓垂直于铁路线方向布置。这种布置的特点是:调车次数多,同时卸车数少,所以每条铁路线上布置一个车位,适用于吞吐量不大的港口。

V形存仓下漏斗口闸门下设皮带输送机,其作用是将卸出的物料输送到卸料点,以进行下一步处理。

卸车作业的工作程序是:敞车在卸车线上将车门和下侧门打开后散粮可自动流出,从车上卸下的散粮进入V形存仓,然后再通过V形存库下的闸门,经闸门下的皮带输送机系统将散粮输运到工作塔,经工作塔内的斗式提升机提升到筒仓,进入指定的筒仓内。

4)装车设备

散粮装车,不论敞车还是棚车,最有效的方法是用高架存仓装置,这类存仓装置根据具体条件可以形成各种不同的形式,但它的装车方法是相同的,就是利用散粮的流动,从高处通过管槽将物料送入车厢内。一般的大型码头都设有专用的装车系统,可同时完成计量过程,即可装火车,同时兼顾装汽车。

5)筒仓布料设备

筒仓是散粮装卸码头主要的储存设备,物料的进出频繁,需要配置各种布料设备。

(1)埋刮板输送机布料

埋刮板输送机通常用于筒仓仓顶布料,具有很大的优势。埋刮板输送机与其他几种仓顶布料设备相比,体积小、密封好,可直接在箱体底板上安转插板门,方便卸料点布置。埋刮板输送机输送效率可达2000t/h。埋刮板输送机的缺点是在输送易破碎的物料时,物料的破碎率较高。

(2)搭接式皮带机

用多台皮带机进行搭接,形成接力式的布料,就是搭接皮带机布料。采用这种方式,需要多台电机驱动,消耗功率大。而且在每台皮带机的机头下方的流管部位,需安装翻板阀门。整个系统体积大,需要反复爬升,制造、安装成本高,维修不方便。同时,皮带机之间需要多次抛料,会带来粮食破碎问题,目前新建项目已基本不使用该种设备。

(3)全密封式多点卸料皮带机

全密封式多点卸料皮带机是近几年刚开发出的一种新型仓顶布料输送设备,其基本原理是在皮带机折返点安装两个翻板阀门,实现对料流方向的控制。由于皮带多次折返、爬坡,输送机的功率相对较高。另外,由于使用翻板阀门封闭物料,如果翻板阀门制造、安装精度不高,容易造成混质。

(4)犁式多点卸料皮带机

犁式多点卸料皮带机以拥有一个类似农具犁的部件而得名,部件犁所起的作用主要是布料,而且有比较好的效果。美国BROCK公司所生产的犁式多点卸料皮带机在用于粮食筒仓仓顶布料时,具有体积小、布料方便、粮食破碎率低等特点。国内多个粮食码头使用该种设备。

(5)卸料小车

卸料小车适用于散粮筒仓仓顶水平皮带输送机的布料卸料,其适用的带速低于3.15m/s。同时,卸料小车还可通过改向滚筒,将物料抛落进三通漏斗,物料在电动翻板的控制下可分别箱两侧漏斗或中间落料口落料。向中间落料口落料主要用于卸料小车调整仓位和向尾仓加料。

除了以上配套设备外,散粮码头还配备其他设备设施,以确保装卸作业的顺利进行。这类设备设施主要包括自动化控制系统、计量设备、除尘设备、扦样设备、筒仓通风设备、空压机站及管网等附属设备。

4.散粮筒仓

散粮码头一般采用散粮筒仓来进行物料的进出和储存,所以散粮筒仓是散粮装卸港口非常重要的设备。

1)筒仓位置

筒仓是一组高大(一般高30~40m)的建筑物群体,装满仓后,其基础负荷很大,底面反力可达30t/m² 左右,所以经济合理的确定筒仓的位置是很重要的。在确定筒仓位置时,必须要考虑港区的地形、地质及与周围建筑物的关系等条件。为了减少输送设备的投资和降低能耗,在可能的情况下筒仓应尽量靠近码头泊位,如日本港内的筒仓距码头前沿一般在50m 以内,近者不足20m。同时还要考虑出料方便,宜于火车或载货汽车接运,避免输送路线的交叉和往返,保证装卸工艺系统的布置合理和留有发展余地。

2)筒仓及输送系统的组成

筒仓整体通常由三部分组成:

(1)筒仓主体

筒仓主体由圆筒的筒体和下部圆锥形的筒底组成。锥度根据物料的性质而定。

(2)筒仓顶部布料设备

筒仓顶部有仓顶皮带机,配备仓顶布料设备,可把散粮卸入圆筒仓。

(3)筒仓仓底输送设备

筒仓仓底也设有皮带机,可将散粮送入灌包系统或运到散(粮)出(港)皮带机,或转运到翻仓皮带机完成翻仓作业。

3)筒仓容量的确定

筒仓容量可用下式估算。

$$E = \frac{Q \cdot \xi \cdot K \cdot t}{T \cdot \eta}$$

式中:E——筒仓容量,t;

ξ——入库系数,$\xi=1$;

K——不平衡系数,$K=1.5$;

t——平均堆存期,d,$t=6$;

T——年工作天,d,$T=350$;

η——圆筒仓利用系数,$\eta=0.75\sim0.8$;

Q——年通过量,t,接卸量,$Q=300$ 万 t。

港口筒仓对散粮既有转运作用,又起储存作用。但是,如储存期过长,则筒仓的经济效益就会相对较低。据国外使用的实践经验得出,要使筒仓盈利,年周转次数至少不低于8次,基本要达到8~10 次。

4)筒仓的排列形式

散粮码头筒仓的排列形式有以下两种。

(1)行列式排列

即圆筒仓成行排列,由此组成了星仓和筒仓(图4-30),这是散粮圆筒仓最常采用的一种排列形式。

行列式圆筒仓排列形式中,筒仓个数为 $m \times n$ 个,星仓个数为 $(m-1) \times (n-1)$ 个。圆筒仓的支承是筒仓的连接部分所设的柱子。筒仓下的皮带机是偏心布置,目的是为了避开圆柱,仓底还设有溜管,将筒仓中间的粮食溜到皮带机上,溜管的倾角为 33°~36°。

(2)气盘式:这种形式的散粮容量较大,圆柱槽建在筒仓的连接处,皮带机布置可以对正筒仓中心出口,可以不必设溜管,所以圆筒高度较低,但外接缝的强度要求高,技术要求高,故常不采用(图 4-31)。

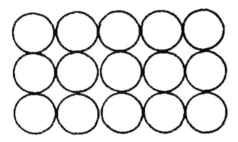   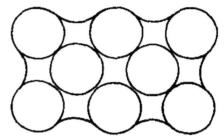

图 4-30 行列式圆筒仓排列　　　　　图 4-31 气盘式圆筒仓排列

5)筒仓结构

散粮筒仓可分为钢筋混凝土结构和钢板结构仓。

(1)钢筋混凝土结构:这是法国从 1817 年开始使用和发展的,至 1960 年以后,苏联和日本开始用预制法建造钢筋混凝土筒仓。钢筋混凝土结构的圆筒仓也是我国使用圆筒仓主要结构形式。国内港口散粮码头目前最大的钢筋混凝土图筒仓的容量达 8 万 t 以上。

(2)钢板结构:又称压形钢板仓。国外钢板仓是从第二次世界大战以后,20 世纪 40 年代末在欧、美等国发展起来的。直至 60 年代中期,钢板仓迅速发展,这是因为当时钢板的生产能满足钢板仓发展的要求,另外则是国外钢板通过一段时间的使用,显示它的优点,已为人们接受。

钢板仓具有板薄、造价低、结构轻;标准化,可成批生产,易于更换,所有的构件都经过镀锌和热处理,使钢板使用寿命延长;波纹钢板可增加强度和刚度,不易变形;钢板仓对粮食的贮存性能无影响,但其通风性差。

国内的钢板仓是从 1980 年年底开始发展,如天津港的散粮钢板仓。

(3)钢筋混凝土结构和钢板结构的粮食筒仓使用性能比较:钢筋混凝土结构和钢板结构的粮食筒仓各具特点,从港口使用的历史来看,钢筋混凝土圆筒仓较长,但后来采用的钢板圆筒仓也有自身的优点。因此港口应根据自身的需要进行选择。下面根据使用的特点,比较这两种不同结构形式的散粮圆筒仓的使用特点。

①筒仓质量。

有关资料表明,混凝土圆仓自身的质量与其容量几乎相等,或者稍微重一点。而钢板仓(包括其用混凝土浇灌而成的基础部分)的质量只有其容量的 35% 左右。混凝土圆筒仓仓中的混凝土部分就要比钢板仓重。因此就出现了荷载之差和打桩工程之差。表 4-5 是 10000t 容量的筒仓为例并进行比较的。混凝土仓在满仓的时候其总质量是 20000t 左右,需用 80t 耐力的桩 250 根左右。钢板仓的总质量为 13500t,只需 170 根桩。而钢材的使用量,钢板仓就大于混凝土仓,即同样在上例中,混凝土仓需钢材650t,钢板仓则需800t左右(其中钢筋为150t左右)。

混凝土仓和钢板仓的质量比较(单位:t)　　　　表4-5

结构\质量	混凝土仓	钢板仓	结构\质量	混凝土仓	钢板仓
圆筒仓容量	10000	10000	自重合计	10000	3500
钢材料质量	650	800	总重量	20000	13500
混凝土质量	9250	2700	打桩数(耐力80t)(根)	250	170

②耐振性。

钢板仓的仓体轻而具有韧性,因此其耐振性强。在受到很大的压力的时候,钢板仓只会局部变形。而混凝土仓在受到很大压力时,虽然受仓壁中具有韧性的钢筋的支撑,不至于全体毁坏,但混凝土的龟裂是不可避免的。

③耐久性。

钢板仓的致命缺陷是钢板易锈蚀,因而影响了钢板仓的使用寿命。一般情况下,仓壁2~3mm的薄型钢板的使用寿命仅5年,仓壁为10~12mm的厚钢板使用寿命为25年。

混凝土仓的表面混凝土虽然也会逐渐老化龟裂,进而影响混凝土中的钢筋的锈蚀,但老化的过程较长,所以其使用寿命较长,一般可使用40年。

④吸湿性。

混凝土的吸湿性大,所以不宜储藏干燥的粉状物。而钢板仓没有吸湿性,所以不宜储存湿度大的粮食。为了弥补这个缺陷,散粮装卸工艺流程中增加了散粮翻仓作业过程。

⑤隔热性。

钢板仓易受外部气温的影响,特别在夏季,钢板受到日照后温度升高,贴近筒仓内壁面的物料容易受钢板升温的影响,而导致仓内物料的存储质量下降。与钢板仓相比,混凝土仓导热率低,隔热性较好,有利于保证仓内物料存储质量。

为了提高钢板仓的隔热性,可采用双壁钢板仓和灰泥屋顶,还可采用镀锌钢板做钢板仓的外壁,增加钢板对日辐射的反射等。

⑥耐火性。

混凝土有良好的耐火性,钢虽然是非燃性材料,但其耐火力较弱。

⑦耐磨损性。

混凝土仓耐磨损性能差,有的锥斗里面需要加贴钢板。特别是耗损性大的地方,可以使用钢板,钢板焊接性好,硬度强,能够减少耗损量。而且从内面光滑程度来看,还是钢板仓比较理想。

⑧施工性。

混凝土仓为了确保一定的质量,需要高度的质量管理技术。尽管如此,施工还是受季节、天气、混凝土、养护方法等条件的影响的。当意外的事故发生后,施工暂时中断,因而很容易出现缺陷,并且不易修补。另外,由于现场作业,平行分离作业困难,因此施工期长。与此相反,钢板仓施工简单,质量稳定,完成同样容量的散粮筒仓的施工期短。

总之,在实际使用中,大型散粮粮仓宜采用混凝土圆筒仓;中小型散粮粮仓可采用钢板圆筒仓。

6)工作楼和圆筒仓的布置形式

散粮码头工作楼和筒仓的布置形式有以下三种,如图4-32所示。

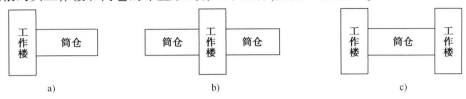

图 4-32 工作楼和圆筒仓的布置图

(1)筒仓单侧布置

这种布置形式简单,适用于中小型散粮码头,也是目前我国散粮专业化泊位最常见的筒仓布置形式。

(2)筒仓的双侧布置

这种布置形式紧凑,适用于筒仓容量大的情况。

(3)筒仓中间布置

这种布置形式具有两套提升机构和两套计量设备,系统的布置较为复杂。适用于前方作业范围大、物料运输路程需减短的情况。

7)筒仓的防爆炸

筒仓爆炸有三个诱发因素:粉尘浓度、火源和密闭的空间。粮食的粉尘具有可燃性,因此,空气中一定浓度的悬浮的粉尘是引起筒仓爆炸的主要条件,所以,筒仓爆炸也被称为粉尘爆炸。经测定,筒仓内谷物的粉尘的引爆浓度为 $40\sim60g/m^3$。

达到引爆浓度的粉尘,遇到火源即刻发生燃烧,燃烧产生了大量热量可燃气体,可燃气体进一步加速燃烧,促使筒仓内可燃气体体积的迅速膨胀,并对密闭的筒仓产生压力,当压力超过筒仓仓壁的承受能力时,筒仓发生爆炸。

引起筒仓内粉尘燃烧的火源可以是明火,也可以是具有一定能量的电火花。所以,当工人在筒仓内吸烟、不加控制和防护措施的切割操作、机械各部件之间的摩擦及静电感应产生的电火花等都是引起粉尘燃烧的火源。引起爆炸的火源温度与粉尘浓度有关,粉尘浓度越高,使其燃烧所需的火源温度越低。

筒仓是一个相对密闭的容器,所以当筒仓内可燃气体体积迅速膨胀时,只能增加对筒仓壁的压力,致使筒仓爆炸。因此筒仓防爆应从散粮筒仓除尘开始。

5.散粮码头进口装卸工艺系统

散粮进口装卸工艺系统包括散粮卸船作业、散粮装火车、汽车作业。

1)散粮卸船作业

散粮经船舶运入港区,卸下后,进入码头筒仓,具体的作业流程如下:船舶→卸船机(门机)→输送设备→计量→输送设备→筒仓。

具体操作为:码头前沿卸船机以连续或间歇的方式从船舱卸货,通过卸船机的尾车皮带机进入码头水平运输皮带机系统。在水平运输的过程中完成散粮的除杂、计量和扦样工作。通过水平运输皮带机系统进入码头散粮筒仓储存。

(1)散粮卸船前的准备

系统流程检查:

①流程巡检人员在上班后,应查看上一班次的交接班记录,对上一班次中使用过的流程头尾及沿线进行复查。复查中应重点检查流程头尾、箱体、下粮口、翻板、插板等部位,确保清洁,无杂粮、杂物。若所选仓别为空仓时,则应重点检查仓底观察口及手动门是否关闭严密。

②作业前应确定卸船秤和相应的作业流程线。流程巡检人员应对这条作业流程线进行全面检查。检查该批货物涉及的卸船机沿线各流程,重点检查各部位中是否有杂粮。对所使用的秤及秤上斗进行检查,如有杂粮,应及时安排人员进行清扫。清洁后,方可通知理货人员安排使用相同货种冲流程,经理货人员和作业委托人验收通过后,方可开始进行后续作业。

③不同货种同时卸船进仓作业时,应提前检查交叉作业的重点翻板顶部是否靠近,两侧是否有空隙,确认翻板选对流程后,将其锁阀正确锁好。

④装船作业前,中央控制室操作人员应联网试车,包括秤、秤上斗、除尘设备等,确定系统所有相关设备处于正常运行状态。如果是外贸卸船作业,则应会同检验检疫部门人员对卸船斗秤进行载荷试验,双方对检验结果签章确认。

散粮扦取检验样品:

①内贸散粮卸船。港口检验人员自行在船舶作业前及作业中按规定要求扦取检验样品。将样品制成综合样品,一份检验,一份留存;样品检验主要检验水分和杂质,以便于在货物出港时进行损耗对比,计算自然损耗量。

②外贸散粮卸船。港口检验人员会同检验检疫部门人员一同到船上进行人工扦样,经检验检疫部门检验合格后方可卸船。在卸船中使用机械系统取样,并将规定的样品份数混合成综合样品一式三份:一份提供给检验检疫部门进行检验和封存;一份自行检验粮食水分和杂质;另一份综合样品留存。

(2)散粮卸船作业

①卸船作业前,单船指导员应组织开好船前会,详细布置作业中的安全注意事项,提出明确的货运质量要求。

②卸船作业中,单船指导员应做好作业过程控制,掌握卸船进度,保持船舶稳性。若发现货物有异状,外贸货物及时通知船方(代理)、检验检疫部门,并将检验检疫部门确认的检验结果填制到相关单证中。内贸货物应及时通知船方、收货人,共同确认,编制货运记录。

③中央控制室操作人员应严格按照"卸船进仓计划表"要求进行作业,关注流程系统是否正常运行。同时,与单船指导员、流程司机、理货员、巡检人员、机械司机等卸船作业人员保持联络畅通。

④流程作业人员在卸船作业过程中应重点对流程、翻板、插板部位进行检查,查看是否有撒漏现象。如有撒漏必须及时处理,并做好相关记录。在卸船作业中,若因故障原因造成流程急停的,巡检人员应对所有流程从头至尾进行检查,以确认流程中是否还有粮食。如有残粮,应及时组织装卸工人清理。无论流程中是否还有残粮,巡检人员都应将急停的时间、原因等情况做好详细记录,以便于下一班次人员再次对相关流程做好复查,避免出现混质和短量。

2)散粮专用火车装车作业

(1)散粮专用车简介

散粮专用车是铁路货车的一种,专为运输散粮而设计,拥有便于散粮装卸的结构和设施。目前主要有两种类型 L17 型、L18 型散粮专用车。

L17 型散粮专用车车型为方形,负荷 60t,车厢顶部有 4 个装货口,底部有 3 个卸货口,可以利用粮食的自流,完成货物的装卸作业。

L18 型散粮专用车车厢为圆弧形,负荷 60t,车厢顶部为一个贯穿首尾的装货口,底部有 4 个卸货口,可以利用粮食的自流,完成货物的装卸作业。

(2)装火车作业前的准备工作

①装散粮火车前,仓库理货人员应会同铁路货运人员共同对车辆进行商务检查,确认车辆是否满足装车要求,铁路货运人员应对适宜装车的车辆作出明确的标识,仓库装车理货人员应与铁路货运人员就确认事项做好书面交接。

②散粮火车装车前,作业委托人应持提货手续、发火车手续到业务部门办理港口作业合同。持核准后的提货手续、发火车手续及港口作业合同到仓库办理"放货联系单",并向仓库出具书面"装车流向单"。港口理货人员应按照"装车流向单"的内容发货,防止错装事故。

③装车前作业人员应对车辆进行商务检查,应将车底门、顶门打开。检查车体内是否存有杂粮和杂物。如有,则应及时清理。车体符合装车要求后,应将车底门关紧。

④装车前,应做好装火车涉及的作业流程的巡检,发现问题及时处理,检查完毕后,中央控制室应通知仓库准备同一货种的干净粮食,将要使用的流程冲一遍,并从装车秤放出,将仓库值班人员确认可以作业后,方能启动流程作业。

(3)装火车作业时应注意事项

①装车过程中,仓库理货人员应随时检查装车粮食质量,对于撒漏的粮食应及时清理装车,减少粮食损耗。

②装车时应避免超载。

(4)装车结束

①装车结束,仓库理货员应对散粮专用车逐个用胶皮锤敲击,以避免出现车辆漏装。同时对车顶门的关闭情况进行检查,确保车顶门关闭严密。无问题后,与铁路货运人员进行现场交接,编制出港列车编组顺序表。

②装车结束,中央控制室打印装车衡重单,与仓库理货员进行交接。

6.散粮码头出口装卸工艺系统

散粮码头出口装卸工艺系统包括卸散粮专用火车作业、装船作业。

1)散粮专用车卸车作业

(1)卸车前对散粮专用车的商务检查

首先,散粮专用车的重车按调度计划指令到港口后,理货员应及时盗作业现场卡好车位,抄录车号、车型,核对铁路货物运单或铁路与港口的相关交接记录,会同铁路货运人员对车体进行商务检查。商务检查中应重点检查散粮专用车的车顶门(装货口)及车底门(卸货口)是否处于完好封闭状态。

其次,核对该组列车是否已衡重,未衡重车辆不得卸车。对衡重显然不标准的车辆,应根据所装粮食的容重情况,确定是否需要重新复衡。

(2)散粮卸车前的粮食检验

车辆商务检查完毕后,理货员应将车辆商务检查结果及时通知粮食检验员。检验员应

对商务检查好的车辆及时组织现场扦样。

(3)散粮卸车作业组织及交接注意事项

①检验员按照检验标准出具检验结果后,将合格和不合格车辆的车号填制在"散粮进仓检验明细表中","书面通知理货员,并做好交接。

②理货员接到检验员书面通知后,将道线情况(货主、货名、车辆、车数等)上报值班调度,进行配工作业。

③理货员根据卸车计划、筒仓使用计划和车辆检验结果,确定无误后,分客户向码头中央控制室操作人员书面下达"进仓通知单",并做好交接。

④中央控制室人员接到"进仓通知单"后,应做好卸车前的辅助准备工作,并通知流程巡检人员检查流程,确保卸车流程整洁、干净、无杂物。流程符合卸车标准后,中央控制室人员通知理货员组织卸车作业。在卸车过程中,中央控制室操作人员应严格按照操作规程和"进仓通知单"进行作业。

⑤理货员在组织卸车作业前应组织装卸工人、流程司机等相关人员召开车前会,布置作业相关要求。作业中,应加强现场检查,组织好现场作业,协调、解决卸车过程中出现的问题。对不规范作业,应立即停止作业,督促进行整改。

⑥每辆散粮专用车卸车完毕,理货员应使用橡胶锤对车体连接卸货口部分进行自然敲击,而后采用手摸、照明等方法对车辆卸净程度进行检查,防止异物、结块卡住漏口,从而使车内残留货物。确认车内无货物后,将彻底门关闭严密。

⑦换货、换票前,理货员应先确认该票货物所涉及的车辆是否卸净,而后与流程司机共同到地沟料斗确认流程内的该票货物是否转空、转净,以避免混质、短量问题发生。在共同确认转空、转净后,方可通知中央控制室换货、换票作业。

⑧装卸工人应严格要求进行作业,及时清捡筛网上的杂质,不得将影响货物质量的杂物带入流程内。

⑨每列车卸完后,理货员应再对该列车进行商务检查,检查内容同首次商务检查内容。确认无误后,通知本公司调度人员。

2)散粮装船作业

(1)散粮装船前的准备

①系统流程检查。

由于散粮装卸系统是由若干条皮带、翻板等组成,而港口的筒仓、流程又不可能为某一粮食货种作业而单独设立,因此港口为避免出现不同货物相混事故,必须在启动该条作业流程前,对系统流程的头尾及沿线进行检查核实,确保其清洁、无杂粮、杂物。

装船作业前,中央控制室操作人员应进行整个系统的联网试车,试车部位包括秤、秤上斗、除尘设备等,以便确定系统所有相关设备处于正常运行状态。

②索要配载图,开好船前会。

根据部颁《港口货物作业规则》第47条规定:船方应当向港口经营人提供配、积载图(表),港口经营人应当按照配、积载图(表)进行作业。船方可以在现场对配、积载提出具体要求。为保证船舶航行安全,维护港航双方利益,作为港口应严格按照船方提供的配载图及配载要求进行作业。因此,在装船作业前,调度员应在船舶靠泊后,及时向船方大副索要货物配载图,并掌握船方提出的装船要求,根据以上开好船前会,并做好记录。装船作业前,调度员应组织装卸司机、装卸工组、检验人员等相关作业人员开好船前会,详细布置作业中的安全注意事项,提出明确的货运质量要求和货物装舱要求。

(2)散粮装船作业

①调度员在装船过程中应掌握装船进度,保持船舶平衡作业。要与船方保持有效沟通,对需平舱作业的舱别,应合理安排平舱作业,保证船舶稳性。

②中央控制室操作人员应严格执行"出仓装船计划表"关注流程系统是否正常运行。中央控制室作为散粮系统的中枢,应与调度员、流程司机、理货员、巡检人员、机械司机等装船作业人员保持联络畅通。

③在流程系统运行期间,应重点对流程、翻板、插板部位进行巡检,查看其是否有撒漏现象。如有撒漏必须及时清理,并做好相关记录。

④在装船过程中,如因故障原因造成流程急停的,巡检人员应对所有流程从头至尾进行检查,已确认流程中是否还有粮食。如有残粮,应及时组织装卸工人清理。无论流程中是否还有残粮,巡检人员都应将流程急停的时间、原因等情况做好详细记录,以便下一班次人员再次对相关流程做好复检,避免出现混质、短量等货运事故。

(3)散粮装船交接

①船舶装船完毕后,船舶调度员应对船舶装载情况进行检查。重点查看以下内容:船舶是否超载;船舶是否为满舱,是否进行了合理的平舱;如船舶未满舱,是否采取了必要的防护措施防止散装粮食的移动(比如在舱内压三层或以上的包粮、拉网等);船舶是否横倾;船舶舱口盖是否能够关闭等。

②船舶调度员应获得船方对港方是否按船方配载图及相关要求进行装载作业评价的相关证据。

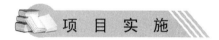

任务一 干散货卸船作业现场组织

卸船作业的依据是船方积载图、卸船方案。船舶靠泊完毕,卸船调度员上船与大副进行沟通,了解卸货要求、舱内设施配置,对卸船要求,讲明港方的作业要求,达成统一意见并安排实施。

1.现场调度员

(1)检查卸船机械卸船顺序情况,询问卸船机械与流程流量评估作业与卸船方案的偏差,把握卸船效率。

(2)检查舱内货物的出舱情况,防止挖井留山,及时组织工人处理货物中的杂物,关注重点舱。

(3)检查指挥手站位情况,落实人员分布情况;指导指挥手、作业人员与装船机械的配合。

(4)检查舱口、舱盖、机械行走线路、钩行线路,提醒作业人员防止损坏船舶设备。

(5)巡查甲板、岸壁、道路等做好"四标六清"。

(6)检查艏艉水尺情况,及时评估纵倾偏差程度,立即解决横倾现象。

(7)巡查重点部位的转载楼,查看人员状态,确保转载楼畅通。

(8)巡视堆场,查看堆场使用情况,与值班调度员做好沟通。

(9)根据舱内货物情况,选择合适的清仓机械,并组织人员吊装,做好重点监护。

(10)作业结束前2h向值班调度员汇报,作业结束报告完船时间。做好"完船清"。请船方填好卸船意见单。

2.卸船作业要点

(1)卸船作业必须做到对堆场了如指掌,一条船不可能只有一个垛位,每个垛位能打多少货,只有自己跑到、看明白才会有一个清楚的理性概念,才能合理调配流程机械,提高作业效率。

(2)平衡出舱,最大限度地使用好卸船机械,保证卸船机械最大的抓取比例。

(3)合理使用清舱机械,做到舱口轻重搭配合理,清舱有序。真正做到,既不浪费清舱机械,又能保证整体作业进度。

(4)加强信息沟通,不仅加强纵向与值班调度之间的沟通,还要加强横向与其他调度员之间的沟通。只有掌握的信息全了,才能作出最正确的判断,使机械利用率达到最高,提高整体作业向效率。

任务二 干散货装船作业现场组织

装船作业的依据是单船作业方案、货运计划、船方配载图。船舶靠泊完毕,装船调度员上船与大副进行沟通,了解船方压载水排放时间、对装船要求,讲明港方的作业要求,达成统一意见并安排实施。

1.现场调度员

(1)检查装船机械按配载要求装舱运行情况、机械状况、流程流量,评估装船效率。验看舱内货物质量。

(2)检查指挥手站位情况,落实人员分布情况;指导指挥手、作业人员与装船机械的配合。

(3)检查舱口、舱盖、机械行走线路、钩行线路,提醒作业人员防止损坏船舶设备。

(4)巡查甲板、岸壁、道路等做好"四标六清"。

(5)检查艏艉水尺情况,及时评估纵倾偏差程度,立即解决横倾现象。

(6)巡查重点部位的转载楼,查看人员状态,确保转载楼畅通。

(7)巡视取料堆场,根据货存情况,修正作业方向;检查作业人员、管理人员上岗到位情况。

(8)发现问题,依据参加作业人员各自的岗位职责,及时予以调整、纠正,须汇报的按规定程序逐级上报。

(9)作业完了前2h向值班调度员汇报,作业完了确报完船时间。做好"完船清"。请船方填好装船意见单。

2.装船作业要点

（1）**准备阶段**：装船作业的基础就要对货垛和流程的完全了解和准确把握。对货的了解，不但要了解货物的位置，更要了解货垛的状态，货物的属性（包括颗粒度、黏度、含水率等）。合理选择该用什么样的机械，怎样使用流程。

（2）**配舱阶段**：节能减排是调度员应做好的一件事情，减少移舱是节省能源的第一步。因此，在确保船体强度没问题的情况下，能一次装好的舱决不能装两次，能两次装的舱决不能装三次。但是这里面一定要考虑船舶年限、船舶状况等因素，否则一味蛮干，会出大问题。所以装船前，与船方的沟通是必需的。

（3）**调水尺阶段**：多算胜，少算败，是装船调度员最基本的准则。同样一条船，只剩下调水尺的货物去计算，与提前预算，准确度和作业效率相差很大。提前预算，会提高一次调水尺的成功率。最后计算，可能预留的货量不足以把水尺调过来，那就是事故。如果预留的货过多，有可能要移两次、三次舱，甚至更多，造成浪费。吃水的调整要考虑到船舶的强度，不能盲目调整，要加强与船方的联系、协调，最终使船舶达到适航的状态。

（4）**掌握货物装舱顺序和压载水排放计划**

由于具体船舶具有不同的装货量和货舱规格，因此应根据装船机的效率，制定符合具体船舶要求并切实可行的装舱顺序和压载水排放计划表。通过下面的实例，可了解编制计划表的格式和要求。

例：某15万t级矿石专用船，共9个货舱，8个压载舱，预计装矿石127500t，港口装船机效率为6000t/h。编制装舱顺序和压载水排放计划见表4-6。

某船装舱顺序和压载水排放计划表　　　　　　　　　　　表4-6

装舱顺序	货舱号	预定装货量（t）	时间累计（h~min）	压载水排放号	吃水(ft)	
					首	尾
1	5	14000	2~20	4、5	1450	1500
2	7	14000	4~40	6	1430	1530
3	2	15000	7~10	2	1500	1540
4	3	14000	9~30	2、8	1500	1500
5	9	14000	11~50	8、1	1400	1550
6	1	13000	14~00	1、7	1550	1450
7	8	14000	16~20	7、3	1460	1500
8	4	14000	18~40	3、5	1430	1500
9	6	13000	20~50	残留压载水	1540	1570
10	调整舱	2500	21~20	残留压载水	1575	1575
总计		127500	21~20			

从表4-5中可以看出：

①货舱的装载顺序是首先装中部，然后尾、首部交替装载，以此来保证船舶纵向强度，并使船舶不会产生较大的纵倾。

②压载水舱的排放顺序基本上与装货一致，即装哪个货舱，就排放该货舱邻近的压载舱

的压载水。这样既可保证吃水及吃水差变化不大,又可保证船舶纵向强度。

③船舶均保持一定的尾倾,以利于压载水的排放。

④最后控制机动货量,将船舶调至要求吃水。

在实际装载中,应对可能会出现的各种情况予以充分估计。通常应注意以下几点:

①装船机的效率不一定太稳定、准确,当装载效率较预定的低时,在计划时间内不能达到预计的吃水,这时应想方设法加快作业进度。当装船机效率较预定的高时,则应密切注意吃水的变化。在达到预计吃水时就应根据情况与船方协商是否停装,否则预定的计划吃水就会被打乱,甚至有可能因此导致压舱水部分排不出来。从而延长船舶在港停留时间或少装货。此外,装船机在舱口的装货位置偏前或偏后,也会影响吃水差变化,装船调度员应及时加以纠正,使货物在舱内匀堆,尽力做到货完舱平船正。

②作为调整吃水差的机动货量必须足够,宁大勿小,这样更为保险。

③由于大型煤、矿石船装船速度快,又要合理排放压载水,故在装货时,调度员应密切注意潮汐变化,以确保船体平衡和安全。

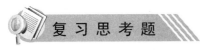

1. 煤炭、矿石码头出口装卸工艺系统由哪些工艺环节组成?分别都有哪些专用机械?
2. 什么是配煤业务?
3. 请画出煤炭、矿石出口工艺流程图,并说明流程中各工序机械、作业人员如何配备。
4. 煤炭、矿石码头进口装卸工艺系统由哪些工艺环节组成?分别都有哪些专用机械?
5. 什么是平舱作业?什么是清舱作业?
6. 请画出煤炭、矿石进口工艺流程图,并说明流程中各工序机械、作业人员如何配备。
7. 干散货码头粉尘控制都有哪些措施?
8. 煤炭、矿石码头进、出口装卸工艺操作规程的内容有哪些?
9. 在干散货卸船作业现场组织中,调度员应做好和注意哪些事项?
10. 在干散货装船作业现场组织中,调度员应做好和注意哪些事项?
11. 散粮装卸船机械都有哪些?各有什么特点?
12. 散粮筒仓由哪三部分组成?筒仓的排列方式有哪两种?
13. 散粮装卸火车作业应做好哪些事项?
14. 散粮装卸船作业应做好哪些事项?

项目五　液体散货码头装卸工作组织

1. 石油特性。
2. 石油码头的设备设施。
3. 石油码头的装卸工艺及操作要求。
4. 石油码头防火防爆措施。

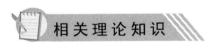

1. 了解石油特性。
2. 了解石油码头的设备设施。
3. 掌握石油码头的装卸工艺及操作要求。
4. 了解石油码头防火防爆措施。

相关理论知识

一、概述

石油是工农业生产的重要能源之一。世界上石油运输的需求一方面产生于石油产地和销地的不平衡，另一方面是由于现代工农业生产的高度发展，对以石油为主的能源的越来越大量的要求。所以石油的海运量在近几十年内一直趋于上升的趋势，当前其运输量是居世界各货种相对运量之首位，在所有新能源尚不能完全取代石油前，石油运量还将要维持在相当高的水平。

传统的石油运输是以桶装的件货运输为主要运输方式的，20 世纪上叶出现的散装石油运输，导致了现代化超级油轮的诞生和港口石油专业化码头和装卸工艺的出现，带来了水上运输的第一次革命，同时也进一步促进了世界石油运输的发展。

众所周知，石油以及石油产品是具有易燃烧、易爆炸、易产生静电等特性的特殊液体。这些特性会给储运、装卸带来危险，因此从事石油运输和装卸生产工作的人员，必须要熟悉和掌握石油的特性，并针对这些特性采取一些相应的措施，才能在石油运输和装卸过程中做到安全生产。

1. 石油种类

石油可分为原油和石油产品两大类。原油是未经提炼的石油。石油产品是原油经过提炼而成的油品。它可分为：

(1) 透明石油及其产品，如汽油、煤油等轻质油品。

(2)深色石油及其产品:柴油,润滑油等。

(3)沥青及其他:沥青呈固体状,是石油经提取油品后的剩余物。在运输和装卸时,以件杂货处理。

2.石油的特性

(1)易燃性和爆炸性

石油和石油产品的易燃程度可以用闪点、燃点和自燃点来衡量。闪点即在常压下和一定温度时,油品蒸发出来的油蒸气和空气混合后,与火焰接触闪出蓝色火花并立即熄灭时的最低温度。燃点即在常大气压力下和一定温度时,油品蒸发出来的油蒸气与空气混合后,与火焰接触而着火并继续燃烧不少于5s时的最低温度。自燃点即在常压下,将油品加热到某温度,不用引火也能自行燃烧时的最低温度。

爆炸是一种极为迅速的物理或化学的能量释放过程。在此过程中,体系内的物质以极快的速度把其内部所含有的能量释放出来,转变为机械功、光和热等能量形式。爆炸具有极大的破坏性,它可能造成设施设备、建筑物的破坏、人员的伤害及火灾事故。

油品储运中发生的爆炸按其原理主要有两类:一类是油气混合气因遇火而爆炸,这是一种化学性爆炸;另一类是密闭容器内的介质,在外界因素作用下,由于物理作用,发生剧烈膨胀超压而爆炸,如空油桶或空油轮等因高温或剧烈的碰撞使腔内气体剧烈膨胀而造成爆炸等。在油库中最易发生且破坏性较大的是第一类爆炸。

油蒸气与空气的混合气达到适当浓度时,遇到足够能量的火源就能发生爆炸。某种油蒸气在空气中能发生爆炸的最低浓度和最高浓度,称为某种油蒸气的爆炸浓度下限和爆炸浓度上限,其所对应的饱和蒸气压对应的油料温度称为这种油料的爆炸温度极限。爆炸极限一般使用可燃气体在混合气体中的体积百分数来表示。

汽油的爆炸极限下限为1%,上限为6%。当空气中含油蒸汽的量处于爆炸上限和爆炸下限之间,才有爆炸的危险,而且爆炸极限的幅度越大,危险性就越大。如果低于爆炸下限,遇明火,既不会爆炸,也不会燃烧。当空气中含油蒸汽的量超过上限时,遇火只会燃烧而不会立刻爆炸,并在燃烧过程中可能突然转为爆炸。这是因为油品蒸气在空气中所占的体积百分比在燃烧中逐渐降低而达到爆炸上限的缘故。这就是为什么空载油轮较易发生爆炸,也就是油轮爆炸往往发生在燃烧后(先燃烧后爆炸)的主要原因。

(2)挥发性

石油产品主要由烷烃和环烷烃组成,大致是碳原子数4个以下为气体,5~12个为汽油,9~16个为煤油,15~25个为柴油,20~27个为润滑油。碳原子16个以下为轻质馏分,很容易挥发成气体。不同的油料的挥发性是不同的,一般轻质成分越多,挥发性越大,汽油大于煤油,煤油大于柴油,润滑油挥发较慢,同时油料在不同温度和压力下,挥发性也不同,温度越高,挥发越快,压力越低,挥发越快。从油料中挥发出来的油蒸气迅速与空气混合,形成可燃混合气,一旦遇到足够大的点火能量,就会引起燃烧和爆炸。挥发性越大的油料的火灾危险性越大。因此,石油的挥发性对安全运输、装卸和储存具有重大的意义。再则,石油的挥发会引起油量的减少和油质的降低,因为挥发成气体的大部分是石油及其产品中的轻质有效成分,而且这些挥发的气体还有伤害人体健康。一般情况下,当空气中油蒸汽的含量达8.3g/L时,还会危及人的生命。所以这就是要求,油码头要加强通风、开放,配备必要的防毒面具以在检修管道或油罐时用。

(3)扩散性

油料的扩散性及其对火灾危险的影响主要表现在以下三个方面:

①油料的流动性。油料,特别是轻质油料,具有很强的流动性。油料的这种流动性使得油料的扩散能力大大增强。所以,油料的流动性使其在储存和运输过程中易发生溢油和漏油事故,同时也易沿着地面或设备流淌扩散,增大了火灾危险性,也易使火势范围扩大,增加了灭火难度和火灾损失。

②油料比水轻且不溶于水这一特性决定了油料会沿水面漂浮扩散。一旦管道、储油设备或油轮把油料漏入江、河、湖、海等水域,油料就会浮于水面,随波漂流,造成严重的污染,甚至造成火灾。这一特性还使得不能用水直接覆盖扑救油料火灾,因为这样做反而可能扩大火势和范围。

③油蒸气的扩散性。油蒸气的扩散性是由于油蒸气的密度比空气略大,且很接近,有风时受风影响会随风飘散,即使无风时,它也能沿地面扩散出50m以外,并易积聚在坑洼地。

(4)纯洁性

不同品种的石油产品一旦混在一起就不易分离,这就要求石油产品在装卸运输储存时要保持其纯洁性。因为混合品种的油会影响油的质量,而不同油种的用途也是各不相同的,如变压器油要严格防水,润滑油要严格防尘等。为了保持各种油种品质的纯洁性,在装卸输送和储存时,要设专线管道,如管道输送的油种发生变化时,先要进行严格彻底地冲洗,所以在石油装卸机械化系统中,应设置管道冲洗设备。冲洗方法可用蒸汽冲洗,水冲洗和人工清洗几种。前者效果较好,但成本较高,通常用于对清洗要求较高的油品(如汽油)。

(5)易产生静电性

石油沿管线流动时,与管道壁产生摩擦,石油在金属容器中晃动与容器壁摩擦均会产生静电荷,产生的静电荷就聚集在管道的容器壁上。当静电荷积聚到一定电位时,会产生静电放电,这种放电的火花对有大量的石油蒸汽的作业场所来说,很容易引起燃烧和爆炸。

影响产生静电荷的因素是多方面的。如:油品带电与管壁(容器壁)的粗糙程度有关,管壁越粗糙,油品带电越多;也与油温有关,温度越高,产生静电荷越多,但如柴油则相反;油品在管道内流速越大,流动的时间越长产生的静电荷越多,反之越少;空气的相对湿度越大,产生的静电荷越少等等。当静电积聚到一定电位时,会产生静电放电。这种放电的火花对具有大量石油蒸气的作业现场来说,很容易引起石油蒸气着火或爆炸。所存静电放电导致石油火灾的危险性很大。所以,我们在装卸保管和设计机械化系统时,要采取排除和减少静电荷积聚的措施,如管道壁,容器壁要有一定的光滑度,控制油温和油的流速等等,更重要的是,所有的输油管和贮油设备等都应设置可靠的接地装置,以将摩擦产生的静电导入地下。

(6)黏性和凝结性

油品的流动性能叫做黏性。各种石油产品及原油的黏性是不同的,有的黏性小,容易流动如汽油;有的不仅在低温下有很大的黏性,甚至在夏季气温较高的情况下,仍是凝结的,如某些原油及不透明的石油产品。

任何液体都有黏度,油品的黏度是表示油品流动性的指标,一般轻质油的黏度小,流动也快;重质油的黏度大,流动也慢。油品的黏度与温度有关,温度升高,黏度下降,流动性好;

反之,温度降低,黏度升高,油品易凝固。

油品的黏度对储运工作也有很大的影响。例如,储运黏度大的燃料油或原油时,装卸作业就显得较为困难。所以我们在输油和储存时,要注意对油品进行必要的加温和保温,以使油品黏度下降,从而使之通畅的流动。然而,对油品的加温要有一定的控制,不能加温太多,否则油品就挥发成气体。

各种油品的黏度是不同的,可从有关手册中查到。

(7)膨胀性

物质具有热胀冷缩的特性,称为膨胀性。膨胀性表现为物资的体积随着温度的升高或降低产生膨胀或缩小。石油及其产品受热时,体积会膨胀而增大,这就是石油的膨胀性。

油品的膨胀性与体积、温度有关、一般说来,油品越轻,膨胀系数越大。

石油及其产品的膨胀性要求我们在输油和贮油的油罐容器中留出一定的剩余空间,以适应这种特性的要求。

(8)毒害性

石油蒸气对人体健康很有害。因石油中毒或以吸入起蒸气而引起中毒的情况时有发生,越是大量吸入蒸气就越能造成人体中毒甚至死亡。有的油品,如四乙基铅的汽油蒸气毒害性更大,它可以通过皮肤接触使人中毒。

石油的毒性与其蒸发性有密切关系,易蒸发的石油制品比难蒸发的石油制品毒性大。总之,石油是一种危险品,如不注意,在运输和储存的过程中容易发生泄漏,带来严重的后果,所以必须要注意预防它的溢漏污染。

二、石油(油品)码头一般布局与设备设施

1.石油(油品)码头区位选择原则

相对于其他货种,石油(油品)货物具有比较大的危险性,发生水域污染的可能性也相对大,所以石油(油品)码头在所在区位的选择方面,与一般货种码头相比,既有共同性,又有特殊性,见图5-1。

图5-1 石油码头

1)共同性要求

(1)各类货物的装卸码头均应设置在能够遮挡风浪的港湾中,在必要时应设置防波堤,使船舶能顺利进出港区水域,并顺利靠泊码头。但石油(油品)装卸码头由于船舶稳定性要求、避碰要求相对高,所以对码头前沿水域风浪控制的要求高于一般货种码头,防波堤设置的要求也高于一般货种码头。

(2)大型货物装卸码头均要求有足够的水域面积,以便供船舶调动之用;航道和码头前沿要有足够的深度,保证船舶能安全进出和靠泊。但现代装载石油(油品)的船舶一般吨位都很大,可达几十万吨,不但远大于装载件杂货和干散货的船舶,也大于大型集装箱船舶。所以石油(油品)装卸码头前沿水域面积应更大一些,航道与码头前沿的水深,也应更深。

2)特殊性要求

(1)对同时装卸各类货物的综合性港口,其石油(油品)装卸码头应布置在港口的边缘地区和河道的下游区域。石油(油品)装卸作业区应独立设置,不能与其他货种的装卸作业区混合设置。

(2)根据《石油化工码头装卸工艺设计规范》的要求,石油(油品)装卸码头应与公路桥梁、铁路桥梁等建筑物、构筑物保持规定的安全距离,与相邻货运码头、客运站码头保持规定的安全距离。

2.石油(油品)码头管道设施

(1)石油(油品)码头管道概述

卸货,通过管道将石油(油品)从码头前沿输送到储罐区,油轮装货,则依循相反的路线,通过管道将石油(油品)从储罐区输送到码头前沿。码头将石油(油品)通过汽车、火车出栈,又通过管道,将石油(油品)从储罐区输送到汽车、火车装车平台。所以管道是石油(油品)码头主要的作业设施,是石油(油品)码头装卸设备系统中,重要的组成部分。

石油(油品)码头管道可分为原油管道、成品油管道和液化气管道(包括液化天然气"LNG"管道、液化石油气"LPG"管道)等。石油(油品)码头经常与油田、炼油厂等相邻,所以石油(油品)码头的输送管道也经常与油田、炼油厂、石油化工厂等的管道直接连接,形成一个完整的管道运输系统。

完整的石油输送管道由输油干线和输油站(库)组成。干线部分包括管道本身,沿线阀室,穿越江河、铁路、公路、山谷的设施;输油站(库)包括管道的起点站(首站)、沿途设置的泵站、加热站和管道的终点站(末站)。为了保证安全运行,沿管道建有专用的微波通信系统,进行统一的生产调度指挥。石油(油品)码头管道经常成为这一完整运输管道的一个组成部分。输油管道概况见图5-2。

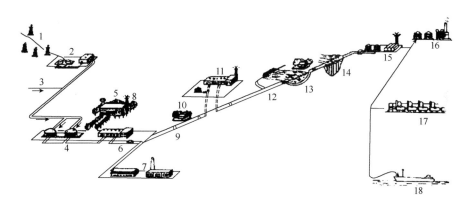

图5-2 输油管道概况

1-进场;2-转油站;3-来自油田的输油管;4-首站的罐区和泵房;5-全线调度中心;6-清管器发放室;7-首站的锅炉房、机修厂等辅助设施;8-微波通信塔;9-线路阀室;10-管线维修人员住所;11-中间输油站;12-穿越铁路;13-穿越河流的弯管;14-跨越工程;15-末站;16-炼油厂;17-火车装油栈桥;18-油轮装油码头

石油(油品)码头输送管道一般由管道、泵站、加热站、计量设备等组成。泵站承担油品输送中加压的任务,补充油品在管道中持续不断流动的能量。有些油品比较黏稠,需要一定

的温度才能在管道中顺利运动,加热站就承担给油品加热的任务。计量设备则承担对输送的油品进行计量的任务。

天然气管道与输油管道相比,在建设与运行中有其独特之处,但在总体设计与运行原理方面与输油管道相似,沿线设有压气站、清管站、计量站、配气站、阀室及气库等设施。

由于油品和天然气都属于易燃易爆物品,所以石油(油品)码头除输油(输气)管道外,一般还配置消防管道,消防管道输送水和泡沫灭火剂。在有些码头,消防管道与输油(输气)管道并列铺设,可以高效发挥作用。

(2)管道铺设规范

管道铺设,通常应遵守以下规范:

①石油库围墙以内的输油管道,宜地上敷设;热力管道,宜地上或管沟敷设。

②地上或管沟内的管道,应敷设在管墩或管架上,保温管道应设置管托。

③埋设地下的输油管道,其管顶距地面的距离,在耕种地段不应小于0.8m,在其他地段不应小于0.5m。

④管道穿越、跨越库内铁路和道路时,应符合《石油库设计规范》(GB 50074—2011)的规定。

⑤管道与铁路或道路平行布置时,突出部分距铁路不应小于3.8m(装卸油品栈桥下面的管道除外)。距道路不应小于1m。

图5-3 油品码头储罐

⑥管道之间的连接应采用焊接方式。有特殊需要的部位可采用法兰连接。

⑦输送易凝油品的管道,应采取防凝措施。管道的保温层外,应设良好的防水层。输送有特殊要求的油品,应设专用管道。

3.石油(油品)码头储存设备

由储罐(图5-3)组成的储油库是石油(油品)码头的另一个重要组成部分,大量的油品按种类,分别储存在不同的储罐内。在满足消防要求的前提下,储油库至码头的距离应尽可能近些,可以缩短输送管道的长度,节省沿途加压、加热的费用,油罐之间的距离也要尽可能小些,可以在储量相同的前提下,减少储油库占地的面积。

在实际工作中,不管规模多小,一个码头的油罐数至少要有两座,以满足倒罐、检修等生产上的需要。

1)石油储罐分类

石油储罐有以下一些分类:

(1)从建筑形式上分

从建筑形式上可分为地下式、半地下式、地上式油罐。

①地下式,指油罐内最高液面低于地面高程0.2m的油罐。

②半地下式,指油罐底埋入地下深度不小于罐高的一半,且罐内的液面不高于附近地面最低高程2m的油罐。

③地上式,指油罐底高于地面,以及油罐的埋入深度小于其高度的一半。

(2)从结构形式上分

从结构形式上可分为拱顶油罐和浮顶油罐。

①拱顶油罐。

拱顶油罐(图5-4),指罐顶为球缺形的油罐,其球缺的半径一般取为油罐直径的0.8~1.2倍。拱顶本身是承重结构,能承受较高的内压。拱顶结构简单,便于备料和施工。拱顶油罐被广泛用来储存除液化气以外的各种原料油、成品油等。

②浮顶油罐。

浮顶油罐(图5-5)是指拥有一个飘浮在油面上,随油面升降的盘状物的油罐。按油罐壳体是否封顶,又可分为敞开式浮顶油罐(外浮顶油罐)和内浮顶油罐两种。浮顶油罐的浮顶和油面直接接触,没有气体空间,因而可大大减少油品的蒸发损耗,减缓油品质量的变化,同时降低油气对大气的污染。浮顶油罐被广泛用于存储成品油、溶剂等轻质易挥发的各类油品。

图5-4 拱顶油罐

图5-5 浮顶油罐

2)石油(油品)码头油罐区布局要求

(1)石油(油品)码头油罐区(图5-6)的油罐设置应采用地上式,有特殊要求时可采用半地下式或地下式。

(2)石油(油品)码头油罐区的地上油罐和半地下油罐,应按下列规定成组布置:

①按照石油(油品)的分类,储存甲、乙和丙A类油品储罐可布置在同一油罐组内。储存甲、乙和丙A类油品储罐不宜与储存丙B类油品储罐布置在同一油罐组内。

②储存沸溢性油品的储罐不应与储存非沸溢性油品的储罐同组布置。

图5-6 油品码头储罐区

③结构不同的储罐,如地上立式油罐、高架油罐、卧式油罐、半地下油罐等不宜布置在同一个油罐组内。

④同一个油罐组内油罐的总容量应符合下列规定:一是当单罐容量大于或等于$1000m^3$时,不应多于12座;二是单罐容量小于$1000m^3$的油罐组和储存丙B类油品的油罐组内的油罐数量不限。

⑤地上油罐组内的布置应符合下列规定:一是单罐容量小于$1000m^3$的储存丙B类油品

的油罐不应超过4排,其他油罐不应超过2排;二是立式油罐排与排之间的防火距离不应小于5m,卧式油罐排与排之间的防火距离不应小于3m。

4.泵站设施

石油(油品)码头的泵站负责为码头区域内通过管道输送的油品加压,是石油(油品)码头组织装卸作业的重要设备设施之一。码头泵站设置的基本要求如下:

(1)石油(油品)码头泵站的建筑形式可以是泵房(即既有房顶,又四面有墙封闭),也可以是泵棚(即只有房顶。四面没有墙封闭)。如果是泵房,应设外开门,且门的数量不宜少于2扇,其中的一扇门,应能满足泵房内最大设备进出的需要。建筑面积小于60m²时,可只设一扇外开门。

(2)泵房和泵棚的净空高度不应低于3.5m。

(3)输送有特殊要求的油品时,应设专用输油泵和备用泵。

(4)连续输送同一种油品的油泵,当同时操作的油泵不多于3台时,可设1台备用泵。经常操作但不连续运转的油泵不宜单独设置备用泵,可与输送性质相近油品的油泵互为备用,或共设1台备用泵。

(5)油泵站的油气排放管的设置应符合下列规定:

①管口应设在泵房(棚)外。

②管口应高出周围地坪4m及以上。

③设在泵房(棚)顶面上方的油气排放管,管口应高出泵房(棚)顶面1.5m及以上。

5.汽车油罐车装卸设施

石油(油品)码头从船舶卸下的石油(油品),可能通过汽车油罐车运出港区。有这类业务的石油(油品)码头必须设置专用的汽车油罐车装卸平台。码头油罐车装卸设施(图5-7)相关建造和作业应遵守以下规范:

(1)向汽车油罐车灌装甲、乙、丙A类油品,宜在装车棚(亭)内进行。甲A类油品可共用一个装车棚(亭)。

(2)汽车油罐车的油品灌装宜采用泵送装车方式。有地形高差可供利用时采用储油罐直接自流装车方式。

(3)汽车油罐车的油品装卸应有计量措施,计量精度应符合国家有关规定。

(4)汽车油罐车的油品灌装宜采用定量装车控制方式。

(5)汽车油罐车向卧式容器卸甲、乙、丙A类油品时,应采用密闭管道系统。地形高差可利用时,应采用自流卸油方式。

(6)油品装车流量不宜小于30m³/h,但装卸车流速不得大于4.5m/s。

(7)汽油总装车量(包括铁路装车量)大于20万t/年的汽车油罐车装卸站,宜设置油气回收设施。

(8)当采用上装鹤管向汽车油罐车灌装甲、乙、丙A类油品时,应采用能插到油罐车底部的装油鹤管,见图5-8。

6.铁路油品装卸设施

石油(油品)码头从船舶卸下的石油(油品),可能通过火车油罐车运出港区。有这类业务的石油(油品)码头必须设置专用的铁路油罐车装卸平台。铁路油品装卸线设置,应符合下列规定：

(1) 铁路油品装卸线的车位数,应按油品运输量确定。

(2) 铁路油品装卸线应为尽头式,即进入石油(油品)码头的铁路装卸线必须是一条盲线。

(3) 铁路油品装卸线应为平直线,股道直线段的始端至装卸栈桥第一鹤管的距离,不应小于进库油罐车长度的1/2。装卸线设在平直线上确有困难时,可设在半径不小于600m的曲线上。

(4) 装卸线上油罐车列的始端车位车钩中心线至前方铁路道岔警冲标的安全距离,不应小于31m,终端车位车钩中心线至装卸线车挡的安全距离应为20m。

(5) 油品装卸线中心线至石油库内非罐车铁路装卸线中心线的安全距离,应符合规定。

(6) 铁路装卸油品栈桥的底梁面须高于铁道轨面3.5m,栈桥应采用钢制或钢筋混凝土结构,栈桥上应设安全栏杆。

图5-7 汽车油罐车装车平台

图5-8 装油鹤管

7. 石油(油品)码头的装卸设备

石油(油品)码头的装卸设备主要包括油泵、输送管道及附加设备、输油臂等。

1) 油泵

油泵指油品装卸用泵,对于要求排量较大、扬程较低的油品装卸,多采用离心泵。装卸黏度较大的油品时,也可使用往复泵。

2) 输送管道及附加设备

石油装卸码头的管线包括油管线、气管线(如压缩空气管线、真空管线)、水管线(冷水、热水管线)、消防管线、惰性气体管线等,其中主要为油管线。

油管线(输油管道)是联系泵房、油罐、油码头及铁路的装卸线,是输油的主要设备。为了使油品在输送过程中不冷凝和温降不过大,油管须采用伴热措施。伴热保温常使用蒸汽管伴热或电加热,目前国内较多采用蒸汽管伴热。蒸汽管伴热有内伴热、外伴热和外伴随三种形式：

(1) 蒸汽管内伴热

蒸汽管内伴热是在输油管道内部通一蒸汽管,其优点是热效率高,缺点是施工维修困难。蒸汽管支撑在输油管道内部,会使油品在管道内流动阻力增大。同时由于两种管子内温度不同,热伸长量也不一致,故在蒸汽管弯头处及引出油管的焊缝处,常因裂纹而发生漏油现象。为克服上述缺点,通常在蒸汽管伸出处的油管上接一短管,使蒸汽管的焊口全部露出外面,这样也便于蒸汽管的伸缩。

(2)蒸汽管外伴热

蒸汽管外伴热是在油管外套有蒸汽管,优点是传热面大、热效率较高,缺点是耗用钢材较多。

(3)蒸汽管外伴随

蒸汽管外伴随是在油管外部伴随一根或多根蒸汽管,一起包扎在同一保温层内,优点是便于施工检修,也不会发生油、汽混窜的问题,但传热效率与内伴热和外伴热相比则较低。

除了对油管线采用伴热措施外,为了减少热损失,还必须对管线进行保温。油管线常用的保温材料有玻璃棉毡、矿渣棉毡及蛭石等。重油管线常采用蒸汽外伴随管,由于保温形状不一,较难采用预制块,用玻璃棉毡或矿渣棉毡在现场捆扎比较方便。如果重油管线采用蒸汽内、外伴热时,则可用蛭石预制块进行保温。保温层外面应加保护壳。

3)输油臂

输油臂(图5-9)是装卸油品时,连接船舶和码头前沿输油管道,将油品卸入储油罐的装卸设备。输油臂能作俯仰和旋转运动,臂上油管装有活动接头的钢管,管直径200~300mm,输油臂具有安全可靠、省力、使用年限长、效率高、维修费用低、有利于石油(油品)码头自动化等特点。输油臂构造一般如下:

图5-9 输油臂

(1)立柱,是输油臂的主要支撑部件,使输油臂能整体立于码头前沿的地面,将作业部件支撑和连接起来。

(2)工艺管线(内、外臂),是输油臂连接船舶和码头管道的主要部件,通过工艺管线完成船舶货舱和码头管道的连接,以完成油品的装卸作业。

(3)旋转接头,使输油臂能灵活旋转的连接装置。

(4)平衡系统,当输油臂处于作业状态时,通过平衡系统进行配重等,使输油臂总成在作业过程中保持整体平衡。

(5)锁紧装置,当输油臂处于停止使用状态时,通过锁紧装置使输油臂的各个部件处于收容位置,并加以锁紧。

(6)驱动系统,输油臂在装卸作业时,需要进行上、下、左、右、前、后的六维臂运动。这一运动通过驱动系统进行,输油臂的驱动系统通常为液压。

三、石油(油品)码头装卸作业

港口的石油(油品)装卸作业,一般包括装船、卸船作业和装车、卸车作业两大类。

1.石油(油品)码头油轮装卸的方式

石油(油品)码头油轮装卸方式可分为靠码头直接装卸、通过水下管道装卸、水上直接装卸等三种。

1)靠码头直接装卸

靠码头直接装卸是指油轮靠泊在码头泊位,通过输油臂的软管连接,直接进行装卸。目前我国大部分石油(油品)码头均采用这种方式装卸。

2)通过水下管道装卸

通过水下管道装卸是指油轮不靠码头,系泊在海面浮筒上,通过海底铺设的输油管线,进行油品装卸。这一装卸方式又有单点系泊、多点系泊等作业方式。

(1)单点系泊方式

单点系泊方式是油船的船首系在一个浮筒上的方式。油轮可绕浮筒作360°自由回转。此方式是用一根或数根水下软管将海底油管接至浮筒,浮筒与油船的结合,则用海上软管相接。

(2)多点系泊方式

多点系泊方式是将油轮的船首与船尾用数个浮筒保持在一定方向的系泊方式。海底输油管与油船的结合管,由一根或数根软管相接。

在具体的操作中,按水下输油管道的连接软管作业的处理方式,油船通过水下管道的装卸又有浮沉方式、常设浮标方式和水下方式等,介绍如下。

①浮沉方式。

浮沉方式既可用于单点系泊,也可用于多点系泊。在不装卸时将与浮筒或海底油管相连接的软管沉入海底,装卸时使之浮出水面,吊起前端与油船相连接。

②常设浮标方式。

常设浮标方式多用在单点系泊方式中,连接在浮筒上的软管经常是漂浮在海上的,当进行装卸时将软管的前端吊起,再与油船的结合管连接。如系泊位置距陆域较近时,也用于多点系泊方式中。

③水下方式。

水下方式仅用于多点系泊方式中。连接在海底油管上的软管在不进行装卸时将其沉入海底,装卸时提起软管的前端,与油船的集合管相连接。

(3)水上直接装卸

水上直接装卸指油轮不靠岸,在海上锚泊,通过"船—船"或"船—驳"直接装卸,海上大量石油运输是用专用油船来进行的,油船都备有高效率的油泵。10万t级油船的自卸油时间为12~22h,5万t级油船为10~17h,所以可以很方便地通过船上的油泵,进行船—船过驳作业。水上直接装卸可以不占用码头泊位,是一种成本较低的作业方式。

2.石油(油品)码头油罐车装卸方式

(1)装车方式

我国大部分铁路轻油罐车采用鹤管上装为主。罐装方法有泵装和自流装车。自流装车是利用地形高差自流罐装。

(2)卸车方式

油罐车卸车分原油及重油卸车和轻油卸车两种方式。原油及重油卸车时,采用密闭自流下卸方式、敞开自流下卸方式与泵抽下卸方式。轻油卸车均采用上卸方式,所以要设卸油台,卸油台与装油台基本相似。

上卸的方式又分为虹吸自流卸油和泵抽卸油两种。虹吸自流上卸应用于当油罐位于比油罐车更低的高程时,可利用卸油竖管作为虹吸管将油罐车中的油品卸入油罐中,虹吸管中的负压由真空泵来达到。虹吸泵抽上卸则应用于当油罐车的高程及位置无法使油品自流入油罐时采用。需要注意的是,如采用非自吸式离心泵卸油,则必须装置真空泵,使吸入管造成真空,如采用自吸式的泵,则可不装真空泵。

3.石油(油品)码头装卸工艺流程

石油(油品)码头装卸作业主要有装船作业、卸船作业、循环作业、装(卸)车作业等,按照作业条件的不同,又分别形成不同的装卸工艺流程。下面分别作一些阐述:

1)装船作业工艺流程

根据不同条件,石油(油品)码头装船作业大致可分为以下不同的工艺流程(图5-10)。

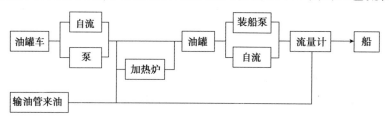

图5-10　装船流程

①港外输油管道来油→码头前沿输油臂→油船。
②铁路油罐车(汽车油罐车)→码头输油管道→码头前沿输油臂→油船。
③码头油罐区→码头输油管道→码头前沿输油臂→油船。

以上工艺流程,按照是否需要加压和加热,又要相应增加一些作业环节。向油船装油一般采用自流方式。某些港口地面油库,因油罐与油船高差小,距离远,需用码头机泵加压装油。

2)卸船作业工艺流程

根据不同条件,石油(油品)码头卸船作业大致可分为以下不同的工艺流程(图5-11)。

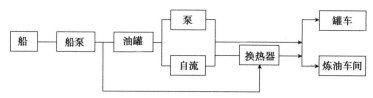

图5-11　卸船流程

①油船→码头前沿输油臂→码头输油管道→码头储罐。
②油船→油船(自航油船、驳船)。
③油船→码头前沿输油臂→码头输油管道→汽车油罐车(火车油罐车)装车平台。

石油(油品)卸船一般使用船上泵加压。

油船装卸油必须在码头上设置装卸油管路。每种油料单独设置一组装卸油管路,在集油管线上设置若干分支管路,支管间距一般为10cm左右,分支管路的数量和直径,集油管、泵吸入管的直径等,应根据油船、油驳的尺寸、容量和装卸油速度等具体条件确定。在具体配置时,一般将不同油料的几个分支管路(即装卸油短管)设置在一个操作井或操作间内。平时将操作井盖上盖板,使用时打开盖板,接上耐油软管。

油船装卸工艺流程应满足下列基本要求:可同时装卸不同油料而不相互干扰;管线和泵可相互备用;发生故障时能迅速切断油路,并有效地放空设施。

3) 循环作业工艺流程

石油(油品)码头建成后,在正式投产前要进行试运转,将油品在码头输油管道、油罐、泵站的系统中进行循环流动,检查各环节是否运转良好。在投产后,为避免原油在油管内凝固,在不进行船舶装卸作业时,也须保持码头油罐区及输油管道内的原油不断循环流动(图5-12)。码头循环作业可分为倒罐作业和反输作业两类。

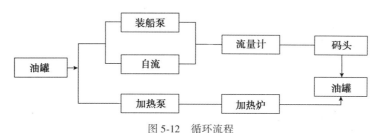

图 5-12　循环流程

(1)倒罐作业流程(图 5-13)

在石油(油品)码头经营管理中,有时需要将某一油罐的剩油倒到另一油罐中去这时就需要安排倒罐作业。

(2)反输作业流程(图 5-14)

在港外长途输油管道来油的情况下,有时需要在码头油罐区和长途输油管道的末站之间进行循环,以及通过末站计量罐为外输油品计量。这时就需要组织反输作业。

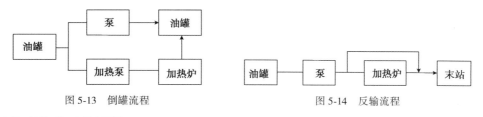

图 5-13　倒罐流程　　　　　　　图 5-14　反输流程

4) 卸车作业工艺流程

(1)原油及重油卸车作业

原油和重油卸车又有密闭自流下卸方式、敞开自流下卸方式与泵抽下卸方式三种:

①密闭自流下卸流程如下:

油罐车→下卸鹤管→汇油管→导油管零位罐→转油泵→油罐。

②敞开自流下卸流程如下:

油罐车→卸油槽→集油沟(或导油管)→零位罐→转油泵—油罐

③泵抽下卸流程如下:

油罐车→下卸鹤管→集油管→导油管→卸油泵→油罐。

(2)轻油卸车作业

轻油卸车均为上卸,需设卸油台,卸油台与装油台基本相似。

5) 扫线作业

不论是原油和成品油的装卸工艺流程,在装卸作业结束后,管线内的剩油都需要扫回油罐,或将输油臂内残油扫入油船,即所谓扫线作业。之所以需要扫线,存在各种原因,有的是为了防止油品在管线内凝结,有的是为了避免和下次来油混淆,有的是为了检修安全。

扫线介质主要有以下几种:蒸汽、热水、海水、压缩空气。热水和海水置换有利于把位于四处的管线内的剩油清扫干净。但不论是热水、海水,还是蒸汽,都会增加油品的含水率,如果原油等直接输送到炼油厂就可能影响炼油厂的作业。

4.石油(油品)码头原油卸(装)船作业操作

1)原油卸船作业"船—罐"作业流程(图5-15)

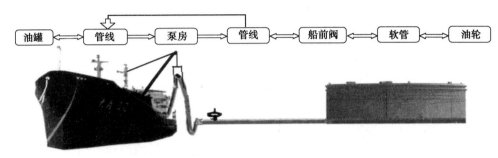

图5-15 原油卸船作业流程

2)原油卸船设备、人员、工具配备(表5-1)

设备、人员、工具配备表　　　　　　　　　表5-1

设备配备		人员配备			工具配备		
名称规格	数量	装卸工	安全员	电话员	名称	发讯器	对讲机
输油臂250~400mm	14台	6人	1人	1人	数量	1台	2部

3)原油装卸油船操作方法及要求

(1)卸(装)船作业前准备

①船舶靠好后,港方有关人员与船方进行船、岸安全检查,符合安全规定方可进行装(卸)作业。

②连接静电接地线,并测量接地电阻不大于4Ω。

③按照《安全技术操作规程》中的"原油装卸作业规程"做好各项准备工作。

④操纵发讯器,将输油臂接头移动至船上的法兰接口处对接。

⑤输油臂对接时,应至少有两人在船甲板上进行操作,一人操作发信器,一人协助并监护。

⑥输油臂对接前,在接口下放置一容器,防止输油臂中的存油泄漏。

⑦打开弯头下面的排气阀,排净余气后,拆下80型弯头盖板,操纵发讯器将快速接头与船上的接口法兰对准接好,然后将锁紧装置上紧。

⑧全部接好后,向输油臂内送气,进行气密性试验,在0.4MPa的压力下,持续5min,确保各接口不泄漏。

⑨具备作业条件,通知船方和码头油罐区泵房升启有关阀门,做好卸油准备。

(2)卸(装)船作业过程

①打开船前阀门。

②通知油库或船方开泵。

③作业开始,码头泵站开泵装船(或船上开泵卸油),控制初始流速在1m/s以内,正常作业最大流速不超过7m/s。

④作业流量按照输油臂的设计要求,250mm输油臂单台不大于1560m³/h;300mm输油臂单台不大于2250m³/h;400mm输油臂单台不大于4000m³。

⑤作业过程中,应保持安全压力和安全流速。码头、船方、油库三方应保持密切联系,掌握温度、压力、流量等参数的变化和作业进度。

⑥对管线、输油臂、压力表、温度表进行巡回检查,发现异常及时通知调度方或油库进行调整。并对船方缆绳进行适当照看。

⑦卸船过程中,当船方准备降量时,及时督促船方采取降低流量措施,防止抽空引起输油臂震动。

⑧当船方需要提高卸油量或码头泵房加泵时,必须经调度统一协调并同意,在得到接受方码头泵房或船方的确认后,可以提量或加泵,达到要求后应及时通知船方、码头泵房,并报告调度室。

⑨完货前两小时应通知有关人员(货代或货主)上船,做好计量认可工作。

⑩装船作业中,当油轮离满载差1000~500t时,应及时通知码头泵房,做停泵准备;离满载前5min时,通知码头泵房准备停泵;满载前1min,通知泵房停泵。

(3)卸(装)船作业结束工作

①作业结束,关上船前阀。

②向输油臂内送气,将臂内存油扫到船上。

③打开80型弯头下面的泄压排液阀,将扫线余气排净,放松锁紧装置。

④操纵发讯器,将输油臂收到收存位置,插上内臂锁定插销,锁紧外臂。

⑤拆除接地线。

四、油库的防火防爆措施

油库防火和防爆应先要解决发生事故的根源。由于油库失火爆炸的基本条件是有浓度合适的油气混合气,且有足够能量的火源。因此,油库防火防爆的基本方法有三:一是控制油气混合气体浓度;二是消除火源或把火源能量控制在油气混合气的最小着火能量之下;三是避免二者相遇。此外,还要尽量减少火灾和爆炸的损失,主要方法是采用适当的耐火等级、防火间距、泄爆方式和消防措施等。

1.油库选址与布置

油库选址与布置应符合《石油库设计规范》(GB 50074—2011)及《小型石油库及加油站设计规范》(GB 50156—2002)的规定的防火要求。

根据油蒸气扩散所能达到的最大距离,火灾时火焰的辐射强弱,不同油品的火灾危险性大小,油罐形式,消防条件和灭火操作要求,建筑物的耐火等级以及经济节约等因素,在建设布局油码头时都要做到。

2.严格控制油气混合气浓度

浓度合适的油气混合气是油库发生起火和爆炸的基本条件,因此,要严格控制油气混合气的浓度,使之达不到油气燃烧爆炸的浓度,具体措施是:

1)减少油气排放

减少油气排放是油库防火的关键。油库中的油气排放源可分为两大类:一类是非事故性排放源,即油库在正常作业和油料在储存过程中的正常排放,如油库在进行油料收发、输转及加注作业过程中的大呼吸,油料在储存过程中的小呼吸,油罐、油桶及管道等设备清洗时的油料蒸发,泵房、洞库等的通风排气等。这类油气排放源往往是指场所比较固定或是可预见的,因而危险性较小。另一类是事故性的排放源,最常见的就是油料和油气的泄漏。事故性油气排放,由于其场所和油气浓度的不确定性,失火爆炸的危险性较大,控制的措施主要有以下方面:

(1)保持设备的良好、严密。储存和输送油料的设备应保持严密性和足够的承压能力,防止破损泄漏;阀门、油泵等有关密封的设备应保持密封良好;储输油设备应做好防腐工作,防止腐蚀穿孔及破损泄漏。

(2)严格作业规程。收发油料超出油罐、油桶、油罐车等容器在当时油温下的安全装油高度,防止油料在储存、运输过程中因油温升高而溢出或作业过程中出现冒油事故。清洗油罐及检修设备时,应做好封堵工作,应封堵所有相连的管道,如输油管、呼吸管、通风管等,防止油料和油蒸气大量外溢。清洗作业用过的沾油的沙、布、垃圾等应放在带盖的不燃材料制成的桶内,及时清洗或处理。

(3)应正确设置防火堤、拦油堤等,防止泄漏油料及火灾的蔓延和扩散。

2)通风

油库中要做到完全没有油气是不可能的,通风是防止油气积聚的主要辅助措施之一,也是防毒、防潮和改善劳动环境的重要措施。通风的方式有机械通风和自然通风两种。采用哪一种方式应根据场所的特点而定,应自然通风优先,以能满足换气次数要求和作业方式所允许的特殊要求为原则。一般情况下,油库各场所的通风设施应符合下列有关设计规范的要求:

(1)油库的生产性建筑物应采用自然通风进行全面换气。当自然通风不能满足要求时,可采用机械通风。

(2)易燃油料的泵房和灌油间,除采用自然通风外,尚应设置排风机组进行定期排风,其换气次数不应小于 10 次/h,计算换气量时房高按 4m 计算。定期排风耗热量可不予补偿。地上泵房,当外墙下部设有百叶窗、花格墙等常开孔口时,可不设置排风机组。

(3)洞库内,应设置固定式机械通风。在一般情况下宜采用机械排风、自然进风。机械通风的换气量,应按一个最大罐室的净空间、一个操作间以及油泵房、风机房同时进行通风确定。油泵房的机械排风系统,宜与罐室的机械排风系统联合设置。洞内通风系统宜设置备用机组。

(4)人工洞石油库的洞内,应设置清洗油罐的机械排风系统。该系统宜与油罐室的机械排风系统联合设置。

(5)人工洞石油库内排风系统的出口和油罐的呼吸管出口必须引至洞外,距洞口的水平距离不应小于 20m,且宜高于洞口。

(6)洞内的柴油发电机间,应采用机械通风。柴油机排烟管的出口,应引至洞外,并高于洞口。

(7)为爆炸危险场所服务的排风系统的机组和活动件应符合电气防爆要求和防雷、防静电要求。机组应采用直接传动或联轴器传动。

3)加强油蒸气浓度检测及自动报警

在储油洞库、罐间、罐区适当位置应随时检测油蒸气浓度,并能自动报警。在清洗油罐、油罐车作业前,或进入操作阀井、管沟等油蒸气容易积聚、通风不畅的场所前,在爆炸危险场所内进行明火或其他危险作业前,都应进行严格的油蒸气浓度检测,确认油蒸气浓度在作业方式所允许的范围内,方可进行作业。

3. 严格控制引燃引爆源

油库引燃引爆源主要有:外来火源的进入,金属撞击火花、电焊、气焊等作业明火,电气设备火花,电气化铁路、电化学腐蚀、阴极保护等引起的杂散电流火花,雷电、静电放电等。因此,要严禁外来火源进入防火禁区;防止金属撞击产生火花;严格管理明火作业;防止静电、雷电和杂散电流引燃引爆;安装阻火器,防止火源进入。

复习思考题

1. 石油的特性有哪些?
2. 什么是石油的闪点、燃点和自燃点?
3. 石油码头设施设备有哪些?
4. 石油码头油罐应按哪些规定成组布置?
5. 石油码头装卸设备有哪些?输油臂的构造一般有哪些?
6. 石油码头装卸作业主要有哪些?画出它们的工艺流程图。
7. 原油卸船设备、人员、工具如何配备?
8. 原油装卸油船的操作方法及要求有哪些内容?
9. 油库的防火防爆措施有哪些?

附录A 港口各类大型机械安全操作规程

一、门座起重机散杂货作业安全操作规程

1 范围

本规程规定了 M4040、M32-38、MQ2533 等各种类型门座起重机安全操作的内容与要求。

本规程适用于港口门座起重机的作业。

2 规范性引用文件

本规程引用了《装卸机械司机通用安全守则》和《门座起重机使用说明书》的相关内容。

3 内容与要求

3.1 作业前

3.1.1 作业人员穿好绝缘鞋，戴好安全帽和防护手套，不得披衣夹物。

3.1.2 检查周围作业环境，确定门机轨道两侧1.5m范围内有无障碍物、需避让的车、船、人员，并按照先拿铁楔、后撤锚定的顺序解除防风装置。

3.1.3 检查电缆卷筒缠绕是否正常、电缆是否完好、压线是否牢固、岸壁引孔内是否整洁。

3.1.4 检查各部件及附属设施是否正常。

3.2 作业中

3.2.1 抓斗作业

3.2.1.1 对抓斗各个润滑点进行充分润滑，并加出新油。检查抓斗扣子、托辊、钢结构等是否正常，发现隐患及时排除。煤炭抓斗作业中，每2h需要加油润滑撑杆下铰点和中梁轴铰点。

3.2.1.2 作业时应谨慎操作，抓斗进出舱口保持慢、稳、准，进舱时抓斗与舱壁保持至少1m的安全距离，严禁碰撞舱口、舱盖及船上设备，不准拖钩和悠钩。抓斗开口时看清货场上的人员、机械，确认安全后方可卸货。抓斗等待时，应将抓斗空钩置于大料斗上方或者在地面人员监护下颠至地面等待，严禁在船舱口上方等待。

3.2.1.3 旋转时，本机与前后机械之间、平衡配重与船台之间、货物摆动与其他设备之间不得相碰，旋转时注意空抓斗门机避让载货抓斗门机，若作业中途改变旋转方向，应提前告知临车司机，待临车司机答复后方可改变旋转方向，严禁不打招呼私自改变旋转方向。

3.2.1.4 不准向舱内抛放物品，不准带抓斗吊装任何物品。

3.2.1.5 作业时应随时注意船舶高度变化，防止钢丝绳端梨型套等撞到端部滑轮。钢丝绳端梨型套与端部滑轮之间垂直距离不得少于1.5m。

3.2.2 作业中"十不准"

不准起吊重量不明、被压住的货物。不准起吊散漏、捆码不牢的货物。不准吊货在人员、车辆上空通过或停钩。不准在吊起的货物上进行拆卸或加固作业。不准在货物上或货

盘上带人升降,确需货盘带人作业,应按特殊作业规定进行。不准用吊钩牵拉火车或进行顶、拉、抽、拔等作业,确需抽拔作业时,应有安全措施。雨雪天作业,移动电缆线插头时,必须采取防护措施。不准用电阻器(电阻片)炽烤物品。不准用限位开关停止各机构的动作。不准用两台门机合吊一件货物(特殊情况按特殊使用规定处理)。

3.3 作业结束

3.3.1 作业完毕后,应将吊臂收到最小幅度,吊钩升到顶端,抓斗开斗稳固放在不影响交通的地方,做好清洁、保养工作。

3.3.2 认真逐项填写运行日志。

二、集装箱装卸桥安全操作规程

1 范围

本操作规程规定了集装箱码头集装箱桥吊司机工作的职责、安全操作规程、检查与考核。

2 术语与定义

2.1 特种设备

特种设备是指涉及生命安全、危险性较大的锅炉、压力容器、压力管道、电梯、起重机械、客运索道、大型游乐设施和场(厂)内专用机动车辆。

2.2 特种作业人员

特种作业人员是指直接从事容易发生事故,对操作者本人、他人的安全健康及设备、设施的安全可能造成重大危害的作业从业人员。

2.3 二次停钩

桥吊空钩、吊箱或脱钩、吊箱起钩或落钩,在吊具与集装箱接触和分离、集装箱与承载体(拖车、船体、地面)接触和分离的起始瞬间,在距离接触面约30cm的位置时,起升(下降)动作停止,对接触面周围进行再观察,确认无异常后进行下一步动作。

2.4 卡槽

卡槽是指吊具或所吊的集装箱在船舶导槽内起升或下降动作过程中,因船舶导槽的损伤、变形或所吊集装箱偏重,以及船体倾斜等因素造成吊具或集装箱在导槽内被卡住的现象。

3 职责

3.0.1 遵守公司和部门的各项规章制度,执行本岗位操作规程。

3.0.2 安全、优质、高效完成集装箱船舶装卸作业。

3.0.3 负责桥吊的日常使用,规范填写机械运行日志。

3.0.4 配合技术部维修、保养机械,对车容车貌进行检查、清理和保洁。

3.0.5 认真落实"安全第一、预防为主、综合治理"的方针,服从公司各级管理人员的管理。

4 安全操作规程

4.1 现场交接班

4.1.1 检查现场作业环境,观察大车行驶轨道有无障碍物。

4.1.2 接班司机应按照"运行日志"的检查内容逐项检查,认真填写机械设备情况。

4.1.3 联系交班司机将吊具颠至便于检查的指定位置,断电后检查吊具情况。

4.1.4 上下机械使用电梯严格遵守桥吊电梯安全使用规定。

4.1.5 交接班期间,司机进出驾驶室通道,严格遵守迎送制度。

4.1.6 接班司机应按照"运行日志"中的检查内容逐项检查,在确认机械状况后填写运行日志,对于检查问题交班司机签字确认,如交班司机未签字确认,视为接班司机造成。

4.2 装卸船作业

4.2.1 司机在船上作业,必须按照指挥手口令操作;无人指挥、多人指挥或指挥口令不清、不明,禁止操作。

4.2.2 作业过程中,司机随时根据船舶前后倾、左右偏杆等情况调整吊具倾转,避免卡槽。

4.2.3 卸船作业视船舶情况,平衡作业;装船作业严格按照无线终端指令显示的位置进行平衡装箱。

4.2.4 桥吊下无作业拖车时,吊运的集装箱须暂时放置在一车道,不得吊箱等车。

4.2.5 装卸船舱内集装箱时,进出舱口起升速度控制在三档以内,舱内作业逐级加减档。

4.2.6 吊具在导槽内升降,应有指挥手监护,导槽有变形或其他异常情况,必须使用低速档作业,到达导槽变形或异常部位必须停止动作,听从指挥手口令,一令一动,如发现异常停滞情况,立即停止作业,防止吊具或集装箱卡槽。

4.2.7 小车运行前,必须确认吊具起升至安全高度、行驶路线两侧无障碍物,谨防与船上的集装箱或设备发生碰撞。

4.2.8 在吊(落)箱前必须确认拖车到位,禁止左右悠钩,避免起钩后箱体冲击拖车驾驶室。

4.2.9 严禁用大车运行机构顶撞其他机械或物品。

4.2.10 起吊冷冻集装箱前,必须与船上指挥手联系,确认冷冻集装箱电源线卷好并放置在压缩机框架内。

4.2.11 除维修和检查工作外,吊具伸缩必须在箱顶、地面、甲板等 5m 以上进行。

4.2.12 司机严禁私自使用旁路开关。特殊情况,必须使用时,须由技术维修人员(对讲机)指挥或现场监护;因作业需要,必须使用 TTDS 旁路操作时,桥吊司机须确认吊具颠到位后,方可起钩。

4.2.13 开关舱前,要打到开关舱模式,司机须二次确认舱盖板锁销打开后方准起吊,起吊与吊运过程中,必须垂直起吊,严禁悠钩。针对使用开舱器开舱作业的船舶,作业时严禁双箱模式开关舱,仅使用 20ft 模式进行开关舱作业。

4.2.14 大型或超大型集装箱船,漫高作业时要确认吊具处于安全高度,防止剐碰箱体。起升要减速,防止冲顶。

4.2.15 桥吊司机作业过程中,严禁依靠限位开关停止各机构运行。

4.3 作业结束

4.3.1 0.5h 以上停工,司机应将吊具收至 20ft,吊具起升至安全高度,断掉控制电,联系装卸人员掩好防爬楔。

4.3.2　作业完毕后,将桥吊移动至安全避让区域锚定,小车应停放在通道位置,吊具收至 20ft 并提升到 38m 高度(双吊具桥吊海侧吊具 41m、陆侧吊具 38m),升起前大梁,确认安全钩放下,钢丝松绳,方可断电离开。司机在俯仰室操作俯仰过程中,禁止离开俯仰室。

4.3.3　切断控制电源,将手柄置于"零"位。

4.3.4　作业完毕,认真填写机械运行日志,翔实记录当班作业量、机械故障等情况,听从管理人员安排。

三、矿石卸船机安全操作规程（略）

四、集装箱轨道吊安全操作规程（略）

五、集装箱空叉司机安全操作规程（略）

六、危险货物集装箱装卸安全操作规程（略）

七、RC 型输油臂安全操作规程（略）

八、手动输油臂安全操作规程（略）

附录 B 港口常见钢丝绳的安全负荷及报废标准

钢丝绳安全使用负荷表

型号:6×37+1　　　　　　　　　　　　　　　　　　　　　　　　质量单位:t

钢丝绳直径(mm)	安全系数	标准安全负荷	使用状态 ‖ ‖ 垂直吊装	60°~30°吊装	拟定负荷量	↓↓ 垂直捆扎	60°~30°捆扎	拟定负荷量	∪∪ 垂直兜吊	60°~30°兜吊	拟定负荷量
13	6	1.5	2.9	2.5~2.8	2.7	2.3	2.0~2.3	2.2	4.7	4.0~4.5	4.3
15	6	2.0	4	3.4~3.8	3.7	3.2	2.7~3.1	2.9	6.3	5.5~6.1	5.9
17.5	6	2.6	5.2	4.5~5.0	4.8	4.1	3.6~4.0	3.8	8.3	7.2~8.0	7.7
19.5	6	3.3	6.5	5.7~6.3	6.0	5.2	4.5~5.1	4.8	10.5	9.1~10.1	9.7
21.5	6	4.1	8.1	7.0~7.8	7.5	6.5	5.6~6.3	6.0	13.0	11.2~12.5	12.0
24	6	4.9	9.8	8.5~9.4	9.0	7.8	6.8~7.6	7.2	15.6	13.6~15.1	14.5
26	6	5.8	11.7	10.1~11.3	10.8	9.3	8.1~9.0	8.6	18.7	16.2~18.0	17.2
28	6	6.8	13.6	11.9~13.1	12.6	10.9	9.4~10.5	10.1	21.8	18.9~21.1	20.1
30	6	7.9	15.9	13.7~15.3	14.7	12.7	11.0~12.3	11.7	25.4	22.0~24.5	23.4
32.5	6	9.4	18.9	16.4~18.2	17.4	15.1	13.1~14.6	14.0	30.2	26.2~29.2	27.9
36.5	5	14.0	28.1	24.3~27.1	25.9	22.5	19.5~21.7	20.8	44.9	38.9~43.4	41.5
43	5	19.4	38.9	33.7~37.5	35.9	31.1	26.9~30.0	28.7	62.2	53.8~60.1	57.5
47.5	5	23.5	46.9	40.6~45.3	43.3	37.5	32.5~36.2	34.7	75.0	65.0~72.5	69.3
52	5	28.0	55.9	48.4~54.0	51.7	44.7	38.7~43.2	41.3	89.5	77.5~86.4	82.7
56	5	32.8	65.6	56.8~63.3	60.6	52.5	45.4~50.7	48.5	105.0	90.9~101.4	97.0
65	5	43.7	87.4	75.7~84.4	80.8	69.9	60.6~67.6	64.6	139.9	121.1~135.1	129.2
83	5	69.6	139.2	120.6~134.3	128.7	111.4	96.5~107.6	102.9	222.8	192.9~215.2	205.9

注:1.表中"钢丝绳标准安全负荷"为单支钢丝绳垂直时的安全负荷量。

2.钢丝绳在使用时,无论那种状态在夹角小于30°时,其安全负荷量均视为对应状态的垂直安全负荷量。

3.表中"拟定负荷量"是指对应状态在夹角30°~60°时所取得中间值,使用时,最多不得超过"拟定负荷量"的8%。

钢丝绳的报废标准

1. 损坏原因
(1) 弯曲疲劳。
(2) 磨损。
(3) 腐蚀。
(4) 超负荷。
(5) 打硬结、机械碰撞、连电打火等。
(6) 高温烘烤。

2. 钢丝绳报废标准
(1) 断丝的报废标准,见表B-1。
① 安全系数小于6时,在一个捻距内断丝数达到总数10%报废;
② 安全系数6~7时,在一个捻距内断丝数达到总数12%报废;
③ 安全系数大于7时,在一个捻距内断丝数达到总数14%报废。

钢丝绳断丝报废标准 表 B-1

项 目	钢丝绳结构					
绕法	6×19+1		6×37+1		6×61+1	
强度安全系数 n	交捻	顺捻	交捻	顺捻	交捻	顺捻
≤5	12	6	22	11	36	18
6~7	14	7	26	13	38	19
>7	16	8	30	15	40	20

(2) 钢丝绳磨损或腐蚀报废标准。

当外层单根钢丝磨损或腐蚀达到钢丝直径40%时,不论断丝多少均应报废。

若外层单根钢丝磨损或腐蚀尚未达到钢丝直径40%时,断丝报废标准应按照表B-2中的折减系数计算。

折 减 系 数 表 表 B-2

钢丝表面磨损量或腐蚀量(%)	10	15	20	25	30~40	>40
折减系数(%)	85	75	70	60	50	报表

例 有一根6×37+1的交绕钢丝绳,其安全系数为5,钢丝绳表面磨损为25%。试问在一个捻距内断几根钢丝便报废?

解:由表B-1可知,6×37+1的交绕钢丝绳,安全系数为5时,在一个捻距内断22根钢丝便报废。再由表B-2查得当磨损25%时,折减系数为60%。所以,断丝标准为22×60% = 13.2(根)

（3）在吊运金属溶液、炽热材料、酸类、易燃易爆物品、有毒原料等,钢丝绳报废标准应该比表 B-1 和表 B-2 所列数值减半。

出现绳股挤出、钢丝挤出时,钢丝绳应该报废更新。

出现绳径局部增大或减小等情况时,钢丝绳时应该报废更新。

参 考 文 献

[1] 中国港口协会.件杂货港口管理实务[M].上海:上海人民出版社,2007.
[2] 中国港口协会.集装箱港口管理实务[M].上海:上海人民出版社,2007.
[3] 中国港口协会.散货港口管理实务[M].上海:上海人民出版社,2007.
[4] 宗培华,真虹.港口装卸工艺学[M].北京:人民交通出版社,2010.